做卓越的
银行客户经理

实战文案30例

巴伦一 ◎著

图书在版编目（CIP）数据

做卓越的银行客户经理：实战文案30例/巴伦一著. —北京：北京联合出版公司，2017.3（2022.11重印）

ISBN 978-7-5502-9560-5

Ⅰ.①做… Ⅱ.①巴… Ⅲ.①商业银行－市场营销学 Ⅳ.① F830.33

中国版本图书馆 CIP 数据核字（2017）第 009857 号

做卓越的银行客户经理：实战文案30例

作　　者：巴伦一
出 品 人：赵红仕
选题策划：北京时代光华图书有限公司
责任编辑：孙志文
特约编辑：李燕子
封面设计：新艺书文化
版式设计：曾　放

北京联合出版公司出版
（北京市西城区德外大街83号楼9层　100088）
北京时代光华图书有限公司发行
北京雁林吉兆印刷有限公司印刷　新华书店经销
字数 364 千字　787 毫米 × 1092 毫米　1/16　23.75印张
2017 年 3 月第 1 版　2022 年 11 月第 2 次印刷
ISBN 978-7-5502-9560-5
定价：68.00元

版权所有，侵权必究
未经许可，不得以任何方式复制或抄袭本书部分或全部内容
本书若有质量问题，请与本社图书销售中心联系调换。电话：010-82894445

| 目 录 |

前言 // I

第一章
营销文书写作的基本技巧——感染读者

营销文书写作的重大意义 // 003

营销文书是商业银行进行营销与管理活动的重要工具 // 004

写作技能是市场营销的"常规武器" // 005

写作技能是一个人在 21 世纪的"通行证" // 005

写作是复杂的脑力劳动和精神生产 // 005

营销文书写作的基本技能 // 006

要激发写作热情 // 006

要树立写作信心 // 006

要培养写作精神 // 006

要提高政策和业务水平 //007

要掌握基本写作知识 //007

要增强写作能力 //007

营销文书写作的主要步骤 //009

计划 //009

调研 //010

成文 //012

修改 //013

编辑 //014

营销文书写作的布局谋篇 //015

主旨显示 //016

开头布局 //017

主体布局 //019

结尾布局 //021

营销文书写作的语言表达 //022

营销文书语言的基本要求 //022

营销文书语言的组织 //023

正确运用数字 //030

营销文书语言的特殊表达 //032

目 录

第二章
商业银行对外营销类文书——关系＋方案，力揽客户

金融服务解决方案 //037

    文种特征 //037

    结构模式 //038

    写作指要 //039

    ［范例1．项目融资金融服务解决方案］

        ××高速公路项目金融服务解决方案 //041

    ［范例2．个人金融理财服务方案］

        工薪精英族金融理财服务方案 //053

    附件

        金融服务需求意向表（工薪精英族）//060

投标书 //061

    文种特征 //061

    结构模式 //062

    写作指要 //063

    ［范例3．主办银行竞选投标书］

        为战略合作伙伴创造价值

        ——××公司主办银行竞选投标书 //065

        为战略合作伙伴创造价值

        ——××公司主办行竞选投标书 //067

PowerPoint（多媒体演示文稿）//080

文种特征 //080

结构模式 //081

写作指要 //082

[范例4．公司客户金融服务解决方案]

××集团金融服务解决方案 //084

契约文书（银企合作协议、合同）//097

文种特征 //097

结构模式 //098

写作指要 //100

[范例5．全面合作协议]

银企全面合作协议 //102

第三章
客户部门营销专用类文书——让将来式成为现在进行时

营销策划方案 //107

文种特征 //107

结构模式 //108

写作指要 //110

[范例6．公司金融营销策划方案]

××高速公路项目营销策划方案 //111

[范例 7．个人金融营销项目策划方案]

  优质代发工资项目个人金融营销策划方案 // 114

营销谈判方案 // 118

  文种特征 // 118

  结构模式 // 119

  写作指要 // 120

  [范例 8．汽车供应链金融服务谈判方案]

  关于为××公司提供汽车供应链金融服务的谈判方案 // 122

市场调查报告 // 124

  文种特征 // 124

  结构模式 // 125

  写作指要 // 127

  [范例 9．市场调查报告]

  关于民营企业家群体发展对银行零售业务机遇与挑战的调研报告 // 128

信贷调查报告 // 151

  文种特征 // 151

  结构模式 // 152

写作指要 //155

[范例10. 公司客户流动资金贷款调查报告]

企业流动资金贷款调查报告撰写参考模板 //160

第四章

商业银行内部常用类文书——超前预判，科学谋划

营销工作意见 //173

文种特征 //173

结构模式 //174

写作指要 //176

[范例11. 工作意见]

××商业银行××年个人金融工作意见 //177

营销工作计划 //195

文种特征 //195

结构模式 //197

写作指要 //198

[范例12. 营销工作计划]

上市公司限售股解禁股东投资理财咨询服务营销工作计划 //199

营销工作报告 //206

文种特征 //206

结构模式 //207

写作指要 //208

[范例13．工作情况报告]

关于我行支持民营企业发展情况的报告 //210

营销工作总结 //215

文种特征 //215

结构模式 //217

写作指要 //218

[范例14．工作总结]

××商业银行××分行年度个人金融工作总结 //220

营销工作经验材料 //229

文种特征 //229

结构模式 //230

写作指要 //231

[范例15．单位经验材料]

抓机制、抓客户、抓账户 //232

通知 //236

文种特征 //236

结构模式 //237

写作指要 //238

[范例16. 工作事项通知]
关于做好××年末公司客户访问工作的通知 //239

通报 //241

文种特征 //241

结构模式 //242

写作指要 //243

[范例17. 情况通报]
关于××年××商业银行一季度对公业务发展情况的通报 //243

请示 //255

文种特征 //255

结构模式 //256

写作指要 //258

[范例18. 工作事项请示]
中国××银行××分行关于中国××(集团)××公司作为现金管理业务全国性客户上线的请示 //259

批复 //262

文种特征 //262

结构模式 //263

写作指要 //264

[范例19．工作事项批复]

关于"××总公司及关联客户营销方案"的批复 //264

函 //266

文种特征 //266

结构模式 //267

写作指要 //268

[范例20．平行单位的函]

中国××银行××分行关于为××有限责任公司提供优质金融服务的函 //269

会议纪要 //271

文种特征 //271

结构模式 //272

写作指要 //274

[范例21．工作会议纪要]

全行公司客户贷后尽职管理工作会议纪要 //275

规章制度 //279

    文种特征 //279

    结构模式 //280

    写作指要 //282

    [范例22．制度办法]

        ××商业银行对公客户经理管理办法 //283

    [范例23．制度办法]

        ××商业银行产品经理管理办法 //293

    [范例24．制度办法]

        ××商业银行理财经理管理办法 //300

简报 //307

    文种特征 //307

    结构模式 //308

    写作指要 //310

    [范例25．营销工作类简报]

        九大绝招勇夺同业第一

        ——××分行对公存款创新营销成效显著 //311

新闻报道（消息） //314

    文种特征 //314

    结构模式 //315

写作指要 //317

[范例26. 经验消息]

精心整合产品　量身定做服务

——湖北:"黄金"方案"斩获"超级客户 //318

第五章

客户经理自我管理类文书——从不会到会,从怕写到爱写

竞聘(岗)演讲稿 //323

文种特征 //323

结构模式 //324

写作指要 //326

[范例27. 竞聘演讲稿]

竞聘支行客户部经理的报告 //327

述职报告 //330

文种特征 //330

结构模式 //332

写作指要 //333

[范例28. 述职报告]

××年度述职报告 //334

讲话稿 //344

文种特征 //344

结构模式 //346

写作指要 //347

[范例29.特定仪式讲话稿]

在中国××银行与中国××总公司银企全面合作协议签字仪式上的讲话 //350

读书笔记和学习心得（体会）//352

文种特征 //352

结构模式 //353

写作指要 //353

[范例30.读书笔记]

读书不妨先读人

——读《商业银行市场开发运作流程与技巧》有感 //355

参考文献 //358

前 言

你是否正在为行长要求本周五必须上交的金融市场调研报告犯愁？你是否为下周一就要提交给某一重要客户的金融服务投标书为难？你是否为起草本周三竞聘客户部总经理职务的竞聘演讲稿焦心？你是否经常耽误领导指派的写作任务？你是否总期望你的写作能显得更专业、更有吸引力一些？

这本书就是专为经常有营销文书写作任务，但完成文书写作非常吃力的商业银行客户经理写的。

营销文书非常重要，它渗透到商业银行营销活动的各个领域。我们从事营销活动，几乎每天都要与营销文书打交道，要经常撰写和使用各类文书。它不仅关系到市场营销活动的成败，而且关系到个人的进步与发展。优秀的营销文书在明确有效地传递信息的同时，还能为作者树立起专业、干练的良好形象；相反，粗制滥造的营销文书不仅会造成信息的误传，致使商机贻误，还可能破坏整个商业银行的信誉，成为营销活动中的败笔。一个客户经理如果不具备相应的营销写作能力，就难以胜任本职工作。

客户经理怕写作早已成了全国银行业界的普遍问题。在不少人的心目中,怕写作就如同怕考试一样。写作就像在公共场所演讲那样令许多客户经理望而生畏。许多人害怕把自己的思想和感情诉诸文字,更糟糕的是,还有一些人认为随便写出一堆文字,别人就会理解他们的意思。但是,如果你要做一名优秀的客户经理,就一定要避免上述问题,因为营销依赖于沟通。有效地沟通可以减少错误,从而提高工作效率;低效地沟通则导致工作效率低下。令人费解的通知、平淡无味的金融服务解决方案、没有竞争力的投标书、缺乏文采的商业信函、毫无吸引力的演讲稿、没有特色的经验材料等等,都是许多客户经理在工作中司空见惯的,也是低质量沟通的鲜活证明。

沟通意味着同他人建立联系,而写作则提供了一种长久的联系。

其实,在某种意义上说,写作是现代人必须具备的最起码的素质之一。这里所说的写作,并不是都去当作家,而是通过写作,锻炼自己的思维能力,提高对生活的认知,更重要的是要在写作中得到一种乐趣,进而把写作当作一种习惯。要达到这个目标,就要最大限度地读书。书读得多了,自然就引起许多思考;思考得多了,就要写下来,用笔记录这稍纵即逝的感悟。此外,还要在生活中不断感悟,不断提高。将自己对生活的种种观察,通过日记、周记、随感记录下来,不也是自己的一部人生历程吗?

把写作当作一种习惯,将使自己耳聪目明,反应灵敏,从不会到会,从怕写到爱写,进而在竞争中保持独特的优势。

知识经济时代,是需要高效学习的时代。美国的未来经济学家阿尔温·托夫勒曾预言:"21世纪的文盲不是那些没有知识的人,而是那些不会学习的人。"因此,要跟上知识经济时代的步伐,就迫切地需要不

前言

断地获得新的知识。所以，从某种意义上说，你已经获得和将要获得的知识并非最重要，最重要的是你是否掌握了学习的方法和技巧。如何用最短的时间、最快的速度获取最丰富的信息，进而将其转化为社会实践有用的知识，这也是知识经济时代提高人们自身素质的前提条件，也正是我创作本书的目的，同时我希望这是你阅读这本书的原因。在本书中，我将尽力满足你的需求，帮助你写好营销工作中常见的各种文书，帮助你的营销事业不断成功。

我将在本书中与你分享我的写作经验。通过此书，你将获得我用了30多年时间才取得的写作经验。1983年，我的文章第一次发表在全国性杂志上，迄今我已独立创作和参与写作出版了14本著作、158篇论文，以及高达数千万字的文字材料。我创作出版了《商业银行市场开发运作流程与技巧》《香港银行客户经理制》《商业银行客户经理营销技巧60招》《做卓越的银行客户经理：实战营销36课》（第1版）（第2版）、《商业银行客户经理制》《商业银行客户经理必读》《商业银行公司业务》和《商业银行保险代理》等著作。所以我想我能提供给你最实际的写作经验，帮助你更加轻松而自信地写作。

《做卓越的银行客户经理：实战文案30例》是一本关于营销文案方面的写作范本，有助于帮助商业银行客户经理提高写作技能、提升营销业绩、创造个人价值。

该书不仅可以作为客户经理营销写作的实用工具书，而且可以作为商业银行制定相关文案的参考标准，开展营销工作的行动指南，还可作为客户经理的培训教材。

本书具有以下几个显著特点：

一是注重实务，具有较强的操作性。写作本书的目的并不是要广大客户经理精读细研,而是让读者能够即学即用,活学活用。基于这种理念,本书并没有在高深的写作理论上做过多的研究,而是用详实的案例和透彻的分析给人耳目一新的感觉。

二是通俗易懂,具有较强的可读性。为方便读者使用,本书尽量避免使用比较专业和不易理解的词语;对于范文的选用,尽量选用日常营销工作中简短、浅显和新颖的范文,既方便读者阅读,不断拓宽知识面,又方便读者使用,提高工作效率。

三是材料新颖,具有较强的创新性。为提高广大客户经理的写作艺术,本书不仅从写作技能上对各种营销文书进行了创新研究,每篇文书均包括文种特征、结构模式、写作指要和范文解读四个方面的知识点,而且提供的范本大都是作者在多年营销工作中使用并已取得显著成效的实用范文,具有较强的权威性和创新性。

按照本书提供的范本,客户经理可以通过以下四个途径提升营销写作技能:通过模仿写作,提高写作技能,因为写作艺术是一个从"仿造"到"创造"的过程;通过对照写作,提高写作技能,把本书提供的范本与自己写作的文案进行对比,找出自己的差距,学习写作方法;通过嫁接写作,提高写作技能,因为嫁接方式可以创造优良的品种,结合自己的特点借鉴别人的经验进行综合提炼也是一种创造;通过创新写作,提高写作技能,最终形成自己独特的写作风格。

写文章有一定的理,但没有固定的法。知道文章的某些写法,不一定能写出好文章。商业银行市场营销工作非常复杂,没有固定的程序和不变的法则,因而营销文书也不可能有一个包罗万象的写作格式。对一个人极有用的方法,对另一个人来说可能百无一用。一个全新的金融服务方案对一个客户起到了十分有效的作用,但另一个客户对此方案并不感兴趣。因此，在任何时候，客户经理都要根据自身实际和市场变化来学习写作，更重要的是必须在营销实战中形成自己独特的写作风格。

恳切希望读者对本书多提宝贵意见，以便不断完善、提高。

巴伦一

2016 年 10 月于上海浦东

第一章

营销文书写作的基本技巧——感染读者

营销文书写作的重大意义

营销文书是商业银行在市场营销与管理过程中形成并使用的具有特定内容和惯用格式的一种应用文体。

营销文书写作是应用文写作的一个重要分支,它是商业银行营销管理活动的产物,是商业银行及其客户经理进行营销管理活动离不开的工具和手段。

营销文书与一般应用文写作相比既有其共性,也有其独有的特点。一是具有明显的目的性和针对性。写作本身是一种有目的的行为,但是一般文章,特别是文学作品的写作,虽然具有目的性和针对性,但往往是非直接的,需要通过含蓄隐晦、迂回曲折的手法加以表现,而营销文书的写作则不然,几乎每篇文书的目的性都要直接明了地表达出来,那种故弄玄虚的"弦外之音",必须绝对禁止。二是具有特定的内容和范围。所谓特定的内容和范围,是指每一种营销文书所要反映的内容、写作的范围都是明确和固定的。三是具有规定的写作模式。银行经营管理活动的特殊需要决定了营销文书特殊的格式规范。其中通用公文要遵从国务院《国家行政机关公文处理办法》和国家质量技术监督局《国家行政机关公文格式》的规定与要求。其他营销文书也是如此,都有其特定的格式。

营销文书是商业银行进行营销与管理活动的重要工具

营销文书对推动商业银行营销活动的正常进行，提高银行营销管理活动的效率和效益，增强银行的信誉度和美誉度，都发挥着重要的作用。

1. 规范约束作用

通用类营销文书是商业银行进行营销与管理活动的喉舌，它代表着银行的法定权威，传递着银行领导的意图，是银行员工，特别是客户经理行动的依据和准绳，也是银行加强管理的重要保证。特别是那些规章制度类文书，其规范约束作用体现得更为明显。

2. 知照沟通作用

营销文书是商业银行之间、与客户之间及与社会之间进行公务活动往来的桥梁和纽带。它使银行与银行、银行与客户、银行与社会的各项经营管理活动紧密地联系起来，构成一个协调运转的网络系统，并由此达到沟通情况、传递信息、交流经验的目的，实现银行与客户、社会的多赢，促进社会经济健康、稳健、快速地发展。

3. 领导、指导作用

商业银行经营管理的主要权力集中在上级行，上级银行要经常通过制发各种营销文书来指导、推动营销工作的开展，对有关工作做出安排和布置。

4. 宣传教育作用

一篇营销文书特别是通用类文书，一般总是要陈述情况、阐明理由、分析原因、提出有关希望或要求等。就其实质而言，这是其宣传教育作用的体现。通过文书的制发，有关单位和客户经理不仅知道应该做什么，而且还知道应该怎样做和为何这样做，以推动和指导营销工作的正常开展。

5. 记载和凭证作用

这是就营销文书的时效性而言的。有些营销文书在发挥了现行的效用之后，还要依据有关规定进行立卷存档，成为历史，加以保存。它记载和反映了当时商业银行进行的营销活动情况，具有重要的记载、凭证和查考作用。

写作技能是市场营销的"常规武器"

当今社会是一个信息社会，各种现代化的传播工具和传播手段，时刻不停地把大量信息输送到人们生活和工作的各个领域，而形成和传递信息的最基本的载体就是文字。很难想象，在信息社会中，没有文字材料，人们能够有效地进行沟通与交往。同样，你想当一个受客户和银行都欢迎的客户经理，就必须掌握营销文书写作——这个市场营销的"常规武器"。可以说，市场营销的每一个环节、每一项活动、每一个项目都离不开营销文书写作。营销文书写作贯穿于市场营销工作的始终。从信息情报的收集整理、市场营销的调研分析、营销策划方案和金融服务解决方案的制作，再到银企合作协议的拟定、金融产品管理办法的制定、客户的维护报告等等，几乎每一次信息交流都离不开营销文书写作。因此，你掌握了营销文书写作的"常规武器"，不仅可以助你营销成功，还可以极大地提高你的综合素质，助你达成目标。

写作技能是一个人在 21 世纪的"通行证"

写作是一个人最重要的知识资本，是无形资产，是财富积累，是一个人品牌和能力的重要标志之一，是在社会中营销自我、展示才华的重要工具，是人们生存竞争的重要手段。在经济、金融部门工作的人大都有这样一个共识：一个人能力强弱的重要标志之一就是看他是否能写一手好文章。在一般情况下，一个熟练地掌握了写作技能的人比不会写作的人，在社会上的生存竞争能力强得多。因此，写作是一个人在 21 世纪的"通行证"。

写作是复杂的脑力劳动和精神生产

写作是复杂的脑力劳动，它以智力为基础，是观察力、记忆力、思维力、想象力的整体合力。它同时也是复杂的精神生产，是一个人的情感意志、知识经验、思维方式、审美习惯、政治信仰、生活态度的综合表现。写作是一个学习和创造的过程，通过写作可以开发智能；写作是一个人政治、业务、文化、社会等方面知识的集中体现，通过写作可以提高素质；写作可将感性认识上升为理性认识，将实践经验上升为理论知识，通过写作可以升华经验；写作是在生产精神产品，在人类历史上留下痕迹，在人间留下作品，给后人留下财富，通过写作可以体现成果。

营销文书写作的基本技能

要激发写作热情

爱因斯坦有一句名言："热爱是最好的老师。"热爱写作、兴趣浓烈，才能使作者全身心地投入整个写作过程中。客户经理要学会写作，必须热爱写作，培养兴趣，产生一种"我要写作"的强烈冲动，并使之成为一种爱好、生活方式和习惯。

要树立写作信心

有个客户经理对我讲：天不怕，地不怕，就怕领导叫我写材料。怕写作的心理状态在许多客户经理中都不同程度地存在着。我认为写作除了有一个基本的技能外，关键还在于你有没有信心。要特别强化"我能行"的意识：我要写文章，我能写文章，我一定能成为"笔杆子"。

要培养写作精神

文章千古事，甘苦寸心知，字字皆是血，篇篇均有汗。要走写作之路，就注定要经历落寞孤寂，甚至受人冷嘲讥讽。写作是一个非常动脑费神的工作，因此学好写作必须做到五个乐于：一要乐于勤奋，要勤学苦练，做到脑勤、腿勤、笔勤、电脑勤，勤观察、勤读书、勤动笔、勤修改；二要乐于吃苦，要苦读苦学、苦思苦想、苦写苦练；三要乐于寂寞，写作是精神产品的创造过程，必须耐得住寂寞；四要乐于认真，一丝不苟是写作的起码态度。每次写作都要认真构思、认真布局、认真开头、认真书写、认真修改、认真编辑、认真结尾；五要乐于奉献，为社会、为客户、为本银行的事业多做贡献。写作是先苦后甜，苦尽甘来，甜大于苦。它甜在出成果之后，甜在领导欣赏之中，甜在客户赞扬之中，甜在个人素质能力提高之中，甜在历史检验之中。

要提高政策和业务水平

写作的成果主要是一个人政策和业务水平的综合体现，不完全靠技能。因此，功夫必须要下到。第一，政策水平要提高；第二，业务素质要增强；第三，工作能力要提升。

要掌握基本写作知识

语文水平是写作的基本功。因此，客户经理必须学好有关语法、修辞、逻辑、常用文体写作等方面的语文知识。基本功要学扎实了，才能在写文章时避免出现语法错误等基础性错误。出现基础性错误会让人对银行客户经理的信任度产生不良影响。

要增强写作能力

写作是一种能力，能力要经过训练才能获得。写作要特别强调训练，使知识化为技能。

1. 要培养独立思维能力

要乐于发散思维，举一反三，形成系列思路；要勤于同步思维，提出深化本行领导和客户代表意图的新构思；要勇于超前思维，尽早提出营销决策的新预案；要敢于超常思维，大胆提出"出格"的新建议；要善于逆向思维，适时提出银企合作中的新问题，并提出解决问题的办法；要运用"模拟思维"方法，进行"角色转换"，善于站在本行领导和客户层次上分析问题；要运用"立体思维"方法，善于从不同侧面和角度分析问题；要运用"求异思维"方法，善于主动发现和提出问题；要运用"系统思维"方法，善于提高材料的整体性和综合性。

2. 要培养布局谋篇能力

要学会罗列"菜单"、编提纲、构建写作框架。

3. 要培养资料积累的习惯

要通过书籍（历史的、理论性知识）、文件和材料（现实的、操作性知识）、报刊和网络（现实性和超前性结合，理论性和实践性结合）、工作实践等多种渠道积累写作资料。

4. 要培养调查研究能力

要深入客户，贴近市场，注重调研的真实性；要把握热点，攻克难点，注重调研的针对性；要吃透上情，掌握下情，注重调研的服务性；要掌握原则，强化手段，注重调研的科学性；要提出观点，明确思路，注重调研的创造性。

5. 要培养综合分析能力

要学会于繁杂中求规律，于平淡中索新意。多反映超前性、预见性问题；多反映全局性、宏观性问题；多反映深层次、高层次问题；多反映长期性、战略性问题；多反映市场面、客户面问题。要妥善处理好选材的"点"与"面"、"粗"与"精"、"厚"与"薄"、"专"与"全"等关系。

6. 要训练写作艺术

一是模仿艺术，写作艺术是一个从"仿造"到"创造"的过程；二是对照提高艺术，把领导和专家修改的稿件全部保留下来，找出自己的差距，学习写作艺术；三是嫁接艺术，嫁接方式可以创造优良的品种，综合提炼也是一种创造；四是创新艺术，创造具有自己独特风格的写作艺术。

7. 要形成写作文风

俗话说，文如其人，客户经理要在写作过程中逐步形成自己独特的文风。如"新"，立意要新、材料要新、角度要新、思想要新。"准"，表达准、用词准、引文准、数据准。"实"，内容实、材料实、语言实、典型实。"短"，短小精悍。"活"，语言生动活泼，反复锤炼，不厌其改。"情"，要有激情，要有号召力，要有鼓动性，要以情感人。

提高写作能力的方法有很多。我提倡以下三种方法：以理论为指导，学点写作基础知识；以范文为借鉴，先模仿范文写作，再灵活自如地运用；以训练为中心，熟能生巧，贵在实践。

营销文书写作的主要步骤

营销文书的种类虽然很多，但是通常都会有一个相对固定的写作步骤，按照这种步骤写作，你的营销文书不但可以更加规范、准确，而且更有利于实现高效写作。一般来说，正式的写作可以分为以下五个步骤：

计划

做好计划是写好营销文书的前提，可为以后的写作过程节省时间。如果你能清楚地列出自己的写作目的和写作提纲，在搜集材料、撰写和修改阶段就能少花时间。

1. 明确写作目的

在写作之前，一定要先确定好写作目的。通常情况下，营销文书写作主要是为了完成以下几种任务：

（1）通知传达。例如通知、通告、通报、函等。

（2）营销工具。如金融服务方案、投标书、金融产品介绍书、金融广告、银企合作协议等。

（3）指导工作。如工作规划、工作意见、工作报告、规章制度等。

（4）历史记录。如工作总结、述职报告、会议纪要、谈判备忘录等。

（5）信息交流。如工作信息、经验材料、金融论文等。

实践证明：如果我们写作时确定一个单一、明确的目标，会比兼顾多个目标更有效率。所以除去一些不得不实现两个甚至两个以上目标的特殊情况外，我们还是应该在每一篇营销文书中只确定一个单一目标，特别是在营销策划方案、金融服务方案、备忘录、电子邮件等营销文书写作中目标单一化，可以取得更好的效果。

2. 制订写作提纲

既然已经在写作之前明确了一个目标，为了进一步厘清营销文书写作的脉络，你最好首先列出一个提纲。当然，提纲并非是需要严格遵守的东西，因为在写作过程中，你可能还要根据实际情况，做适当的调整、变动。

在列提纲的过程中，你可以把能够想到的零星想法都写下来，然后再集中精力设想各种分论点，排出最理想的顺序。

下面是几种组织论点的方式：

（1）按时间顺序，适合记录性文书写作。

（2）先重后轻，适合通知、传达类文书写作，也适合那些只关心最终结果的读者的需要。

（3）先轻后重，比较适合说服建议类文书写作。

调研

提纲编好后，我们就要根据需要，选定写作需要的材料。如果需要的话，还要做一些调研工作，特别是金融服务方案、银企合作协议的制作必须是在对客户需求准确把握的基础上才能进行写作，否则就可能达不到营销效果。

营销文书的材料，是指为了写作需要，用于提炼、确立、表现写作主旨的事实和观念。它主要包括作者在写作前和写作中搜集、积累的各种事实、数据、意见、观点、经验、问题及上级有关文件精神等。

1. 认真地挑选材料

要想利用好材料，首先就要做好选材工作。

（1）要根据标准选材。营销文书选材的标准主要有：一是准确。营销文书写作采用的材料，必须真实、准确、确凿无误。二是切题。材料要有针对性，既要做到与观点统一，又要有实用性。三是典型。材料能深刻再现经济金融活动的内在规律，具有代表性，这样才能使材料具有说服力。四是科学。以科学的思维去看待各种经济金融现象。五是新颖。选材需要与时俱进，有时代感。

（2）要根据主旨的需要决定材料的数量。营销文书篇幅有长有短。制约它的因素不在于作者掌握材料数量的多寡，而在于是否切合主旨。有些营销文书，如通知、决定、决议、公告等，篇幅较短，用很少的材料就可表明基本精神；有些营销文书，如调研报告、工作总结等，三言两语不足以说明观点，需要一定的材料加以证明。因此，选用材料的多少，一定要服从主旨的需要。

（3）要根据主旨表达的要求决定材料的详略。营销文书写作中涉及的题材很多，但在使用时又不能平分秋色，必须做到重点突出、详略得当。决定材料详略的关键因素就是主旨表达的需要。以调研报告为例：如发文目的旨在介绍经验，即应以经验方面的材料为主，详写。而其他内容，诸如基本情况、存在问题及今后意见等材料则应略写，不可喧宾夺主；如果旨在反映情况，则应以情况为主，情况详写，其他略写。

（4）要注意选用材料的系统性。营销文书中所使用的材料必须具有系统性，力戒杂乱无序。只有如此，才能全面地、辩证地反映营销活动，不致犯主观片面的错误。营销文书中所运用的材料；既要有正面的，也要有反面的；既要有现实的，也要有历史的；既要有点上的，也要有面上的。从而做到正反并举、前后照应、点面结合，构成一个纵横交织的立体网络，形成材料系统。

2. 精心地整理材料

选材后，还要根据实际需要，对材料加以整理。整理材料的常用方法有：

（1）分类法。通常有两种分类方法，一种是依据材料的性质进行分类；另一种是依据满足工作需要的程度来分类。通过分类，可以找出各个"类"

之间的内部联系，便于提炼出有价值的观点。

（2）筛选法。即经过反复多次甄选，从众多材料中找出那些最符合需要的材料。

（3）节选法。删繁就简，选用一个完整事件的片断去表现观点。

（4）提炼法。把有价值但又过于详细的材料去粗取精，突出精华部分。

总之，几种方法要注意灵活、综合运用。有了适宜的材料，你的营销文书就不至于显得空洞无力。

成文

终于要动笔写正文了，不过先别忙，如果你还不认识、不了解读者，你最好先假想一下你即将面对的读者有哪些特点。如果你的写作对象是一群人，就在头脑中设想出其中几个人的形象。他们之间有什么差别，又有什么共同点。

当头脑中有了读者的形象，就可以开始与他们对话，用提纲做指导，自然而然地往下写。这种方法会使文字变得生动而有效，而且会自然地形成一种风格。要做到这一点，你要牢记与读者达成共识的四个要素：了解读者的相关信息，检查文字的易读性，避免写作前对读者不必要或过高的假设，站在读者的立场上写作。

在写作全过程中，要牢牢把握三个基本点：一是目的明确，切中主题；二是内容完整，层次清楚；三是用词专业，格式规范。

营销写作一定要注意文书的可读性。可读性就是让读者很愉快、轻松地阅读文书。增强可读性最重要的三点要求是：清晰、简洁、直白。清晰的文书能避免模糊的表达，让读者理解你的意思。简洁的文书不用多余的词，不要浪费读者宝贵的时间。直白的文书是以自然的顺序来组织语言的。

要运用通俗易懂的语言，避免词句引起歧义。句子和段落保持简洁，通常每句话平均不要超过17个字。而超过7行的段落很可能会吓跑许多读者。这并不一个神奇的公式，但是"17—7原则"能够帮助你使文字更加有效。

如果你感到无从下笔，可以从你最容易的部分开始写作，也许是开头，也许是中间某段。当然,这建立在你有一个好提纲的基础上。对照一下提纲,逐个阅读你的分论点,直到你发现一个可以轻松写出的部分。

修改

在实际的营销文书写作中,很少可以做到一稿成文。一篇文书起草完毕后,总要经过多次认真修改,才能最后完成。

修改不只是为了斟酌词句上的正误,因为文书作者未必是本文书内容的直接决策人。他在领悟意思上可能会与决策人的原意有一定偏差,或者可能由于内容涉及的问题过多,作者第一次写作并没有准确、清晰地表达好各种意思。另外,由于文书的写作往往关系重大,所以决不能有半点马虎,必须经过认真检查,使之规范化。这些都是文书要经过反复认真修改的主要原因。

要从读者的角度来阅读文书,最好是大声地朗读几遍,这样就能发现你的文章是否自然、亲切,使你更有可能发现错误。要从写作目的、总体结构与谋篇布局、段落、句子、用词等方面进行检查,如果发现错误,请认真进行修改。对自己严格一些,修改文书要狠一些,不要吝惜整段的删改。

在文书的修改中,必须始终注意把握六个要点:一是通读全篇,确定修改之处;二是反复推敲,明确修改内容;三是再三斟酌,检查修改效果;四是通读全篇,保证修改合理;五是注意醒目,修改使用红笔(若在电脑上修改,可在修改处用横线标出,或使用修订功能,以示区别);六是确保规范,修改符号统一。

一般来说,修改主要有以下几种方法:

改正,用于修改错别字、词语,使句子通顺。

删节,删掉多余的字词和段落,以使行文内容突出,主次分明。

增补,使行文更为完善、准确。

移位,使行文逻辑严密、文意贯通。

分段和连接,确定科学的文书结构,使之更有条理性。

在对文书的修改中,你一定要认识到,这并不是简单的例行公事,而是对所叙述事物的反复认识和表达方式的反复斟酌。只有这样,文书才有可能在原有的基础上有所提高和完善。

如果修改的地方过多，你就要注意了，这说明你的计划可能做得不是很好，下次要多加注意。

如果需要的话，最好请专家和权威机构验证一下你所引用的材料，修正一些统计数据和事实。如果是书刊上的一些引用语，要和原著对照，以免出现差错。

编辑

通篇检查文章用词的准确性、逻辑的合理性和标点的正确性。在英文写作中，还要注意诸如语法、拼写的问题。

有可能的话，在交稿前，最好请人帮忙看一看你的作品，提点修改意见。营销文书要尽量编辑制作得规范、漂亮一点。

文书的制作打印必须注意以下三点：

1. 统一文书风格

确定统一文书用纸为A4的80克白色复印纸。确定文书字体为楷体还是宋体或其他字体。确定字体的大小，例如标题用2号，小标题用3号，内容用4号。确定文书内容字间距与行间距，也就是确定一个版面字数容量和四边空间的大小。用纸、字体、字形、大小、版面，这五者整合构成一种风格，全单位都要以此为标准，形成统一的格式，且固定不变，形成习惯。这是保持企业形象规范的重要方面。而这种风格的形成，是每个客户经理的职责。不仅要以这样的风格要求自己，还应以此影响上司和同事，使之成为企业文化的一项重要内容，这会给银行内外一种非常好的感觉。

2. 突出主题，突出小标题，突出重点词句

这是指全文用统一字体时，为了使有些内容特别醒目，提醒阅读者格外关注，有必要用黑体字或原字体加粗等方式凸显出来。但是，同一份文书中，切忌用两种以上的字体或处理方式，否则会显得凌乱，甚至会喧宾夺主，分散阅读者的注意力。

3. 版式设计合理，装订有方

文书需要做合理的排版，既要顾及所有文书风格的统一，又要避免文书内容太少或太多而造成的不均衡。

文书的装订必须牢记七点：一是要有合适的装订工具和配套物品，装订机、透明胶片、厚卡纸、胶圈缺一不可。一般的文书大多仅有几页，装订可用订书机，但在页码上应注明"共几页""第几页"两个内容，以免缺页。二是装订处与文书内容之间应留有空白，以免影响翻阅。三是页码务必不要颠倒，否则会令人反感及怀疑你的办事能力。四是装订要特别仔细，尤其是在操作打孔机时，万无一失了再打孔，否则稍有不慎，这一沓纸就全报废了，你还得重新打印，劳民伤财。五是订书机装订一般在左边，与装订机一样，以便于保存；除非特殊需要，尽量不要采用顶端装订或上角装订的随意做法。六是装订线与纸的外沿应有统一尺寸。七是内部使用的装订形式为透明胶片上下各一张，封面用 A4 的 80 克白复印纸直接打印文书名或文书正文第一页，封底衬厚卡纸。对外使用的装订形式则将封面换成厚卡纸，直接打印文书名。

如果是无纸化办公，那么有四个问题必须引起重视：一是电脑简体仿宋体字型不够匀称漂亮，有可能会影响阅读兴趣，建议采用还原性较好的字体，或干脆换一种字体软件，直到满意为止。二是电脑界面的色彩丰富了文书的表达效果，可考虑适当借鉴，但要避免过分花哨而影响了文书的庄重性。三是电子文书的独立包装与有纸文书风格统一，但又要有其自身特色。四是电子文书同时也是纸质文书的电子版，两者可以兼容，以免影响工作效率。

当然，以上讲的只是营销文书的一般写作步骤，你不必机械地模仿，可以根据实际情况做适当调整。

营销文书写作的布局谋篇

文书的布局不仅体现了你的整体思维能力，也是对你智慧的挑战。因此，在布局谋篇前，你要注意以下几个问题：第一，要创造良好的第一印象。第一印象是十分重要的,所以你需要尽量提供一种可能,让读者不用太费力就能比较轻松地"进入"你的文字中。因此,开头几段要写得简短一些,情况允许的话,可以用标题和附言来增加吸引力。第二,主旨要鲜明。营销文书的主旨,就是通过文书的具体材料描述出所要表达的中心思想、基本观点、政策要求或者要说明的主要问题,是一篇营销文书的"灵魂"和"统帅"。在营销文书写作中,必须将主旨直截了当、毫不隐讳、明明白白地写出来。第三,结构要明确。营销文书结构要明确,不宜过于繁杂,思想脉络清晰,这样才不会令读者产生抵触、厌倦的心理。第四,格式要规范。适应不同文种体式。注意按照各种文种的固定格式书写,以便于读者可以尽快找到他们所需要的信息。

主旨显示

1. 标题显旨法

标题即具体营销文书的名称,用标题概括、点明主题,即为标题点旨,这是比较常见的方法。

2. 开门见山法

营销文书一开头就能唤起读者注意,使其脑子里先有一个总的概念,不得不继续看下去。主要表现为开头使用主旨句,或者直接阐述意义、主张或基本观点。

3. 缘由引发法

这是请求性、指令性文书主旨表达的基本方法。在营销文书开头直接表明制发文书的缘由、背景,而后自然地引出文书的意义、目的。

4. 段前提要法

"提要"即摘录要点,将其置于文书某一层次或段落之首,它一般适用于内容复杂、篇幅较长的营销文书。通过各个段落、层次中的段旨句、层旨句整合出主旨。

5. 首尾呼应法

在开头提出一个令人关注的问题,在结尾处做出相应的明确答复;或者在开头对某一情况做出多种选择性解释,在结尾处给出相对正确的解释。

值得注意的是,在实际操作中,文书写作的主旨显示往往是综合使用几种方法的。掌握了这些方法,相信你的文书主旨就会更加鲜明。

开头布局

开头是营销文书结构的重要组成部分,是全篇内容的高度概括和主旨思想的集中反映,是行文的"先锋"。它既要囊括正文的全部内容和主要观点,又要概括得简明扼要、精练明确。一般而言,撰写营销文书的开头应开门见山,起句立意简洁精练,富于概括力,切忌无端"戴帽",空洞乏味。具体来说,主要有以下几种形式:

1. 根据式

即开头交代行文的根据,以保证发文的法定权威性,一般多用"根据""遵照""按照"等作为语言标志。用来作为行文根据的,通常是党和国家的某项方针政策、法令法规,上级的文件指示精神,某次会议的决定及本单位的实际情况等。例如,《××分行关于对客户部门实行事业部制的决定》开头:"根据总行改革会议的精神,市分行决定……"

2. 目的式

即在开头交代行文的目的或意图,开宗明义,以便受文单位明确发文单位的意图,一般常用"为""为了"等介词标引。如,《××分行关于公司类大客户营销工作指导意见》开头,"为规范公司类大客户营销工作,加大对公司类大客户的营销力度……"

3. 原因式

即指在开头讲明制发文件的缘由，以揭示行文的必然性和合理性，还可昭示行文的必要性与重要性。一般用"由于""鉴于"等介词标引。如《中国××银行××省分行关于改革客户经理分配制度的决定》的开头："鉴于商业银行改革进程的加快，对金融人才竞争也提出了新的要求，省分行决定……"

4. 引文式

即指开头先引用文件或领导讲话中的某些句子作为引言或点明主旨。例如《中国××银行关于印发全行营销工作会议纪要的通知》的开头："现将《全行营销工作会议纪要》印发给你们，望结合本地实际，认真贯彻执行。"

5. 时间式

即指开篇点明某事、某情况的时间，可写具体时间，也可用"最近""近来"等模糊度稍大的时间副词，还可用"……之后"句式开头。如《××银行××分行关于进一步加强贷后管理的通知》的开头："今年9月20日，总行通报了对10个分行贷后管理检查的情况，其中我行有3个问题……"

6. 事情式

即指开篇简明扼要地介绍事件或情况，给人以清晰印象。如《××银行××分行关于进一步加强票据业务风险管理的意见》的开头："最近，××银监局通报了××银行和××银行发生重大票据诈骗案的严重事件，引起我行领导的高度重视……"

上述诸种开头方式，仅就常见情况略作罗列。其实，开头的形式远不限于此，究竟采取何种形式，应根据内容表达的需要而定，关键是要突出全文主旨，并紧紧地抓住读者。

主体布局

营销文书的主体布局,从外在形式上划分,主要有以下几种:

1. 篇段合一式

一篇营销文书只有一段,这一段就是一篇,俗称"单枪匹马式"。这种体式主要适用于命令、公告,以及内容简单的决定、决议、函及批复等。

2. 分列小标题式

把全篇文书分成若干条、段,把每一条段的中心内容,分别归纳为若干个小标题,置于每一条、段之上,如指示性通知、调查报告、会议纪要、决定、决议、简报、通报等。

3. 全文分块式

把全文分为几大块,相对独立,各自成章。采用这种体式的主要是工作总结、工作报告、调查报告、指示性会议纪要等。分块式的一个突出标志,通常在每一个部分的正中位置标以(一)、(二)、(三)等序号。俗称"豆腐块式"。

4. 转发转述式

用批转、转发、转述的形式,把上级、下级或平级的来文转印给下级单位。它的突出特征是:以文载文,文后有文,如批转性通知、转发性通知、转述性通报、转发式(加写编者按语)简报等。

5. 章、条、款分列式

即全篇分章、章下有条、条下设款,分条列目,款项清楚。它是章程、条例、规定、规则、办法、细则等法规性营销文书的基本体式。

6. 条、段贯通式

把全文划作若干条,标以序号,无单独的开头与结尾,或划分若干个自然段,段落不标序号。它是一些指示、内容比较简单的法规性文书常用的体式。

7. 并列句式

先以简要文字做开头，开宗明义，正文用若干个句子排列组合而成。这是守则等文书的基本体式。

营销文书的主体布局，从内在层次上划分，主要有以下几种：

1. 并列式

即将全文内容划分若干个层次，每一个层次之间是并列关系。综合性的报告、总结、计划等文书常用此法。

2. 递进式

即按事物的内在联系和逻辑发展顺序安排层次，由浅入深，由表及里，层层深入，各层之间为层层递进的纵深关系。请示、报告、总结、计划、会议纪要等文书常用此法。

3. 连贯式

即按事情发展的经过和时间的先后顺序安排层次，各层次之间浑然贯通，联成一体。重大事项的调查报告、重大营销项目的情况报告、专题性的调查报告、表彰或批评性的通报等文书常用此法。

4. 总分式

即先总说，后分说，或先分说，后总说，使全文析理入微，条分缕析。工作总结、综合性报告等常用此法。

5. 混合式

也就是将多种方式结合在一起来安排文书的结构。常见的混合式文书结构，一般是按照先纵后横的顺序来安排的。

此外，在文书主体的写作中，你也要善于利用各种过渡来引导读者，并使读者一直保持阅读下去的兴趣。

结尾布局

恩格斯说:"文章要有一个好的结尾。"从内容上讲,结尾是对全文的总括;从形式上说,它是行文的收束。营销文书的结尾应简明概括,意尽言止,力戒"弦外之音",胡乱"穿靴"。一般来说,主要有以下七种结尾形式:

1. 总结式

指对全文的主要内容和基本思想做进一步的概括和归纳,以加深人们的认识,明确行文意图。

2. 展望式

指用充满激情和希望的笔调,对未来做美好的憧憬,从而激励人们为实现营销文书中所提目标不懈地努力。

3. 号召式

指在正文部分阐述今后一定时间内的工作任务或奋斗目标后,号召人们为实现这一任务或目标而积极进取。

4. 警告式

指为使营销文书中规定事宜得以顺利实施,对有可能违反这一规定的人和事先提出告诫,行文时即可用警告式结尾。

5. 指令式

指对正文中所阐述的主要措施、意见或办法,提出明确而又具体的贯彻落实意见。

6. 要求式

指上级机关向下级单位行文发布指示,同时要求下级单位将落实、执行情况在特定时间内进行反馈,抑或征求下级单位对文件的意见或建议。

7. 自然式

指随着正文结束自然而然地收尾，意尽言止，干净利落。

此外，有些文书的结尾常用一些固定格式的习惯用语，如请示用"妥否，请批示""当否，请回复"，批复用"特此批复"，通知用"特此通知"，等等，具有简洁、凝练、庄重的特点。

需要注意的是，一些营销文书并没有传统意义上的开头、结尾。比如，一些采用横式主体结构的文书，它们或是平行并列的几个层次，或是从头到尾的条目开列，这时候最实际的方法恐怕就是尽可能地让这些并列的层次条目精练化，过多的修饰有时反而会弄巧成拙。

营销文书写作的语言表达

写作的目的就是为了向读者表达某种思想。明确了这一点，作者就应该设法增加营销文书文字的可读性，只有这样读者才能在尽可能少的时间内获取你所要传达的信息。

营销文书语言的基本要求

营销文书的语言不同于文学语言。它的基本要求是准确、简洁、庄重、朴实、生动。

1. 准确

这是营销文书语言的生命，它直接关系到营销文书质量的高低。俗话说："一字入文书，九牛拔不出"，极其形象地说明了营销文书语言的准确性特点。这里，准确指的范围除内容要素外，在很大程度上取决于语言要素，即语言表达要符合客观实际，对问题的分析要有理有据，符合逻辑，在遣词造句方面也要恰当贴切，符合语法规范。对于一些意义相近的词语，要反复考虑，仔细辨析它们之间的细微差别，选择最为准确的加以使用。

2. 简洁

公务文书重在实用，故在语言表达方面，在准确的基础上还应力求简洁，要用极省俭的文字表达尽可能丰富的内容，做到以少胜多。为此则需要养成一种"精雕细琢"的写作作风，在语言表达上要认真推敲，反复修改，竭力删掉那些可有可无的字词句段，毫不吝惜，最后达到"句中无余字，篇内无赘语"的境界。要注重使用那些论断性语言、综合性语言和群众性语言，以确保其简洁性。此外，还应适当运用一些简称（缩略语），也可使营销文书语言表达趋向简洁。

3. 庄重

营销文书是银行的营销工具，具有高度的政策性和法定的权威性，因而要求其用语必须做到庄严、郑重。为此，就需要注意：要用叙述性、陈述性语言，忌用描述性、抒情性语言；要用规范的书面语言，忌用方言土语。否则，都会影响营销文书语言的庄重色彩。

4. 朴实

营销文书重在实用，指导工作，因而在语言运用上还应力求朴实无华，要直陈其事，不要拐弯抹角、含蓄隐讳、故弄玄虚，也不要刻意粉饰、渲染、铺陈。

5. 生动

指营销文书的语言虽然讲究朴实无华，但也不能失之平淡，要尽可能运用一些形象化的词语，借用一些现代汉语的修辞手法，如排比、层递、比喻等。但要注意，有些修辞手法不宜使用，如双关、借代、象征等。

营销文书语言的组织

在具体的营销文书语言组织过程中，务必注意以下三个问题：

1. 学会选词

作者要注意区别词的不同含义，尤其要注意同义词在程度、范围、感情色彩上的细微差别，应选用通俗易懂的书面语言，不要生造词语。

营销文书专用词语主要有：

（1）开端用词。用来表示行文目的、依据、原因等。如：根据、为了、按照、由于、关于、随着、目前、据、查、兹有等。

（2）承启用词。用于上下文的衔接。如：为此、据此、鉴于、综上所述等。

（3）引叙用词。用于引叙来文时的用词。如：现接、前接、悉、收悉、惊悉等。

（4）称谓用词。用于表示各种不同人称。如：本、你、该、贵等。

（5）经办用词。用于说明事物处理的情况。如：业经、现经、责成、试行、执行等。

（6）批转用词。用于上级对下级来文批示意见或向下转发。如：批示、审批、阅批、审阅、转发、下达、颁发等。

（7）表态用词。用来对来文表示意见。如：可以、应当、可行、不可以、同意等。

（8）期望和请求用词。用来表示发文者的愿望、请求。如：希、请、望、盼、恳请、切望等。

（9）征询用词。用来表示征请、询问对有关事项的意见，如：当否、妥否、可否、意见如何等。

（10）结尾用词。如：为盼，为要、为荷、特此通知、请批示等。

2. 注意炼句

在写作过程中，一定要使语句通顺、合理，获得最佳表达效果。注意语句意思明确，句子成分完整，指示代词准确，语序顺畅妥当。

如果按照以上要求，在你的写作中认真推敲文字，你所写的营销文书就一定更具可读性。

3. 合理运用图表、空白和标题行

如果你书写的营销文书上全是密密麻麻的一大片文字，会不会让读者看

了心生厌烦呢？除去标点符号，是否可以运用一些文字以外的辅助信息，消除这种产生厌烦感的可能，同时增加说服力呢？

这里，我们将谈一谈图表、空白和标题行的使用。

（1）图表。图表无疑是最醒目的辅助信息了，它能在文字汪洋大海中立刻凸显出来，抓住读者的眼球，使他们马上对文书谈论的问题产生兴趣，并同时提供重要的信息。图表对于吸引读者对正文产生兴趣、强调主要观点、提供重要信息起着非常重要的作用。事实证明，很多人会在阅读文书之前，首先浏览图表。我们中的大多数人都会被图表所吸引，不论是照片还是图案，是彩色的还是黑白的。图表可以支持正文、传达信息和指导行动，并为文书开拓另一种视角。

也许我们曾听说过这样一句话：一张图抵得上 1000 个字。其实并非总是如此，关键在于图表运用是否得当，应用得当的图表至少可以抵得上数百字；而应用不当的图表会分散读者的注意力，达不到预期的效果，甚至可能会和不使用图表差不多。因此，并非什么时候使用图表都可以达到事半功倍的效果。应用图表必须本着以下几种目的：一是支持正文。当你的文书中充满了各种数据，而且它们之间又存在某种联系时，与其让它们不规则地"散布"在文字堆中，不如用清晰的图表来支持正文。比如，当你给出许多百分比的时候，这些数字可能会使读者摸不着头脑。这时，你就可以用一张圆饼图简单明了地表达这些数据，强调各部分之间的比例关系。二是强调所传达信息。图表的信息可以比正文更有力时，方可使用它。三是指导行动。这主要指诸如流程图或者框架图一类的图表，可以向读者描述一个过程或者解释如何实现一系列指令。

常用的图表有哪些种类呢？主要有以下几种：

△表格。适合表达大量数字信息，不适合强调重要观点。

△圆饼图。适合表达百分比关系，不适合表达复杂的数据或随时间变化的趋势。

△柱形图。适合几个项目之间的比较。特别适合比较随时间而产生的变化，但不适合表达多于 10 个项目或表达各部分与整体之间的关系。

△折线图。适合表达随时间变化的趋势，不适合用来表示引起这些变化

的因素。在用来表达变化因素的时候,折线图显得令人费解。

△示意图。适合用于引起注意,不适合用于做高度准确的比较。

△流程图。适合表示复杂的过程,但是在描述过于复杂或涉及广泛的过程的时候,有时会令人费解。

下面介绍几种图表的使用:

① 扇形图

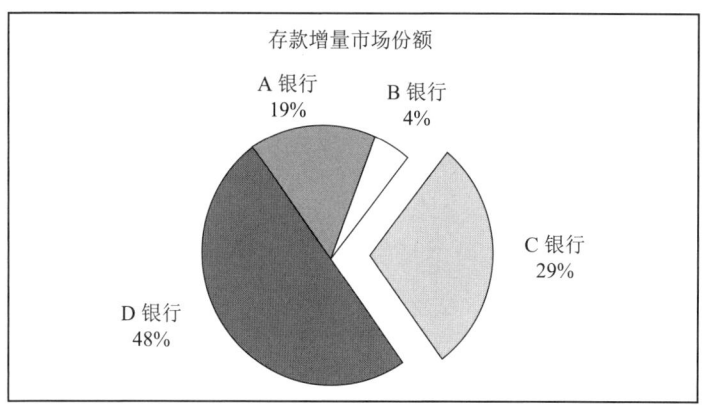

② 条状图

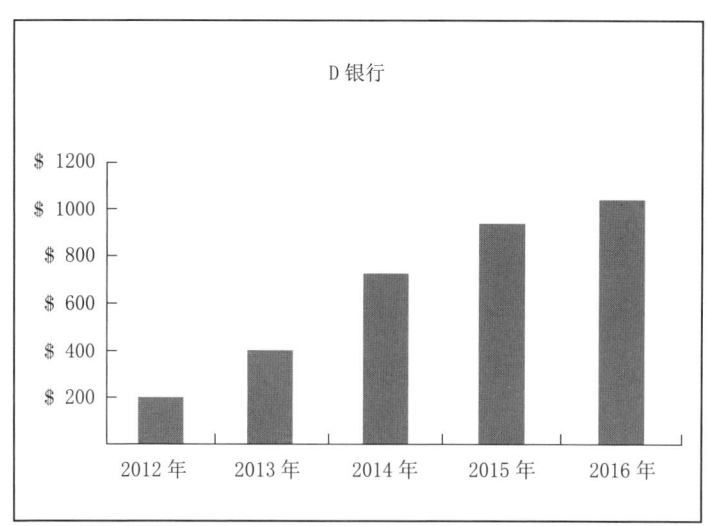

③ 横向条形图

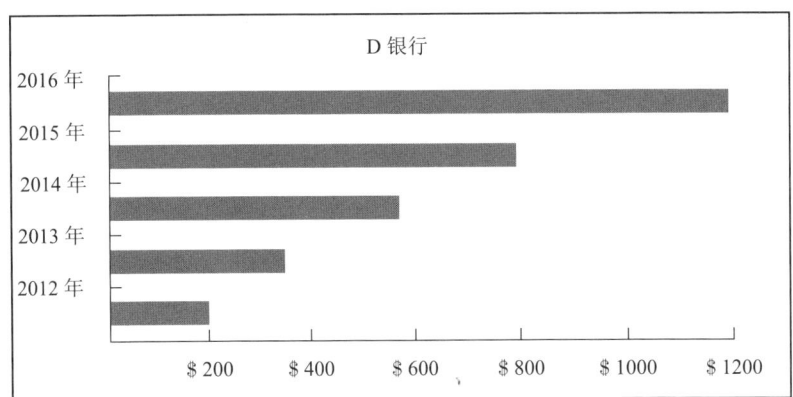

④ 双线条状图

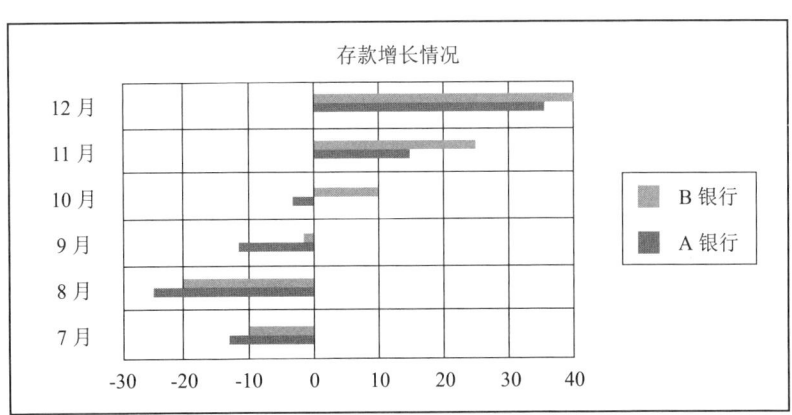

⑤ 多级条形图

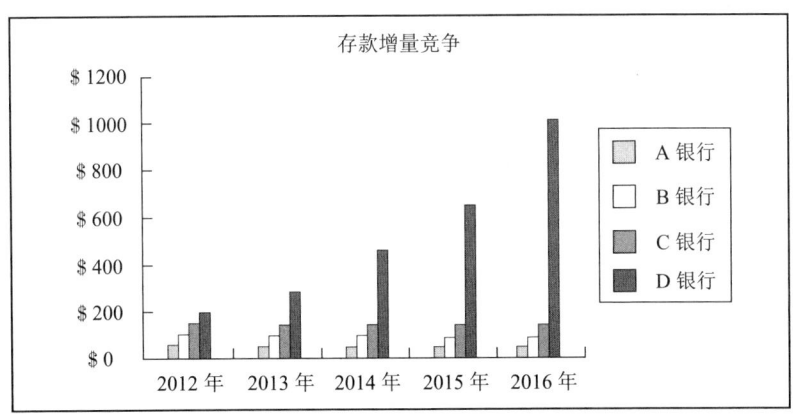

⑥ 累积条形图

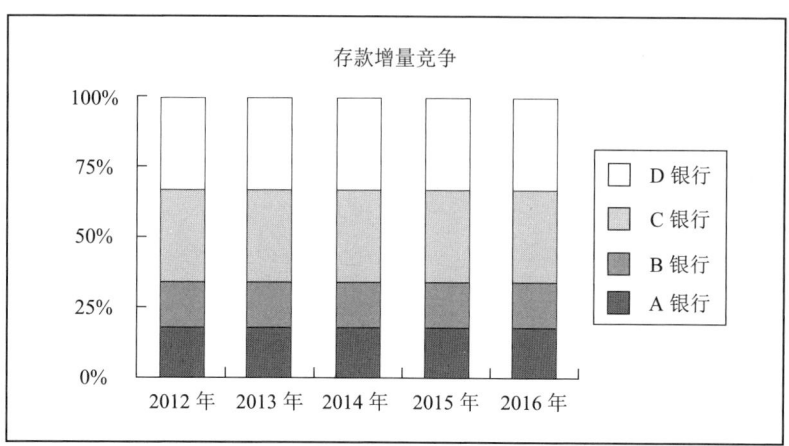

⑦ 线段图

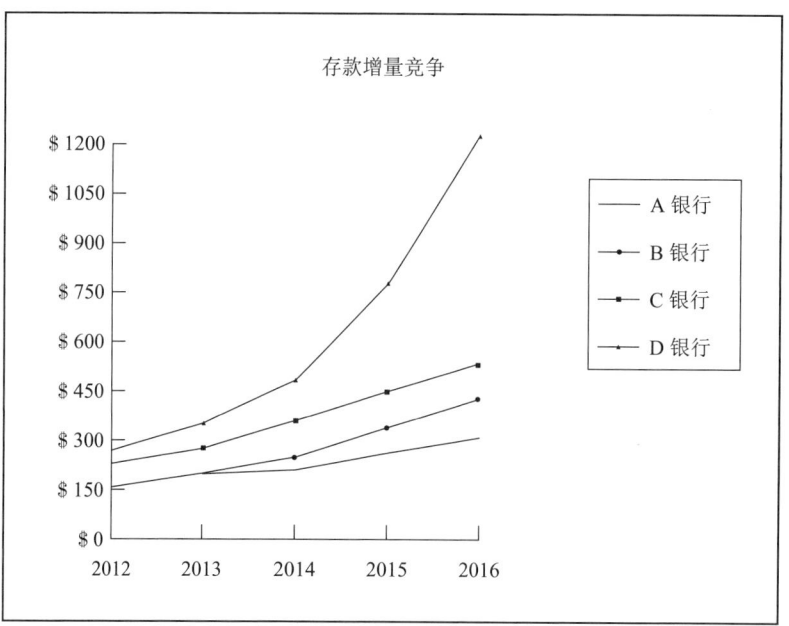

⑧ 区域图

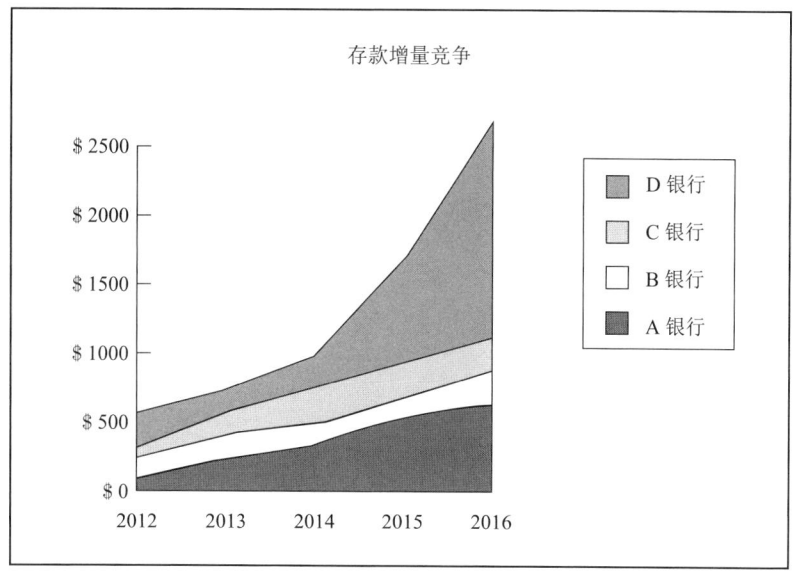

在图表使用中,你应当尽量使你的图表达到以下三个标准:一是清晰,易于查看。将图表放置在与其内容相关的正文附近,以便读者查看。同时,应当在图表中或图表下面注释,提供一些简短的解释。为了突出图表,周围最好留有一些空白。二是恰当。图表的使用要与写作目的吻合,做到恰如其分。三是准确。一定要保证图表中数据的准确性,并注意与正文保持一致。最好注明数据的来源。

(2)空白。不要小觑了空白的作用。除了每一段首行缩进处的空白以外,在列举和引用时,你可以在边缘处留出足够的空白,以吸引读者的注意。

另外,要多借用段落之间的空白,换句话说,就是根据需要,多分段。否则一眼看去,都是令人目眩的"紧密"文字,肯定会影响读者的阅读情绪,尤其是那些篇幅较长的文章更是如此。因而空白绝非对空间的浪费,而是一种有效的"投资"。

(3)标题行。利用标题行来分割正文,可以让读者更为轻松地阅读,因为通过这种分割,文章的组织结构可以一览无余。要注意调整标题的风格,这一点主要由写作目的及内容决定。

巧妙地运用图表、空白与标题行,可以为你的文章增色、添彩。

正确运用数字

营销文书写作离不开数字。它能够给人以确定无疑的概念，并能使人增强量的直感，从而加深对事物本质和规律的认识。营销文书中恰当地运用数字，能够起到文字表达所不能替代的作用，从而极大地增强行文的说服力。反之，如果运用不当，就会严重影响营销文书的质量和效用，甚至给实际工作造成难以预料的损失。因此，在营销文书写作中必须重视对各种数字的使用。

在营销文书写作中，运用数字应当注意做到以下几点：

1. 要真实

真实是营销文书中运用数字的生命，它直接关系到一篇营销文书的质量和效果，也在一定程度上反映出发文单位及营销文书作者的工作作风，唯其真实，才有力量，才能实事求是地反映客观事物。具体而言，真实是指写进营销文书中的数字，必须是从实践中得来，是确确实实存在的，而绝不是凭空杜撰、弄虚作假、胡乱编造的"水数字"。那种为了显示工作"业绩"，抑或掩盖工作失误，欺上瞒下而有意编造数字的做法，必须坚决禁止。

2. 要准确

准确是营销文书中运用数字的关键所在，它与真实相辅相成。具体是指写进营销文书中的数字，必须与客观实际相符合，要准确地反映事物发展变化的程度，决不能搞"主观推测"，或者使用"大概""也许""差不多""可能"等模糊度强的词语，有一说一，有二说二，决不能随意夸大或缩小。要做到这一点，要求营销文书写作人员必须深入实际，认真进行调查研究，尽量获取第一手材料。同时，在语言表述上也要力求准确无误，给人以明晰的概念。此外,营销文书中涉及的诸如"增加""减少"等词语后面所带"了""到"等表示事务数量增减的词语、表示概数和基数的词语、表示界限的词语等等都会经常使用，也必须准确地加以表述，不能粗疏。

3. 要统一

即指写进营销文书中的数字，一定要认真检查，仔细核实，确保前后一致，避免相互"打架"。各个分数之和要与总数相等，统计口径要一致，计量单位的使用也要前后一致，所列举的数字要具有可比性，以确保营销文书中数字表述的准确性和规范性。同时，对于数字的书写和使用也要保持统一，要严格按有关公文法规中的规定执行。对于同样的数字，按规定应当使用汉字书写的，就不能随意改换成阿拉伯数字，反之亦然。绝不能此处用汉字，而在彼处又用阿拉伯数字。

4. 要规范

即指对于数字的书写和使用必须符合公文法规和其他有关规定，不能随意而为。哪些情况下要用汉字数字，哪些情况下又要用阿拉伯数字，都有特定的范围和要求。例如依照《国家行政机关公文处理办法》第二十五条第（九）项规定："公文中的数字，除成文日期、部分结构层次序数和在词、词组、惯用语、缩略语、具有修辞色彩语句中作为词素的数字必须使用汉字外，应当使用阿拉伯数字。"这就是说，当公务文书中出现"成文日期"等几种特定情况下要使用汉字数字，这是毫无疑问的，除此之外都应使用阿拉伯数字。对于这一书写和应用规范，在营销文书写作中必须认真遵照执行。此外，按《办法》第二十五条第（六）项的规定，公务文书中的结构层次序数也有其特定的规范要求，即第一层为"一"，第二层为"（一）"，第三层为"1."，第四层为"（1）"。要注意严格按照这样四个层级顺序使用，不要越级套用；而且对于结构层次序数的使用尽可能限在四层以内，不要过细过多；还要注意一般不用"首先""其次""再次""第一""第二""第三""此其一""此其二""此其三"等诸如此类的结构层次序数表示法。

5. 要得当

在营销文书写作中，运用数字来反映事物的情况或变化，说明有关问题，固然有其独特的作用，一般的说明性文字无法替代，这是无可置疑的。但是，也要适可而止，要把握其运用的"度"，切不可过多过滥，或者流于玩弄数字游戏；或者恣意堆砌，搞数字罗列，犹如流水账一般，给人以枯燥烦冗之感。随意堆砌数字，将所要说明的问题淹没在数字的海洋里，这是十分有害的，本想能够充分说明问题，结果往往适得其反。

营销文书语言的特殊表达

所谓特殊表达，是指对文书中一些事物和概念的表达需要有特别的要求。在实际文书写作中，一些作者往往会忽略特殊表达问题，或者意识到应该注意，但又不太了解具体的细则。所以，虽然特殊表达也属于语言范畴，但此处单列出来，目的是引起读者特别的注意。

1. 时间的表达

除去不必或需要保密而不能精确表达的情况外，都需要用有确切语义的词语来表达时间。标明完整的年月日，年份一律使用公历年份全称，比如2016年不得省略为16年。根据需要，有时还要标出时、分等。

要尽量避免需要借助其他时间概念才能推断出来的时间代词，如"今天""明年""本月"等。忌用不易划定界限的词语，如"去年以前"。

2. 地点的表达

表示地方的专用名词，如城市、地区、县等名称第一次出现在文中时，属于国内的要标明所属省份、直辖市、自治区名称（本地区内传达可酌情略去），属于国外的要冠以国别。

所有国名、地名一般使用标准名称，不宜使用别称；国内地名及单位、公司名称一般要用全称，"京津地区"等特殊情况除外。

除特殊需要外，营销文书中涉及的空间概念应当精确，慎用表示处所的代词，如"这里""那里"，以防止误解。

3. 职务、姓名的表达

各种职务、姓名要用全称，当一人担负多种职务时，考虑到文书内容，列出相关的即可。需列出多个职务时，按先大后小的顺序排列，国外的则要尊重对方习惯。

国外人士的姓名、职务应使用新华社公布的标准译名，第一次出现时，根据需要用圆括号附上其外文名称。

若干人的姓名同时并列出现在文书中时，需要根据一定的标准排序，如姓氏笔画、姓氏字母顺序、职位高低等皆可。

4. 数量的表达

除特殊情况外，应尽量使用确数，避免约数。数词"两"不能用作序数。

度量衡单位要按国家统一标准，国外单位应在后面注明相对应的国家标准单位度量。

不经常使用的复合量词，要加注简要说明。

表达数量时一般使用阿拉伯数字，但使用以数字为构成要素的词、词组、惯用语时，应使用表示数量的汉字。

在"增加、上升、扩大"或"减少、下降、缩小"等词语后，应使用含有"到、为、至"等字的句式。

大体上讲，特殊表达要求的具体内容基本如上，你在撰写营销文书时，如果碰到了特殊表达方面的问题，就请遵照上面的要求处理，以避免因为细节问题影响整篇文书的表达，甚至使一篇本来尚佳的文书功亏一篑。

第二章

商业银行对外营销类文书
——关系+方案，力揽客户

金融服务解决方案

文种特征

1. 概念

金融服务解决方案,是商业银行在对客户需求进行认真调研的基础上,对本银行金融产品和服务进行全面整合,为大型客户,特别是系统性、行业性、集团性客户量身定做的有关金融服务方面的解决方案,是一种提案式或建议式的营销文书。

2. 作用

金融服务解决方案虽然是一种参考性和建议性文书,但由于它是为大型客户量身定做的,具有很浓厚的人情味,针对性强,可操作性强,在商业银行市场营销中发挥着特殊的作用:

(1)它有利于表明你和你这家银行为客户专门服务的诚意,增加客户的信任度。由于金融服务解决方案是专门为某个客户制定的,并且是以正式文件发送的,这样就使客户感到你这个客户经理和这家银行是诚心诚意为他想问题、解决问题,从而增加对你和你所代表的银行的信任度,为以后的营销工作奠定基础。

(2)它有利于解答客户在金融服务需求方面的困惑。如果客户经理与客户代表的营销商谈只停留在口头上，而没有一定的文字说明，这样客户代表就不可能准确地了解银行方面对客户需求的解决办法。如果你为客户精心制作了一份金融服务解决方案，客户代表就能准确地把握你这家银行的优势及提供的特色金融服务，为客户方面的决策提供了依据。

（3）它有利于将金融产品和服务进行有机地整合，形成"金融产品包"，构建"金融产业链"。全面的金融服务解决方案可以极大地满足客户多方面的需求，促进客户发展业务、降低成本、提高效益，也可以极大地提升商业银行市场竞争力，提高客户的综合回报率，真正实现银企"共赢"。

（4）它为在商谈阶段提出提议和协议草案打下了基础。由于金融服务解决方案针对客户的特殊需求设计了有关金融服务解决的具体方案，就使客户与银行合作的内容与方式有了一个大体的框架。如果客户对这份方案书感兴趣，那么双方便有了共同的商谈语言，以后的营销商谈就顺利多了。

3. 特点

这是商业银行为客户量身定做的有关本银行为其提供相关金融服务的计划书，是一种参考性和建议性的文书，没有法律约束力，也没有统一格式要求，是对特定的客户专门制作的。因此，金融服务解决方案必须清楚地列出客户的金融服务需求和银行的具体解决方案。

结构模式

1. 种类

金融服务解决方案的制订，有很强的个性化特征，因而其种类的划分也有多种。依提供金融服务的内容分，有综合服务方案和单项服务方案；依运用的表现工具分，有文字方案和 PowerPoint（多媒体演示文稿）等。

2. 结构

金融服务解决方案没有固定格式，可以因客户对象不同灵活制订。一般来讲，应包括以下几个方面：

（1）前言。主要写明双方合作的基础、缘由、范围、内容、目的及前景展望等。

（2）本银行比较优势。包括网点优势、网络优势、政策优势、业务功能优势、人才优势、信用优势、地域优势、经验优势等。

（3）对客户金融需求的理解。这部分既要对客户的现实金融需求进行认真地理解，又要对客户未来的发展需求进行前瞻性分析，创造客户需求，以便吸引客户选择使用本银行即将推出的最新金融产品和服务。

（4）金融服务解决方案。这部分一定要根据客户的实际需求来制定。主要包括融资解决方案、资金结算解决方案、国际业务解决方案、金融理财解决方案等内容。

（5）金融服务优惠条件，包括资金价格、中间业务手续费标准、贷款担保条件等，一定严格遵守国家有关政策规定，严禁违规承诺。

（6）金融服务保障措施，包括客户服务团队的组成、金融服务承诺、金融服务措施等。

写作指要

在金融产品与服务的介绍阶段，为客户制作专门的金融服务方案，是一项非常重要的工作。对于再次拜访的客户，你一定不要像第一次那样，两手空空地就去，而是根据初访和其他渠道搜集的资料，为其制作专门的金融服务方案，并以本银行的名义用正式公函送给客户。虽然金融服务方案是一种参考性文书，但客户经理一定要非常注意运用这个特殊武器，以达到事半功倍的效果。

制作金融服务方案，要注意把握以下几个方面：

1. 要透彻理解客户需求，使方案具有针对性

要组织专班和人员，广泛搜集有关信息情报，深入分析客户所处行业的特点及发展趋势，认真研究客户产业链综合解决方案；全面分析客户的经营现状和存在的问题，并通过加强对客户重点部门负责人和重点经办人的沟通

和感情联络，透彻了解客户的实质性需求和不同阶段的侧重点，确保提供给客户的金融服务综合方案和单项服务方案都具有针对性。

要真正透彻理解客户需求，必须高度重视对客户信息情报资料的搜集工作。这是制定金融服务的前提和基础。金融服务方案是专门为某个客户量身定做的，因此你必须通过各种渠道、运用各种方式搜集与这个客户及所处行业有关的一切信息情报资料，包括这个客户本身的机构、体制、人事、经营、财务、机制等情况及发展特征，与各银行的关系情况，所在行业的政策背景，所在区域的社会经济情况，等等，力求金融服务方案的针对性、可靠性、吸引力更强。

2. 要突出优势和特色，使方案具有竞争性

立足银行实际，紧扣客户需要，有机整合银行产品和资源，突出银行优势和特色，创造性地为客户的具体项目提供"一对一"的个性化解决方案。如果你提供给客户的金融服务方案具有浓郁的特色感、前瞻性和吸引力，并且能创造客户需求，必将引起客户的高度关注，赢得客户的好评，有效地增加竞争砝码，增强竞争优势。

3. 要确保质量，使方案具有操作性

在制作具体金融服务方案时，要以客户部门为主体，从科技、会计、银行卡、信贷、国际业务等部门及有关分行选调业务骨干，成立金融服务方案制作小组，在全面研究客户的实质性需求的基础上，多次组织集中讨论，明确方案主题、结构和主要内容，同时落实个人责任制，分工负责，限期完成。政策不明朗的，及时向上级行请示；科技支持不全面的，迅速组织技术专家开发。服务方案初稿形成后，先由制作小组反复斟酌，并请有关专家予以论证，然后提交相关领导和部门讨论、修改、审定。只有程序规范、组织严密，才能确保方案质量，使其具有可操作性，赢得客户青睐。

4. 要认真学习，使方案具有专业性和权威性

要使你制作的金融服务方案能打动客户的心，就必须学一点与客户行业有关的知识，让客户感到你这家银行和你这个客户经理的与众不同之处——

不仅是一个金融专家,还是一个知识渊博的人,是一个对客户需求很了解的人,是一个可以信赖的人,从而找到共同语言,结成知心朋友,形成战略伙伴关系。

5. 要精心写作和制作,使方案新颖。

要运用朴实、准确的语言来写作金融服务方案。要注意把握客户需求的主次,突出重点,排解难点。切忌夸夸其谈,切忌盲目承诺。要设计得十分周到、细致、新颖,一目了然,而且最好用专业打印、装订,用正式文件发送。这样,客户就觉得你是诚心诚意地在为他想问题,从而比较容易接受你的方案。

范文解读

[范例1. 项目融资金融服务解决方案]

××高速公路项目金融服务解决方案

中国××银行××市分行

(××年××月)

目录

前言

一、××高速公路项目发展需求分析

二、中国××银行××分行的优势

三、中国××银行××分行对本项目融资的优惠条件

四、对本项目建设期及营运后资金管理的解决方案

五、对本项目金融服务的保障措施

六、金融服务承诺

前言

获悉贵公司已取得国家重点公路××至××省××至××段项目(以

下简称××高速公路项目）的投资建设经营权，××银行××分行愿与贵公司建立密切的战略合作关系，为贵公司投资建设的××高速公路项目提供全面的金融支持，协助贵公司顺利完成项目建设。

××银行××分行加快与国际接轨步伐，网点分布更趋合理，服务功能更加完善，市场营销力度不断强化，各项业务快速、健康发展；经营管理水平进一步提高，防范和化解风险能力显著增强；信贷资源配置逐步优化，机制建设逐步完善；金融产品不断创新，开发并推出了具有国内同业领先水平的现金管理业务、网上银行、电子商务、场景金融等一批新产品，综合应用系统、信贷管理系统迅速推广，为客户提供了更加及时、安全、快捷的金融服务。

我们希望凭借卓越的技术、专业的团队和优良的服务，为贵公司提供融资、资金管控及其他金融服务，充分满足贵公司的需求，尽最大的努力，最大限度地提升贵公司的价值，通过××银行的融资便利、综合理财和资金集中管控业务有机结合，产生"1+1>2"的效益。

××银行已组建优秀的团队为贵公司服务；

××银行将以领先的技术为贵公司提供技术支持；

××银行将以最佳的产品组合为贵公司理财；

××银行将以严密的内控制度为贵公司的资金安全提供保障。

联系人：××银行××分行公司业务部总经理××

电话：××

联系人：××银行××分行公司业务部高级客户经理××

电话：××

一、××高速公路项目发展金融需求分析

目前，我国公路建设进入了快速发展阶段。××省地处我国中部地区，随着全国高速公路网的加快发展和国家中部崛起战略的全面实施，××省的经济优势将更加突出。区域经济的发展，需要高标准的交通运输发展与之相匹配，同时，交通建设项目的规模与标准的确定又主要取决于经济开发战

略的目标及其实施进程，该项目的确定具有其必然性和必要性。

任何一个大型项目的成功实施，都离不开金融业的参与，对项目投资者来说，选择资金实力强大、服务质量优良的银行作为合作伙伴，与选择项目同等重要。××银行××分行在支持大型项目建设中，积累了丰富的经验，对××高速公路项目的金融服务需求理解为：

（一）需要金融网点相匹配

××高速公路项目全长约××公里，线路较长，项目建设期的土地征用、拆迁及项目投入营运后的收费都需要沿线的金融网点配合。

（二）需要较强的资金实力支持

高速公路建设属于大型基础设施项目，其特点是先期投入资金需求量大，投资回收期较长，其来源主要是业主资本金投入和银行融资。作为国家重点高速公路，银行融资是该项目建设不可缺少的重要资金来源。该项目如果资金供求脱节，将严重影响项目的进展。

（三）需要对资金实施集中管控

按照先进的项目管理模式，公司必须对项目资金实行集中管控，这是公司资源整合的核心所在。在实业资本和金融资本高度融合的今天，对现代企业资金管控方式的改革，离不开银行的支持。因此，选准最佳的合作银行，是资金集中管控目标得以实现的重要前提。

（四）需要降低资金成本

项目效益最大化的实现，除了项目本身的盈利空间外，减少成本支出是扩大效益的另一重要途径。在项目建设期及营运后，利用银行先进的现金管理业务、网上银行结算等功能，提供全面金融服务，如资金的代收代付、实时归集、电子支付、委托理财等，不仅能够降低企业财务人员的劳动强度、提高办事效率，还可以较大幅度地减少资金成本支出，增加资金使用效益。

××银行××分行利用自身的网络优势、网点优势、技术优势、资金优势和丰富的项目金融服务经验优势，完全能够满足贵公司的资金集中管控和综合理财需求。因此，贵公司选择××银行为合作银行，有助于保证融资需求，有助于资金集中管控方案的顺利实施和顺畅运行，以实现强强联手，达到银企共赢。

二、××银行××分行的优势

××银行是世界500强之一。我行一直秉承为国家、社会及客户创造价值的宗旨,坚持"以客户为中心"的经营理念,致力于中国金融业的改革与发展。在业务手段上,既能满足传统业务的需求,又能为客户量身定做新的业务产品;既能为国内各类型客户提供服务,又完全有能力为大型集团性客户及跨国公司提供高标准的金融服务。

××银行的经营范围广泛,主要包括:

人民币业务:人民币存款,发放短期、中期和长期贷款,办理结算,办理票据贴现,发行金融债券,代理兑付、承销政府债券,买卖政府债券,从事同业拆借,提供信用证服务及担保,代理收付款项及代理保险业务,提供保管箱服务。

外汇业务:外汇存款,外汇贷款,外汇汇款,外汇兑换,国际结算,外汇票据的承兑和贴现,外汇借款,外汇担保,结汇、售汇,发行和代理股票以外的外币有价证券,买卖和代理股票以外的外币有价证券,代客外汇买卖,资信调查、咨询、见证业务。

经中国人民银行批准的其他业务。

××银行与其他商业银行相比,具有以下金融服务优势:

(一)金融实力和产品优势

××年,××银行在穆迪(Moody's)资信评级为××(投资等级),信贷资金实力雄厚。××年底,××银行资产总额超过××万亿元人民币;各项存款突破××万亿元人民币,其中××分行存款余额达到××万亿元;本外币资金交易额达××万亿元人民币。而且近年来存款资金增长迅猛,雄厚的资金实力将为贵公司贷款项目及开展综合金融服务提供强有力的保障。金融业务品种多样化,能够满足不同客户的需要。

(二)网点和地域优势

目前,××银行在全国共有营业网点××万多个,其中××分行拥有网点××个,遍布城乡,网点结构方便客户结算。

（三）科技网络优势

随着××银行"综合应用系统""国际业务联网营运系统""智能银行"和"信贷管理系统"的全面运行，××银行已实现本外币资金实时汇划、客户信息实时查询和各项业务的电子化处理。××银行高效的人民币业务处理系统及先进、安全的本外币清算系统，为满足客户各类结算需求提供了有效的科技支撑。

（四）现金管理服务优势

××银行具有国内同业领先的现金管理平台。现金管理业务功能齐全，能极大地满足客户的现金管理需求，赢得了国内外客户的赞誉。

（五）完善的客户服务体系优势

"以客户为中心"开展业务，是××银行一贯遵循的宗旨，为客户创造更大的价值，更是××银行不懈的追求。××银行建立了完善的客户服务体系，由公司业务部门、房地产信贷部门、个人业务部门等组成客户服务体系，全行实行客户经理制，客户经理队伍庞大且素质较高，服务质量高效、快捷，可为大型、集团性客户提供自上而下的团队服务，能够为客户提供量身定做的、高附加值、个性化的金融产品，保守客户秘密，保障客户利益，真正体现"以客户为中心"的现代金融企业文化理念，为客户创造价值，实现银企双赢。

（六）具有为交通基础建设提供优质金融服务的丰富经验

近年来，××银行××分行支持了一大批公路建设项目，先后为××高速公路、××高速公路、××高速公路、××高速公路、××高速公路等提供项目贷款××亿元，对全省高等级公路建设、发展做出了较大贡献。我行积累了丰富的经验，具备为高速公路项目提供全面金融服务的条件。

三、××银行××分行对本项目融资的优惠条件

（一）给予本项目快速报批

××银行是一级法人，××分行项目贷款除自身能够审批外，还可报总行审批。

（二）给予本项目最高比例融资贷款

根据《贷款通则》规定："申请中期、长期贷款的，新建项目的企业法人所有者权益与项目所需投资的比例不得低于国家规定的投资项目的资本金比例"，交通基础类贷款的项目资本金比例要求达到××%以上，我行对本项目贷款的最高比例可达到××%，即可提供项目贷款总额为××亿元。

（三）给予项目业主借款和项目融资的担保方式便利

根据《商业银行法》《担保法》的有关规定，借款人对所借贷款应提供担保。该项目贷款担保问题可分两步进行：在建期间由项目业主提供资产抵押或具有担保资格的法人提供保证担保；项目竣工后可由项目收费权进行质押。

（四）尽量简化项目贷款手续

依据中国人民银行及××银行项目贷款的有关规定，我行将尽量简化贷款手续。

（五）提供金融"套餐"服务

我行根据贵公司及项目建设与管理需要，优先提供各类理财服务。一是提供资金的代收代付服务。二是提供现金管理服务。三是提供投资银行、代理保险服务、保理业务、债市通业务等其他金融服务。

为贵公司员工提供优质个人金融服务。我行将充分运用丰富的个人金融业务品种和高效便捷的金融服务工具，提供全面个人理财规划服务，简化个人住房贷款手续，并优先向贵公司员工出售国债、代办个人保险、代发工资及办理其他个人金融服务。

四、对本项目建设期及营运后资金管理的解决方案

我行在支持诸多大型项目过程中，积累了较为丰富的经验，认为对项目贷款资金以及项目营运后营运收入的管理应努力实现两个目标：一是应确保资金的安全性，实行集中管控，有利于投资方对资金的管理和调拨；二是最大限度地使资金增值，减少闲置资金，有利于投资方节约资金成本。因此，对本项目资金管理可采用××银行现金管理业务。

中国人民银行颁布的《商业银行中间业务管理暂行规定》中对商业银行现金管理业务的定义为："商业银行协助企业，科学合理地管理现金账户头寸及活期存款余额，以达到提高资金流动性和使用效率的目的。"××银行的现金管理业务是指××银行各级机构依托现金管理平台，以集团客户为对象、以账户服务为核心、以多种产品组合为内容、以方便客户资金流动性管理为目的的银行综合产品和服务。

××银行现金管理业务的主要特点是：账户零余额、资金零在途、管理零距离、控制零风险。主要功能包括：网内收付业务、资金归集、资金池业务、透支业务、票据买入、二级账簿、客户服务端（提供如资金调拨、电子支付、账户信息查询、到账通知等服务）等在内的一整套在线银行服务。

（一）资金集中管控方案设计宗旨

该方案的设计宗旨是帮助贵公司实现资金的高度集中管理，有效降低财务成本，防范和控制财务风险。

1. 量身定做原则

为满足贵公司集中管理的需求，我行将为贵公司量身定做一套包括账户管理、资金归集、资金调拨、电子支付、通存通兑、信息查询、到账通知等功能的资金营运管理方案，以达到全部收支由贵公司高度集约管理。在充分发挥贵公司资金集中管理效能的同时，提出积极可行的融资、投资理财和财务风险管理方案，共同努力完成企业财务管理、业务组合、利益分配、资源共享的流程再造。

2. 分类管控原则

一是资金流入的管控。现金流是企业正常运作的重要保证，该项目投入营运后，每天大量通行费收入的归集速度将直接影响到公司资金营运的效率。通行费收入从每个收费站到公司总部账户之间及时归集，可以减少其在下级账户的资金沉淀，提高资金使用效率。因此，贵公司需要通过借助银行的网络资源和产品，建立一个资金自动归集系统，使所有收入款项及时、准确、安全地划入公司账户。二是资金流出的管控。在项目建设期，贵公司需要根据工程管理的需要，随时灵活地在公司内部各级账户及各施工企业账户间实现项目资金的划拨。

3. 安全快捷原则

××银行现金管理业务拥有友好的操作界面和安全的操作环境，能够与贵公司今后使用的财务管理软件或企业资源管理系统（ERP）无缝对接，实现贵公司与××银行系统之间自动的数据交换，帮助贵公司自由享用银行资源。资金的集中管理可以有效降低公司在资金管理上的潜在风险，使资金安全性得到有效保障。同时，借助银行系统进行批量便捷地对外结算，尽可能地减少人工的重复操作，可以有效提高财务人员的工作效率，是公司顺利开展对外业务的有力保障。

4. 理财增效原则

如果双方达成合作意向，××银行将本着坦诚合作、互惠互利的原则，按照公司提出的分步骤推进方案，配合公司治理结构调整方案，达到"加强资金集中、加快资金周转、降低财务成本、增加理财收益、防范财务风险、提高工作效率"的预期效果，贵公司将会从我行的金融服务中获得巨大收益。

（二）资金集中管控解决方案

1. 账户管理解决方案

公司总部在所在地××银行（即主办行）开户，分支机构（收费站或项目施工单位）在当地××银行网点（即协办行）分别开立一个"收入户"和一个"支出户"。我行根据双方协议要求，在现金管理平台内为贵公司设置母子账户体系，即公司总部账户为一级账户，分支机构的收入户为二级账户。收入户专门用于收款，其账户资金只能划到总部账户，不能划到其他任何账户；支出户用于接受总部账户下拨资金，进行对外支付。

2. 资金归集解决方案

我行按照已设置的母子账户体系建立账户归集关系之后，下属单位收入户的资金归集有三种方式供选择：

（1）每日批量归集：由现金管理平台在每天营业终了自动将下级"收入户"的资金全额（或超出一定限额的部分）划转到公司总部账户。由于此种归集方式的结算手续费成本较低，建议贵公司日常的资金归集采用这种方式。

（2）日间实时归集：只要下级"收入户"有资金入账，现金管理平台就实时将其自动转入公司总部账户，下级"收入户"余额始终为零。

（3）总部发起实时归集：由总部自行上划下级"收入户"的资金到自己的账户，上划时间和金额由总部掌握。此种方式需要人工操作（即在现金管理平台客户端或企业财务系统／ERP发起资金上划交易），建议可作为批量归集的补充方式，在公司出现大额紧急支付、资金紧急调拨时采用。

以上三种资金归集方式，贵公司可以自由组合。

3. 营运资金管理解决方案

（1）资金调拨。公司总部需要频繁地向下属支出户下拨资金，使用现金管理业务的资金调拨功能，可减轻财务人员的工作负担，提高工作效率。总部通过我行的现金管理平台发起指令，随时可将总部账户资金下拨到下属单位的支出账户。

（2）对下属单位资金使用的控制。通过账户支出限额管理，公司总部可以对下属资金使用加强控制。公司总部在现金管理平台中为下级支出户设定支出限额，如单笔支出限额、单笔取现限额、日取现限额和总支出限额等。在设定的支出限额内，下级支出户可以自由进行支付；若支出户的支付金额超出了限额，银行系统将自动限制该交易。

（3）费用支出的管理。总部可以实行费用计划管理，并结合对支出户的支出限额管理，大额支出方面由下属单位上报费用预算，公司总部下拨资金到支出户对外支付；小额零星费用支出由下级单位自己掌握；固定的费用支出或同城的支付（如水电费等）由总部账户统一支付。

（4）控制公司负债余额。贵公司通过现金管理平台集中资金之后，可以自由调剂下属单位间的资金余缺，减少对外负债。我行还可根据总部账户资金的富余情况，在满足公司日常流动性需求的前提下，提供合理的还款建议，最终根据贵公司的决定，偿还贵公司在银行的贷款、票据贴现等，减少负债，降低财务成本。

4. 信息管理解决方案

现金管理业务提供个性化的账务信息管理服务，包括到账通知业务、查询业务、统计报表、对账业务等。

（1）到账通知。现金管理业务可以在为贵公司处理完各项支付或收款业务后，主动按照设定的方式通知发生业务的双方（如果对方也是在××银行开立的账户）。贵公司可通过现金管理业务对指定账户自由设定到账通知服务的内容。可以使用的通知方式包括联网（现金管理业务客户端）、电话通知、传真、电子邮件、手机短信等。

（2）查询业务。贵公司可以对纳入现金管理业务的所有公司账户实时查询，内容包括余额、交易明细、额度使用信息、集团资金归集及调拨信息等。查询到的交易明细包含如下信息：交易日期，起息日期，银行日志号，银行电子支付流水号，付款人账号、户名，付款人下级账号、户名，收款人账号、户名、开户行，交易金额，凭证号码，交易行号，附言或用途等。

（3）对账业务。为减轻贵公司在对账方面的工作量，现金管理业务账务查询管理系统可提供约定格式的交易流水账查询和打印功能，导入对账的信息，进行对账处理。

*定期对账：银行对账单（包括纸质和电子版本）在次日××点前由我行提供给贵公司，贵公司可以进行对账。

*实时对账：现金管理业务可提供实时对账服务，包括账单下载和打印功能。贵公司可随时查询指定时点各账户的交易明细。

（三）企业理财解决方案

在当前宏观经济环境下，适当运用资本市场、货币市场的投资工具对富余资金进行投资（股权投资除外，下同），能取得较好的投资收益。由于贵公司富余资金以周转流动资金为主，用于投资的资金不能影响公司主营业务的正常资金需求和流转，因此，建议贵公司的投资理财应该以短期投资为主，辅以适当比例（在完全不影响主营业务正常运作的前提下）的中、长期投资。在保证投资本金安全性的前提下，可以综合运用债券、基金、委托贷款等投资工具进行理财，为贵公司提供多样化的投融资产品组合及避险工具，协助贵公司锁定利率、汇率等市场风险，合理控制风险敞口，实现资金头寸的收益最大化。

存款类产品：本外币定期存款、协定存款、通知存款、外汇结构性存款、外汇保值存款、外汇掉期存款等。

投资类产品：长期外汇债券投资、人民币开放式基金投资、短期外汇票据投资、外债投资、黄金买卖等。

债市通：根据客户需求，从加强客户现金管理角度出发，以债券结算代理为主线，代理或协助客户进入银行间债券市场，充分运用市场资源和债券产品进行投资理财或流动性管理，实现资金的保值、增值。主要投资于银行间债券市场、货币市场，并辅以交易所市场、柜台债券市场、凭证式国债市场、企业债券市场的流通国债、金融债、企业债、债券回购、央行票据等业务品种，以获得高于同期限银行存款利率、凭证式国债的回报率。

债券回购：债券回购（融券）是通过证券市场资金持有人将手中持有的资金以一定的利率借给债券持有人，获得债券抵押权，并在回购期满获得相应利息收入的投资行为。债券回购业务风险非常低，流动性很强，可以重点投资。

汇率风险管理产品：远期结售汇、择期外汇交易、外汇期权和货币掉期。

利率风险管理产品：远期利率协议、利率掉期、利率上限和下限。

（四）其他金融服务解决方案

信息服务：可为贵公司提供行业、产业、产品市场、经营管理等信息，以及应贵公司要求搜集的其他个性化信息。还可提供股票、债券、基金等资本市场研究报告及行业、企业研究报告等。

投资银行服务：根据贵公司需求，为贵公司的财务管理、投融资、兼并与收购、资产及债务重组、发展战略等活动提供的咨询、分析、方案设计等投资银行服务。

个人业务：为贵公司雇员提供传统的储蓄存款、银行卡系列产品及个人结算业务产品的同时，还提供个人住房、汽车、旅游等消费贷款及投资理财、保险、企业年金托管等种类齐全的个人金融产品。

我行将组织最优秀的团队认真研究贵公司资金集中管控的需求，充分发挥××银行与贵公司在管理机构和营运网络上的匹配优势，以现金管理平台为支撑，量身定做一套包括资金归集、资金调拨、电子支付、通存通兑、账户管理、信息查询、到账通知等功能的支持企业个性化财务管理的在线银行服务方案，并且能在充分发挥贵公司资金集中管理效能的同时，提出积极可行的融资、投资理财和财务风险管理方案，共同努力完成企业财务管理、业务组合、利益分配、资源共享的流程再造。

五、对本项目金融服务的保障措施

我行已成立××银行××高速公路项目金融服务领导小组。由××银行××分行公司业务部为牵头协调部门、××分行为主办行，并成立专门的项目小组，负责该项目金融服务的全面实施。

××银行××高速公路项目金融服务领导小组

组长：××银行××分行副行长

副组长：××银行××分行公司业务部总经理

成员：

×× 分行信贷管理部总经理

×× 分行财务会计部总经理

×× 分行资产负债管理部总经理

×× 分行科技部总经理

××银行××高速公路项目金融服务小组

组长：×× 分行公司业务部副总经理

×× 分行业务部高级客户经理

×× 分行会计部产品经理

×× 分行信贷管理部客户经理

×× ××市支行公司业务部总经理

×× ××市支行公司业务部客户经理

×× ××市支行公司业务部客户经理

——建立内部约束机制。我行将以内部文件形式，要求涉及该项目的各经办行、各部门严格履行对该项目的各项金融服务承诺。

——定期与投资方及项目业主交换进一步改善我行金融服务的意见。

——定期对金融服务执行情况进行检查，发现问题及时纠正并严肃处理。

——建立业务联络员制度。双方指派专门联络员及时交流有关情况，并负责具体协调各方面工作。

六、金融服务承诺

（一）在办理贵公司及其分支机构各项银行业务时，提供安全、快捷、高效的服务。

（二）设立咨询投诉电话，对贵公司及其分支机构反映的各种金融服务质量问题，在二十四小时内做出实质性回复。

（三）在遵循相关金融政策法规的前提下，根据贵公司实际需要量身定做其他金融产品及服务措施。

范文解读

[范例2．个人金融理财服务方案]

工薪精英族金融理财服务方案

尊敬的××先生/女士：

为感谢您一直以来对我行的关注、支持与厚爱，让您及您的家人享受更便捷、更优惠、更尊贵的金融服务，我行经过认真研究，结合本行最新金融产品，特制定了本综合金融理财服务方案。

一、我行的金融服务原则

（一）自愿原则

完全遵循您的个人意愿，尊重您的个人选择。

(二）优惠原则

在政策许可范围内，为您提供最大的金融服务优惠。

(三）诚信原则

严格遵守诚实信用的原则，信守承诺，保守秘密。

二、您可能需要哪些金融服务

根据您的职业特性，我们分析，您可能需要以下几个方面的金融服务：

（一）职场公务消费方面的金融服务

作为职场精英，您可能经常面临公务消费。我行专门为像您这样的创业者"量身定做"了公务卡，具有"先消费，后还款，透支额度大"等诸多特点，让您无现金资金划转和报销成为现实，免去烦琐借款、报销流程，令您使用更加贴心。

（二）提升生活品质方面的融资服务

购房、购车、二次置产、度假旅游、资金不足或者有更好的投资机会而不愿全款消费时，您可能有通过银行融资的服务需求。

（三）生活便利方面的金融服务

交水费、交电费、交话费、转账、汇款……跑银行等繁杂的事情把时间都耗掉了，不胜其烦。我行的"电子银行"业务，让您的生活更加便利、轻松。

（四）家庭财富理财保值增值方面的金融服务

子女教育、退休养老……这些人生的必修课，都需要大量的资金做支撑。然而CPI、负利率无时无刻不在侵蚀您的财富，因此您有家庭财富保值增值方面的金融服务需求。

（五）健康、生活保障方面的金融服务

身体安康、事业安心、家庭安定、财富安全，是每一个人心中的追求目标。因此，作为职场的精英、家庭的支柱，您可能有保险保障方面的金融服务需求。

三、我行向您推荐——"睿智人生"组合金融套餐

为使您"轻松理财、精致生活",我们精选了"睿智人生"组合金融套餐,设计"基本服务+核心服务+配套服务",供您选择享用。

（一）基本服务：信用卡或公务信用卡+贵宾金卡/白金卡+手机银行/网上银行/电话银行/微信银行/自助银行/短信银行

1. 信用卡或公务信用卡

我行根据您的信用授予您一定的资金使用额度,您可以在额度内先消费后还款,在不占用您资金的情况下,充分满足您私人购物、度假旅游等消费需求,最长56天免息期,用银行的资金满足您的品质生活。

公务信用卡是我行专门面向各级政府部门、各级政府部门所属预算单位、国有大中型企业在职人员发行的贷记卡个人金卡,能实现电子对账单和分期付款功能。

公务信用卡具有七大特点：一是提供多种公务报销解决方案,无现金资金划转和报销成为现实,免去烦琐借款、报销流程,令您使用更加贴心。二是免年费,无须任何附加条件,一旦成功申请,即可获得终生免年费的专享优惠。三是金卡尊贵礼遇——量身打造,尽享尊贵礼遇。金卡专属高信用额度,1.5倍积分奖励唯您独享,倍添生活乐趣,彰显尊贵殊荣。四是短信实时通知服务——刷卡交易,短信速达,银行动态随时随地获悉。五是提取超额还款免手续费——同城本行,使用公务卡提取超额还款,免收手续费,更实惠。六是约定还款功能——可与借记卡绑定,即可实现自动还款功能。七是还款额度实时恢复——信用额度按还款金额实时恢复,循环使用信用。

2. 贵宾金卡/白金卡

如果您持有我行贵宾金卡/白金卡,到我行网点办理业务,可以进入专门为贵宾您开立的特别窗口,高效、快捷,同时可享受业务手续费优惠、"易登机""易登车"、医疗健康、道路救援、保险等一系列贵宾增值服务项目和享受个性化的专业理财顾问服务。

3. 手机银行/网上银行/电话银行/微信银行/自助银行/短信银行

（1）手机银行：您口袋里的银行。利用手机随时、随地进行理财投资操

作，不错过任何投资机会。另外，您还可轻松办理查询、缴费、转账、全国漫游汇款、信用卡服务、账户及个人信息管理等业务。转账费用全免。

（2）网上银行：足不出户，轻松点击电脑鼠标即可完成您所需的金融业务，安全快捷，提高您的生活、投资和工作效率，无须手续费支出。安全有保障，转、汇、缴费无障碍，跨行实时到账，理财、还款不用忙，再也不用跑银行。

（3）电话银行：集自动语音服务和人工服务于一体，轻松办理账户查询、转账、信息查询、账户管理、投资理财等业务，操作简便、安全高效，您可以在任何时间、任何地点使用电话，获得方便快捷、优质的银行服务。

（4）微信银行：让您马上变成时尚达人，扫付、空付、秒付，安全又现代。

（5）自助银行：您的全天候银行，24小时为您服务，自助存、取、转账、缴费全搞定。

（6）短信银行：2元即开通消息服务，动账即知晓，随时掌控资金状况。

（二）核心服务：基金宝（基定定投）+ 个人贷款（个人住房贷款/个人住房贷款 + 公积金组合贷款、直客式汽车贷款、个人消费贷款）+ 投资理财产品（理财产品/凭证式国债等）

1. 基金宝

即基金定投业务，您可以通过我行借记卡自动实现每月固定金额（最低100元）、固定时间申购和赎回您事先指定的开放式基金。充分享受基金定投的自动便捷、摊低投资成本、时间复利效应和强迫储蓄的投资优点。建议您定投股票型基金和指数型基金。

2. 个人贷款

（1）个人住房贷款产品＋气球贷＋存贷双赢理财账户。我行为满足您节省利息支出及方便您利用资金等需求，专门为您设计了个人贷款组合业务。业务特色：一是省息超无敌。在选择一个适用较短贷款期限利率实现每个月节省利息的基础上，对与还款账户相关的存贷双赢理财账户上超过一定额度的部分按一定比例视同提前还款，参照贷款利率每日计付理财收益，又大大节省了利息支出。二是月供更轻松。可选择较短的贷款期限（如5年）但以较长的期限（如10年、20年、30年）来计算月供，减少月供压力。三是资金周转更方便。存贷双赢理财账户上的资金自由存取、自由周转，方便灵活，视同提前还款的部分资金可随时提用。

（2）个人住房贷款。您可以向我行申请个人住房贷款。服务特色：一是渠道多样。可通过我行手机银行、网上银行、电话银行、自助终端、柜台等任意一种合适的方式办理借款和还款。二是手续简便。三是操作简捷。我行手机银行、网上银行和电话银行一年365天全年候提供借、还款服务，省时省力又省心。

（3）个人住房公积金组合贷款。我行为您提供"公积金贷款"+"商业贷款"个人住房组合贷款，让您一方面大大节约利息支出，同时又解决您购房资金不足之需。

（4）直客式汽车贷款。通过免去汽车经销商介绍和担保两个环节，您可以直接到我行申请，并由我行直接为您提供融资服务的自用车贷款业务。在享受我行提供给您的买车一站式服务的同时，您还可以购买由我行代理的商业车险和交强险。业务特色：一是降低担保费用。您无须再额外支付1%~3%的贷款担保费。二是购车更自由。汽车经销商无须经银行准入审批，选车不受经销商限制。

（5）个人消费贷款。您可以向我行申请办理个人消费贷款，用于购车、房屋装修等各类消费性用途。

3. 本外币理财产品

通过用本外币投资我行的理财产品，您就可以像机构投资者那样，享受银行间市场操作、打新股带来的低风险收益，还可以享受各种大型基础设施建设项目投资带来的长期收益。

（三）配套服务：代收代缴+意外险（健康险、寿险）+财产险

1. 代付代缴业务

我行接受您的委托，将付款人在银行账户的资金按当期付款人应缴纳的金额，在约定的时间划付给收费单位账户的资金结算产品。为您提供省时、

方便、快捷的服务，且资金结算及时。代付代缴各种与您家庭日常生活息息相关的公用事业费及其他费用，主要包括：通信类产品代付费业务、物业管理类产品（服务）代付费业务、社会保障类代付费业务、税务类代付费业务、交通类代付费业务、行政事业类代付费业务等。

2. 代理保险业务

通过我行代理销售的保险产品有寿险、健康险、意外险、财产保险等保障型保险产品，以及分红型、万能型、投连型等投资型保险产品。我行可以根据您所处的年龄阶段和实际财务状况，为您推介多样化的保险产品组合，全面满足您在养老、疾病、意外伤害、财产和信用等方面的风险保障需求。建议您侧重购买寿险、健康险、意外险、财产保险等保障型保险产品。

四、我行"睿智人生"组合金融套餐将给您带来哪些好处

（一）享受尊贵，专享服务

公务卡，一卡在手，尽显您的尊贵身份，可以充分满足您轻松公务消费之需，同时还可享受优先、优惠、增值、专享服务项目。

（二）不受时间、空间约束

通过办理网上银行、电话银行、手机银行，关联贵宾卡账户，圆您办理金融业务随时、随地、随意的梦想。

（三）代收代缴

生活琐事让我行帮您办理，我们可以为您省去诸多时间与烦恼。

（四）财富保值

通过投资理财产品组合，我们可以帮助您实现家庭财富保值增值，达成您的每一个理财目标。

（五）实现目标

让您充分利用我行众多的个人贷款产品，帮您顺利实现购房换房、二次置产、度假旅游等目标，助您事业腾飞、生活品质提升。

（六）安全保障

通过适度买一点保险，花小钱办大事，给您和家人的健康及您辛勤积累

的财富买一份放心，给您和家人的幸福上一把锁！

五、我行对您的金融服务承诺

雄厚的资金实力、先进的管理水平、广阔的服务网络和丰富的金融产品使我行有足够的信心满足您所有的金融服务。为此，我行对您郑重承诺：

（一）为您提供优惠、优先、优质"三优服务"

一是优惠服务。根据您的"睿智人生"组合金融套餐产品使用情况，可为您提供不同程度的手续费优惠和相对更高的产品收益。二是优先服务。您如果持贵宾卡／贷记白金卡，可在全行理财中心、网点贵宾室／贵宾窗口享受优先服务，并优先提供金融产品与服务信息。三是优质服务。我行珍惜每一次为您服务的机会，尽可能为您提供全方位温馨服务，让您"乘兴而来，满意而归"。

（二）为您提供专属经理／理财师和专家团队服务

为了更好地给您提供全方位的综合金融服务，我行为您配备了专属个人经理／金融理财师，您的专属个人经理／金融理财师是<u>××（姓名）、××（职务）、××（手机号码）</u>。专家服务团队由个人贵宾服务、个人理财、个人贷款、银行卡、电子商务等多个领域资深专家组成。

（三）为您提供专业网点和贵宾专线服务

为您服务的网点是：<u>××分行××支行××分理处／营业部</u>

网点地址：<u>××省××（市／州）××（区／县）××（路／道／街）××号</u>

网点联系电话：<u>区号＋具体号码</u>

全国统一咨询服务热线：<u>××</u>

本方案是我行提供给您的服务建议，供您参考！具体的产品配置，我们将综合考量您的风险属性和金融服务需求，由我行经办网点与您签订专门的协议，贵我双方遵照协议执行。

附件

金融服务需求意向表（工薪精英族）

××先生/女士

感谢您选择我行！为满足您多方面的金融需求，更好地为您提供服务，请您抽点时间填写下表（选择□内打"√"），我行将对您的资料严格保密。

个人资料栏					
单　　位		性　　别	□男　□女	职　　务	
证件类型	□身份证　□其他证件			证件号码	
办公电话		移动电话		e-mail	
金融服务需求栏					
贵宾卡	□钻石卡　　　　□白金卡　　　　□金卡				
个人贷款	□个人一手房贷款　　　　额度：　　万元				
	□个人一手车贷款　　　　额度：　　万元				
	□个人消费贷款　　　　　额度：　　万元				
信用卡	□公务卡　　　　　　信用额度：　　万元				
	□信用卡　　　　　　信用额度：　　万元				
电子银行	□网上银行 □电话银行 □手机银行 □微信银行□自助银行□短信银行				
理财产品	□基金定投　　　　每月投资额度：　　元				
	□投资产品（基金、国债、黄金等）　额度：　　万元				
	□人民币理财产品　　　　额度：　　万元				
	□外币理财产品　　　　　额度：　　万美元				
服务业务	□银保通 □代缴水、电、气费 □交通险 □健康险				
其他需求					

专属经理/金融理财师：××（姓名）　××（职务）　××（手机）

投标书

文种特征

1. 概念

投标书与招标书相对应，是投标单位见到招标书以后准备参加投标竞争活动所写的文书。从实质上讲，投标是对招标提出的要约的响应、回答或承诺，同时提出具体的标价和条件承诺来竞争中标。

2. 作用

招标书与投标书是当今社会兴建工程或者进行大宗商品交易时广泛采用的一种公开竞争方式，是一种现代贸易活动。通过招标与投标的方式实现贸易成交，有利于打破垄断行为，进行正当、合法的竞争，这对于促进企业的改革、发展与管理，保证企业管理人员的廉洁自律，增强企业的活力，降低企业经营成本，提高经营效益，无疑都具有非常重要的意义。随着商业银行竞争的加剧，目前不少大型客户在选择银行金融产品与服务时，也频繁采用这种方式。这对改进商业银行服务，促进商业银行的创新、规范商业银行的竞争、降低优质客户的金融成本等都具有明显的积极作用。

3. 特点

（1）竞争的公开性。目前，随着我国市场经济发展的日趋成熟，经济活动中的招投标竞争逐步规范起来，以促进正当、合法的竞争，因而大都实行公开竞标，以体现公开、公平、公正的原则。

（2）制作的规范性。投标书的制作既要遵守国家对招投标工作的有关规定和具体办法，又要执行国家颁布的技术规范和质量标准，不能随心所欲，任意制作。

（3）承诺的可行性。对投标书承诺的各项条件（包括项目标价、规格、数量、质量及进度要求等），承诺单位务必保证其可行性，一旦中标，必须严格履行承诺,绝不能反悔。

(4)时间的限定性。招投标活动一般都有严格的时间限定,必须在限期内将投标书递交招标单位,过期将视同自动放弃。同时,对投标项目的进度要求也有严格的时间限定。

结构模式

1. 种类

依性质和内容划分,金融投标书有金融融资服务投标书、项目贷款投标书、资金集中管控投标书、现金管理业务投标书、企业网上银行投标书、金融代理服务投标书(如代收费、代发工资、代保险等)、金融理财服务投标书、基本账户开设投标书等等。

依投标单位的组成情况划分,有单个银行投标书、银团投标书、联合投标书等等。

2. 结构

一份完整的投标书应当包括如下几个部分:

(1)标题。投标书标题一般由项目名称和文种组成,例如《××省省属大专院校助学贷款投标书》,有时为了简略,标题也可只写《投标书》或《投标单》等。

(2)致送单位。即投标书的致送对象,系指招标单位或者招标办公室,要写其全称或者规范化简称,以示庄重。

(3)引言。这部分是投标书的导语,要用较为概括的语句,简要明确地交代出投标的目的或依据,例如"根据已收到的贵公司招标编号为 ARBUO—ZB001 号的项目招标文件,遵照国家有关招标投标管理办法的规定,经研究上述工程招标文件的投标须知、合同条件、技术规范、项目期限和其他有关文件后,我行决定参加投标。"上例引言中将投标的依据表达得很明确,使人一目了然。

(4)正文。这部分是投标书写作的重心,必须着力写好。要紧紧围绕招标文件的具体要求进行表述，充分展示出本银行的实力和竞争能力，从而取得竞标成功。切忌主次不分，抑或过多地宣讲本银行的自我介绍，那样反而令人反感。就通常而言，投标书的内容应主要载明竞标项目的价格（标价）、保证和条件等等，要注意写得明确、具体、完整。其中项目的价格（标价）部分应首先将有关招标的金融产品与服务内容、质量和数量等交代清楚，然后写明完成招标项目的产品与服务内容、质量、数量、标价及优惠等；保证和条件是指要载明保证完成的期限、组织保障、服务承诺等，要写得明确具体，以便于招标单位通盘考虑，认真权衡，予以采纳。

在具体写法上，可以采取表格形式，也可采取分条列项的形式，将有关内容依次陈述清楚即可。要注意所用数据必须做到完整、准确，所提目标必须确凿可信，所提措施必须切实可行。

（5）结尾。投标书的结尾部分应当写明投标单位的名称、地址、邮编、联系人姓名、电话及电子邮箱等，并署上日期，加盖公章。

写作指要

1. 要及时拟制和提交

由于招标是招标单位为了选择金融产品与服务，将有关条件和要求予以公布，利用投标者之间的竞争而优选投标人的行为，具有明确具体的时限要求。因此，投标银行必须确切把握，抓住时机，在特定的时限内拟制并适时送交投标书，以便实现投标的目的。不然，时过境迁，就会贻误良机，使中标的愿望落空。

2. 要坚持实事求是的原则

无论招标与投标，都是在国家金融政策、法规规定允许的条件下非常严肃的金融交易行为，其整个过程都要受到国家有关监督机关和部门的指导和约束。因此，在撰写时必须坚持从实际出发、实事求是的原则，不容粗疏延误，特别是投标书，作为投标单位一方，必须做到这一点。要认真细致地权衡自身所具有的人员素质、技术水平、金融实力，做到量力而行，量体裁衣。切不可只为中标而夸大其词或弄虚作假。否则，就会给国家、招标单位以至自身利益造成难以预料的损失。

3. 要知己知彼，增强竞争力

在写投标书前，必须进行认真的市场情报搜集工作，力求准确吃透招标单位的需求及思路，使本银行提出的投标书与招标书的内容合拍，同时还要认真研究竞争对手的实力与营销策略，知己知彼，既合理核算成本，又使报价适中，具有竞争力。

4. 要注意明确性和可行性

撰写投标书，其所涉及的每一项内容，特别是有关的目标、标价、完成期限、质量标准及服务承诺等等，必须写得明确具体，切实可行。要本着适度的原则，尽量预见各种可能遇到的情况，充分展示出自身的金融实力、技术水平和不凡的经营策略，既不要好高骛远，妄加许诺，也不能囿于保守，以至于有损投标书的质量，影响中标。

5. 要注意文字的简洁性和内容的周密性

投标书是一种实用性很强的文书，因而在语言表达上应力求准确、简要，特别是涉及有关技术指标、质量要求、服务承诺等，更应如此。要避免诸如"尽可能""力争""××以后"等模糊度较大的词语出现，以免言不及义、事与愿违。同时要对照招标书的要求，对投标书各项内容的表达进行严格的检查，做到严谨周密、完备无遗，防止粗心大意，遗漏重要事项。

范文解读

[范例3. 主办银行竞选投标书]

为战略合作伙伴创造价值
——××公司主办银行竞选投标书

中国××银行××分行

(×年×月×日)

目　录

致××公司的函

第一章　中国××银行基本概况及优势

一、网点和地域优势

二、科技网络优势

三、现金管理服务优势

四、本外币综合理财优势

五、资金及财务实力优势

六、现代化员工队伍优势

七、汽车供应链金融优势

八、与××公司长期的良好合作关系

九、与境内多家外资银行的良好合作关系

第二章　对××公司金融需求的理解

一、对××公司发展战略需求的理解

二、对大型集团性跨国公司的金融需求理解

三、对汽车供应链金融需求的理解

第三章　建立战略合作伙伴关系的一揽子金融解决方案

一、全面提供安全、快捷、优质的结算服务

二、全面提供各项金融服务费率优惠

三、全面提供现金管理服务

四、全面提供本外币综合理财服务

五、全面提供各项融资业务

六、全面提供汽车供应链金融服务

七、全面为贵公司员工提供个人金融服务

八、其他服务

第四章　金融服务承诺及保障措施

一、金融服务承诺

二、金融服务保障措施

三、建立合作伙伴关系的具体方式

附件：

1．现金管理服务方案（略）

2．综合理财服务方案（略）

3．汽车供应链金融服务方案（略）

4．中国××银行××分行金融服务方案一览表

致××公司函

××公司

很高兴得到贵公司的信任并收到贵公司《关于邀请参加××公司主办行竞选的函》。

基于与贵公司建立长期战略合作伙伴关系的良好意愿和我行对××公司前景的乐观预期，我行表示愿意积极参与××公司主办行的竞选。根据贵公司的要求，我行提交的《××公司主办行竞选投标书》包括中国××银行的基本概况及优势、对××公司金融需求的理解、金融服务解决方案、金融服务承诺及保障措施四部分和现金管理服务方案、综合理财服务方案、汽车供应链金融方案、中国××银行××分行金融服务方案一览表四个附件。

中国××银行××分行成为××公司主办行以后，必将充分发挥大型国有商业银行功能优势、覆盖全省的结算网点和网络优势及强大的资金实力优势，为贵公司提供高效快捷的结算服务和资金管理服务，为贵公司及贵

公司的经销商、消费者建立汽车供应链金融服务平台，并提供一揽子综合金融解决方案。

为长期战略合作伙伴——××公司创造价值，是我行的良好祝愿和期待！

中国××银行，是××公司主办行的最佳选择！

联系人：中国××银行公司业务部××

办公室电话：××

中国××银行××分行公司业务部××

办公室电话：××

中国××银行××分行

××年××月××日

为战略合作伙伴创造价值
——××公司主办行竞选投标书

第一章　中国××银行基本概况及优势

中国××银行作为世界500强之一，一直秉承为国家、社会及客户创造价值的宗旨，坚持"以客户为中心"的经营理念，致力于中国金融业的改革与发展。自××年成立以来，深化改革，加快发展，对外开拓市场，对内强化管理，业务不断发展壮大，综合实力和竞争能力明显增强，有力地支持了国民经济持续、快速、健康地发展。

近年来，中国××银行加快与国际接轨的步伐，机构网络分布更趋合理，服务功能更加完善，市场营销力度不断强化，各项业务快速、健康发展，与中、外资银行间及保险、证券、资产管理公司等金融机构的合作日益密切，经营管理水平进一步提高，防范和化解风险的能力显著增强；信贷资源配置逐步优化，机制建设逐步完善；金融产品不断创新，开发并推出了具有国内同业领先水平的网上银行、现金管理业务、电子商务等一批新产品；信息大数据平台建设步伐强劲，综合应用系统、信贷管理运用系统迅速推广，为客户提供了更加及时、安全、快捷的金融服务。

中国××银行的经营范围广泛，主要包括：吸收人民币存款；发放短期、中期和长期贷款；办理结算；代理兑付、承销政府债券；买卖政府债券；从事同业拆借；提供信用证服务及担保；代理收付款项及代理保险业务；提供保管箱服务；外汇存款；外汇贷款；外汇汇款；外汇兑换；国际结算；外汇票据的承兑和贴现；外汇借款；外汇担保；结汇、售汇；发行和代理股票以外的外币有价证券；买卖和代理股票以外的外币有价证券；代客外汇买卖；资信调查、咨询、见证业务。经中国人民银行批准的其他业务。在业务手段上，既能满足传统业务的需求，又能量身定做新的金融产品；既能为国内各类型客户提供服务，又完全有能力为大型集团性跨国公司提供高标准的金融服务需要。

中国××银行为××公司提供金融服务，具有以下比较优势：

一、网点和地域优势

中国××银行是覆盖境内外和全国范围的大型国有商业银行。

（一）境内机构

目前，遍布国内的分支机构共××个，其中××分行拥有分支机构××个。

（二）境外机构和代理行往来

中国××银行现与世界××个国家和地区的××家银行总行、××家银行分支机构建立了业务代理关系；××家在华外资银行与我行建立了合作关系。中国××银行在海外设有××家分行、××个代表处。基本形成了覆盖主要贸易伙伴国和世界知名银行的全球性代理行网络。

二、科技网络优势

随着"人民币业务自动化处理系统"和"国际业务联网营运系统""信贷管理系统"的全面运行，中国××银行已实现本外币资金汇划、客户信息实时查询和金融业务的电子处理。在安全高效的全国性数据处理中心基础上开发的人民币业务处理系统及先进、安全的本外币清算系统，为满足客户安全、便捷的结算需求提供有效科技支撑。

三、现金管理服务优势

经过多年的探索和不断的努力，中国××银行在现金管理领域积累了丰富的经验，中国××银行现金管理业务已经投入运营，现金管理产品也逐步趋于成熟，很多国内、国外的企业或机构（如××、××企业集团等）都是我们的客户。中国××银行现金管理业务不仅受到客户的称赞，一些境内外资银行也表现出与我行合作开发现金管理业务的强烈愿望。

四、本外币综合理财优势

中国××银行办理外币综合理财业务起步较早，注重本外币业务互动和综合理财，技术手段先进，开发了先进的外汇交易系统和基金托管系统，设有专门的产品经理，能为客户提供专业的综合理财服务。多年来，中国××银行不仅为很多境内大型跨国企业和大型国有或国有控股企业办理了财务管理、项目咨询、政策性银行委托贷款代理、外资转贷款代理等理财业务，还为他们办理了代客投资和外汇风险管理服务，以满足其外汇资产的保值增值需求和外汇负债的风险规避需求。中国××银行与证券公司和资金管理公司合作多年，受托投资托管、基金托管、企业年金托管经验丰富。中国××银行在人民币交易市场上优势明显，有丰富的债券托管、债券交易和资金拆借经验，能帮客户办理各类人民币资金交易业务。

五、资金及财务实力优势

××年，中国××银行在中国商业银行综合实力排名第××位，在××年《财富杂志》全球500强排名第××位，在《银行家》杂志评出的全球1000家大银行中按一级资本排名第××位，穆迪（Moody's）资信评级为××（投资等级）。

（一）中国××银行资产总额超过××万亿元人民币（××亿美元），其中××分行资产总额达到××亿元。

（二）××年末，中国××银行不良贷款占比为×××%，并逐年下降。

（三）××年全行实现盈利××亿元，其中××分行盈利××亿元。

（四）××年××月末各项存款达到××万亿元，其中××分行存款余额达到××亿元。存款的快速增长为中国××银行进一步对××有限公司做好金融服务提供了强有力的资金基础。

六、现代化员工队伍优势

中国××银行现有员工××万人，其中具有大专以上学历××万人，占××%，科技人员××万人，占×××%；有培训学院××所，培训学校××所，常年为员工提供业务培训。为了更好地服务客户，满足客户多样化的金融需求，中国××银行建立了由公司业务、房地产信贷、个人业务、国际业务等部门组成的客户服务体系，全行实行客户经理制，安排具有丰富专业技术的人员从事客户服务。在为客户提供高效服务的同时，提供量身定做的、高附加值、个性化的金融产品。保守客户秘密，保障客户利益，真正体现"以客户为中心"、为客户创造价值、实现银企双赢的现代金融企业文化理念。贵公司成为我行优良客户后，中国××银行客户经理将倍加珍惜，一定能够提供更加优越的贴身服务。

七、汽车供应链金融服务网络优势

近年来，中国××银行先后与××、××等全国知名汽车企业进行全面合作，提供统一授信、信贷融资、代收代付等多项优质金融服务，建立汽车销售金融服务网络。×年×月末，汽车消费信贷余额××亿元，占四大国有商业银行汽车消费信贷余额的×××%，增量占比×××%，位居四大银行第××位，对汽车行业终端市场起到了激活作用。汽车销售金融服务网络的建立，是对银企商三方松散型合作模式的一场革命，这一金融服务网络模式构筑了一个以金融为主体的产业链，它通过银行的网络，将汽车生产商、经销商和消费者进行有机地串联，银行通过提供不同需求的金融服务，保证汽车生产、销售、消费各环节都能达到最佳运行状态。我行积累了丰富的经验，具备为××公司提供汽车供应链金融服务的条件。

八、与××公司长期的良好合作关系

多年以来，我行高层领导数次到贵公司拜访，相互之间建立了以"诚信"为基础的良好业务往来关系和战略合作伙伴关系，双方对彼此的合作比较满意。

贵公司成立后，我行对此给予了极大关注，专门成立了××公司金融服务领导小组，拟定了银企合作、汽车金融服务网络等一系列协议及管理办法，我行与××公司进行合作具有良好的基础和意愿。

九、与境内多家外资银行的良好合作关系

多年以来，我行与××银行、××银行、××银行等××家外资银行建立了合作关系，约定在外汇交易和相互介绍客户方面进行交流和合作。这些关系的建立，将有利于我行为贵公司更好地提供本外币服务。

第二章 对××公司金融需求的理解

一、对××公司发展战略需求的理解

在经济全球化日益加剧的前提下，汽车工业始终走在全球经济发展的前沿。世界汽车工业发展的新趋势告诉人们，闭关自守，仅靠一国资源，难以打造完整的、具有较强竞争力的汽车产业。增强汽车产业国际竞争力的唯一有效途径只能是突破地域，面向世界，实现投资、资源与市场的全球化优化配置。"双向开放"是加快中国汽车产业重组升级的根本动力。一方面，汽车业对外开放迈上了新台阶，跨国汽车大公司加快对华投资，将从根本上改善中国汽车的生产格局，推动中国汽车产业快速升级；另一方面，加大对内开放，放宽对内资在汽车行业上的准入限制，做好彻底打破汽车生产的行政性垄断旧格局，形成全面、有效的竞争格局。××公司要具备与国际汽车产业抗衡的优势，必须选择与国际汽车产业接轨，实行强强联合，必须选择较强综合实力的大型银行进行对接，实行产业资本和金融资本的融合，这便是××公司发展战略的内涵，可谓是"欲穷千里目，更上一层楼"。中国××银行与××公司建立战略合作伙伴关系，能够为贵公司发展战略需求

提供强大的金融资本保障。

二、对大型集团性跨国公司的金融需求理解

任何一家大型集团性跨国公司的产生，都离不开国际合作，××公司的远景目标是建设成为自主、开放、可持续发展，并具有国际竞争力的大型汽车集团。通过寻求与国际跨国公司战略结盟，获取长期的发展资金、先进技术、现代化企业管理经验，并共同享用产品平台，拓展优势产品的国际市场，打造出具有国际品牌的大型集团跨国公司。而大型集团性跨国公司需要优良的现金管理理财服务，需要借助金融网络平台，对遍布全球的分支机构进行管理，及时了解和掌握现金流量信息，合理利用资金，实现资金顺畅归流和安全增值。中国××银行利用自身的网点优势、网络优势完全能够满足贵公司现金管理及综合理财的金融服务需求。

三、对汽车销售金融服务网络需求的理解

汽车生产商的终端是广大的汽车用户，根据《中国行业景气分析报告》，中国汽车工业正在进入持续性的高成长期。不断扩大的市场需求为汽车产业的高速成长提供持久的推动力，汽车消费在未来3～5年内将保持××%左右的高成长率；我国汽车需求的多层次性及规模化决定了汽车消费高增长具有长期稳定性。巨大的汽车潜在市场，为所有汽车生产商提供了千载难逢的机遇，要提高自己的汽车销售率，必须选择一种最佳的汽车销售模式。中国××银行创建的汽车供应链金融模式，其最主要的特色是一手托三家：厂家、商家和用户，有机地将汽车生产商、经销商、消费者联系在一起，形成了以金融为主体的产业链，通过提供承兑汇票、消费信贷等不同的供应链金融服务，使汽车生产、销售、消费各个环节达到最佳融合和运行状态，加快了资金流动速度，从而降低管理成本，最大的受益者就是汽车生产商。因此，汽车供应链金融对××公司来说至关重要。

第三章 建立战略合作伙伴关系的一揽子金融解决方案

基于贵公司的个性需求和汽车金融服务的特殊性，中国××银行××分行愿与贵公司建立战略合作伙伴关系，为贵公司提供全面综合授信及融资、汽车供应链及汽车消费融资服务、国内外保理服务、国内国际结算清算、现金管理、综合理财及其他等一揽子金融服务，并在各项费率和利率上充分考虑贵公司的利益。为此，我行提出如下解决方案：

一、全面提供安全、快捷、优质的结算服务

通过网内往来系统、网上银行，实时电子汇划系统、现金管理系统、外汇实时汇款系统等先进技术手段，我行可为贵公司提供安全快捷的本外币结算服务，实现贵公司结算资金的实时到账。

二、全面提供各项金融服务费率优惠

贵公司在我行办理各类支付结算业务时，中国人民银行有规定的，我行按规定的最低标准收取手续费；中国人民银行未明确规定的，我行在各项费率上给予优惠。有关费率见下表：

业务项目		结算业务费率表		单位：人民币（元/笔）
		收费标准		我行优惠费率
		费率	说明	
账户维持费				
境内电汇手续费	汇出			
	汇入			
境外电汇手续费	汇出			
	汇入			
境外电汇手续费	港澳			
	国外			
支票处理手续费				
汇票处理手续费				
境外退汇手续费				

续表

票据挂失手续费			
境外汇款查询手续费			
备注：			

此外，贵公司在我行办理结售汇和外汇买卖业务时，我行可在外汇管理政策允许的范围内适当缩小买卖点差。贵公司在我行办理国际结算业务（如进出口托收、开立信用证／保函等）时，我行可根据情况对手续费实行优惠。

三、全面提供现金管理服务

针对贵公司账户管理、流动性管理、应收／应付账款管理、融资管理、外汇风险管理等五类资金管理需求和四种不同的资金管理关系，我行愿为贵公司提供下列现金管理服务：

（一）对总公司与总公司内非独立法人间的资金管理，通过资金归集和支出限额服务，协助贵公司进行"收支两条线"资金管理。

（二）对总公司与总公司内独立法人间的资金管理，借助委托贷款方式，协助贵公司进行资金划拨、调控、归集。

（三）对总公司与外部战略合作伙伴间的资金管理，通过异地通存、票据买入、票据托收、到账通知、应收账款管理等服务，加快贵公司资金周转。

（四）对总公司内部企业之间的资金管理，采用委托贷款方式相互计算利息。

基于贵公司分支企业众多、关系复杂、现金管理业务本身涉及面广及业务品种多的特点，我们建议贵公司在实施现金管理时与我们一道采取循序渐进、稳步推广的策略。我们相信，中国××银行现金管理业务，完全可以协助贵公司实现资金归集，加快资金周转，节省资金成本，提高资金收益，防范资金风险。

四、全面提供本外币综合理财服务

我行不仅可为贵公司提供财务管理、项目咨询、政策性银行委托贷款代理、外资转贷款代理、基金托管、企业年金、人民币资金交易等人民币理财业务，还能针对贵公司需求，开展外汇理财业务。

针对贵公司外汇资本金的保值增值需求，我行建议贵公司首先根据未来现金流预测情况确定各币种资金的持有比例（如美元、欧元、日元、人民币的持有比例）；其次根据需要确定短中长期（从隔夜、次日、一周到1年、3年、5年、10年）的资金比例；再次，根据风险偏好，通过我行投资于国际货币市场、资本市场。为此，我行为贵公司设计了结构性存款、双货币存款、国际市场债券投资、票据投资等投资方案，在不显著增加资金风险的情况下，大幅度提高贵公司外汇资本金收益率。

跨国企业防范外汇风险的主要策略有多样化生产经营、选择结算方式、资产负债配对、保险、套期保值等。我行能在国际金融市场上运用各类金融工具，采取各种套期保值措施，协助贵公司管理外汇风险。具体措施有远期结售汇、非交割远期交易、外汇远期和择期交易、外汇掉期、外汇期权及期权组合、货币掉期、利率掉期、利率区间等。

五、全面提供各项融资业务

根据贵公司信用需求，我行愿为贵公司办理公开统一授信、账户透支、票据贴现和票据融资、国内外保理、国际贸易融资、流动资金贷款、中长期项目贷款、技术改造贷款等短中长期本外币信用业务。

（一）首期提供××亿元人民币的信用额度。

在额度内，贵公司可以随时用信，手续简便，并在中国人民银行规定的利率基础上给予优惠：

1. 中长期项目贷款、技术改造贷款利率×××%；
2. 短期流动资金贷款利率×××%；
3. 银行承兑汇票，保证金比例为×××%；
4. 银行承兑汇票质押融资，微利；
5. 国内保理（国内应收账款回收）按同档次流动资金贷款利率执行。

（二）外汇业务。

1．短期外汇贷款利率不超过同期 LIBOR／×××%；

2．开立信用证或银行保函、签发信贷证明的保证金按×××%的优惠比例；

3．国际保理（国际应收账款回收）收取的佣金不超过发票金额的×××%；

4．国际贸易融资在简化手续的同时，根据具体融资品种风险程度的不同，利率从贴现利率到同期流动资金贷款利率优惠掌握。

六、全面提供汽车供应链金融服务

我行愿与贵公司一起，共同构架金融、汽车生产商、经销商、消费者四位一体的汽车供应链金融服务网络，形成最佳组合的汽车产业链。

（一）对贵公司推荐的汽车经销商提供下列全方位金融服务：

1．信用等级××级以上经销商均可入网。

2．为入网经销商提供汽车合格证质押银行承兑汇票。

3．为入网汽车经销商签发银行承兑汇票的保证金比例由×××%降到×××%。

（二）对购买贵公司产品的消费者提供×××%~×××%银行按揭贷款。

（三）对购买贵公司汽车的公司、政府采购、团体用车，经考查符合人民银行信贷政策及条件的，我行可适当放宽汽车消费信贷条件，简化信贷审批手续，代办保险、公证、上牌等手续，并尽可能降低上述费用。

（四）利用我行网上银行功能为贵公司开办网上汽车直销业务。

（五）若贵公司今后成立汽车租赁等汽车金融性公司，我行愿为其提供金融支持。

七、全面为贵公司员工提供个人金融服务

可在我行现有个人业务的基础上为贵公司员工提供更为优惠和便捷的个人金融服务。如为贵公司员工汽车消费信贷提供更为优惠的条件，简化贵公司员工的个人住房贷款手续，优先向贵公司员工出售国债、代办个人保险、

代发工资及办理其他个人金融服务。

八、其他服务

可根据贵公司业务发展需要，为贵公司量身定做代签汇票、代理收付款、支票托收、账务查询、客户终端约定处理，按需定做金融产品等各项金融产品。可为贵公司提供外汇管理政策、税务政策等咨询服务，并协助贵公司到外汇局、税务局、海关办理相关手续。可为贵公司提供客户资信调查、见证、财务顾问服务。可为贵公司及下属机构、控股参股公司、汽车经销商提供代发工资、代理保险、职工住房公积金缴存、代理离退休人员社会养老金发放等所有代收代付业务。

第四章 金融服务承诺及保障措施

一、金融服务承诺

（一）在人民银行允许范围内，给予贵公司各项银行业务收费、融资等最优惠条件。

（二）充分利用我行科技优势、网络优势为贵公司及其各分支机构、汽车经销商提供现金管理业务或网上银行服务。

（三）在办理贵公司及其分支机构各项银行业务时，提供安全、快捷、高效的服务。

（四）热情、周到、优先办理个人购车用户的银行按揭业务。

（五）设立咨询投诉电话，对××公司及其分支机构反映的各种金融服务质量问题，在二十四小时内做出实质性回复。

（六）在不违背有关政策的前提下，根据贵公司实际需要量身定做其他金融产品及服务。

二、金融服务保障措施

（一）成立××公司金融服务领导小组。由中国××银行××分行牵头作为协调行、××市分行作为主办行、有关分行作为协办行成立专门的金融服务项目小组，负责贵公司金融服务的全面实施。

（二）建立中国××银行内部约束机制。以内部文件形式，要求涉及××公司多种服务的各经办行、各部门严格履行中国××银行××分行对××公司的各项金融服务承诺。

（三）建立高层领导会晤机制。双方高层领导不定期举行会晤，通报各自行业的重大经营策略和决策，以寻求共同发展的良机。

（四）建立业务联络员制度。双方指派专门联系员及时交流有关情况，并负责具体协调各方面工作。

（五）定期与贵公司交换进一步改善金融服务的意见。

（六）定期对我行金融服务执行情况进行检查，发现问题及时纠正并严肃处理。

三、建立合作伙伴关系的具体方式

（一）成为贵公司的主办行之一。贵公司选择我行为主办行之一，并在我行开立本外币基本账户和外汇资本金账户，我行为贵公司全面提供现金管理、账户维护、公开统一授信、信贷融资、代收代付、票据便利、综合理财等各类优质金融服务。

（二）拟订《银企全面合作协议》。由中国××银行××分行与贵公司签署全面合作协议，并以文件形式转发至双方在全省的分支机构执行。

（三）拟订《现金管理业务协议》。由中国××银行××分行提供现金管理业务，并为贵公司培训人员，实现贵公司资金的集中管理和营运。

（四）拟订《综合理财协议》。由中国××银行××分行代为理财，在规避汇率利率风险的同时，实现资金的保值增值。

（五）拟订《汽车供应链金融协议》。并签订贵公司、中国××银行××分行、经销商三方协议，开展汽车供应链金融服务。

中国××银行××分行

××年××月××日

中国××银行××分行金融服务方案一览表

项　　目	内　　容
职员	
员工队伍的素质	
员工队伍的工作热情	
对我公司的责任感	
费用	
账户维持费	
国内转账手续费（转入/转出）	
国外转账手续费（转入/转出）	
电信费	
同银行内转账手续费	
其他费用	
支票处理手续费	
网络	
在中国的分支行数	
在海外的分支行数及其所在地	
与其他银行的联盟（包括外国银行）	
托收	
支票或汇票的结算速度	
业务关系	
对××公司的贷款余额	
与其他供应商的关系	
资金管理实力	
现有资金管理经验	
加强未来资金管理的意愿	
财务力量	
穆迪资信评价	
不良债权（表现不佳贷款）比率	
综合理财实力	
现有综合理财经验	
加强综合理财的打算	
汽车供应链金融服务实力	
现有汽车供应链金融	

续表

项　　目	内　　容
加强汽车供应链金融服务的打算	

PowerPoint（多媒体演示文稿）

文种特征

1. 概念

幻灯片制作软件 PowerPoint（多媒体演示文稿）是目前人们经常用的一种智能化办公工具，它提供了强大的幻灯片制作、演示功能，通过它可以制作出丰富多彩的幻灯片。

PowerPoint 所生成的计算机文件通常称为多媒体演示文稿或电子化文稿。一个演示文稿由若干张（页）幻灯片组成，就像一本书由许多页纸张组成一样。每张幻灯片都可以包含若干个需向观众展示的内容，如文字、图像、图表、动画、声音及视频等素材。制作者根据相应的需要，将素材按照一定的顺序及层次组织在一起，再加上对这些素材的动画效果、声音效果的处理，直至形成一个完整的演示文稿。在演示的时候，可以由演讲者控制幻灯片的播放顺序及时间，也可以在创作时就预先在演示文稿中设置好放映时间，让幻灯片按一定时间间隔自动播放。

2. 作用

PowerPoint 自从诞生之日起就成为人们表达思想、交流信息的一种有力的智能化工具。用户无论是向观众介绍一个计划，介绍一种新产品，推介一个服务方案，还是做报告或培训员工，只要事先使用 PowerPoint 做一个演示文稿，借助图形、文字、图像、声音、动画等素材展示，就会使阐述过程简明而又清晰、轻松而又丰富翔实，从而有效地与他人沟通。用户既可以在计算机屏幕或投影仪上放映这些幻灯片，也可以用打印机将幻灯片打印出来，还可以直接存储为网页格式发布到互联网上。随着PowerPoint不断升级，其新增功能越来越先进，用户可以用更轻松、更高效的方式制作出图文并茂、声形兼备、变化效果更为丰富多彩的多媒体演示文稿。

3. 特点

概括地讲，PowerPoint具有如下特点：

（1）简单易用：PowerPoint的操作相当简单，一般用户经过短时间的学习就可以制作出具有专业水准的多媒体演示文稿。

（2）与他人协作：PowerPoint使通过因特网协作和共享演示文稿更简单，地理位置分散的用户在自己的办公室就可以很好地与他人进行沟通合作。

（3）多媒体演示：使用PowerPoint做好的演示文稿可以方便地在计算机屏幕或多媒体投影仪上进行演示，演示的内容可以是文字、图形、图像、视频、图表或声音等多媒体信息，并对这些多媒体信息提供了方便快捷的控制。另外，PowerPoint还提供了多种控制自如的放映方式和五彩缤纷的画面切换效果，在放映时还可以方便地使用鼠标箭头或笔迹指示对演示重点内容进行标示、强调。

（4）制作投影片或幻灯片：在PowerPoint中，用户可以方便地将做好的演示文稿输出到光学投影胶片或光学幻灯片上，这些具有专业效果的投影片或幻灯片可以非常方便地在没有多媒体投影机的情况下进行演示。

（5）打印、备注及大纲：用户可以根据制作的演示文稿方便地打印供观众使用的讲义和供演讲者使用的备注文档，也可以打印出幻灯片的大纲。

（6）发布到网络：用户可以轻而易举地将做好的演示文稿保存为HTML格式的网页文件，然后发布到互联网上，异地的观众直接登录网页就可以看到你的演示文稿。

结构模式

1. 种类

PowerPoint，按其在商业银行营销工作中的作用划分大体有以下几种：

营销策划书、营销计划书、金融产品推介、金融服务方案、营销经验介绍、培训讲座、工作总结或工作报告、广告宣传片、会议报告、新年贺卡等。

2. 结构

PowerPoint 文件因其表现形式多样，运用工具多种，因而其格式也是多种多样的，没有固定的模式。这里，就客户经理常用的几种幻灯片的格式进行简单的介绍：

（1）金融产品推介。主要分五个部分：项目（产品）背景；项目（产品）的概念与特点；项目（产品）的适用对象；项目（产品）的主要功能；项目（产品）运用的成功案例。

（2）金融服务方案。主要包括四个部分：银企双方合作关系的历史沿革和发展前景（包括本银行在金融业中的比较优势）；对客户需求（包括融资、结算、理财、展业等方面）的理解；我行的金融服务解决方案（这是重中之重）；金融服务承诺及保障措施。

（3）营销策划书。主要包括五个部分：项目背景；项目开发目的、意义和目标；项目开发战略与策略；项目开发步骤（各个阶段性安排）；项目开发保障措施（包括组织保障、资源配置保障、奖惩措施保障等）。

（4）培训讲义。多媒体培训演示稿的格式因培训内容、时间、对象，特别是培训老师的不同，在表现风格上也会很不同。但大体上都包括以下内容：本讲座的目的、意义及特点；本讲座的主要内容（这是核心部分）；本讲座内容在国内外的比较；本讲座在商业银行营销实践中的运用。

写作指要

1. 明确制作发布的目的与对象

只有准确地把握制作发布 PowerPoint 文件的目的和对象，才能使其更有针对性、操作性，更具说服力。比如，你向客户推介一种新的金融产品，那么这个幻灯片的重点就是要向客户宣传新产品的主要新功能及给客户带来的利益点。如果你把重点放在如何宣传本银行的发展历史和前景等方面，这将会引起客户的反感，从而达不到推介新产品的目的。

2. 认真做好文案准备，精心收集素材

在多媒体演示软件中，除了运用与本演示主题有关的内容素材（如金融产品知识等）外，出于达到某种效果的需要，还经常会在软件中加入精美的图片、滚动字幕、动听的音乐、逼真的动画和生动的视频等多种多媒体素材。这些素材在增加作品艺术效果和艺术感染力方面占有很重要的地位，通过有效地利用这些素材，能起到突出主题、烘托气氛的作用。这些文案准备主要包括两个方面的内容：一是关于幻灯片内容方面的材料，如金融产品推介幻灯片应收集产品开发背景、产品功能、产品给客户带来的利益点、产品运用案例、产品在金融市场上的竞争优势、产品的安全保障、产品运用的服务保障措施等方面的材料；二是关于幻灯片表现形式方面的素材，如图像、声音、动画、视频等多媒体素材。

3. 精心做好总体规划

多媒体演示文稿应该是各种素材的有机整体，是一个有血有肉的艺术作品，而不是杂乱无章的图文声像的拼凑。因此，在制作多媒体演示文稿之前必须先对制作主题、重点内容、表现形式、所用制作软件等有一个总体规划，并经过充分、细致的思考后方可开始进行。

4. 运用多种表现形式

客户经理要系统地学习有关 PowerPoint 制作与发布的知识，开始可以模仿、借鉴他人制作的模板，逐步掌握其基本要领和技能，然后再学会自己动手制作素材，综合运用各种形式来制作精美的多媒体演示文稿，为你的营销工作助力。

范文解读

[范例4. 公司客户金融服务解决方案]

××集团金融服务解决方案

境内机构：遍布中国城乡的XX个机构；
境外机构：在XX国家或地区设有分行，在XX国家设有代表处；
境外代理行：XX个国家和地区，XX家银行，XX多家分支机构。

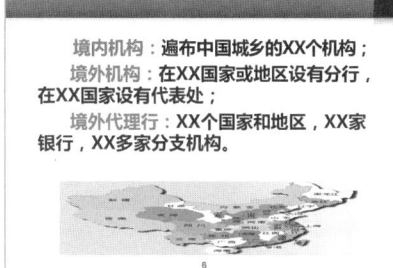

3 雄厚的资金实力

XX年底，某某银行总资产总额超过XX万亿元，各项存款余额突破XX万亿元，各项贷款余额达到XX万亿元。

某银行某分行总资产总额超过XX万亿元，各项存款余额突破XX万亿元，各项贷款余额达到XX万亿元，均居当地市场第一。

4 完善的客户服务体系

- 一点接入，全行联通
- 总行和省分行直接服务
- 支行为操作平台

5 最大的电子化服务网络

目前，我行已实现全国性数据大集中，实现了全国网点一个柜台的现代化操作。

6 卓越的现金管理服务

14
经过多年探索和不断努力,某某银行现金管理产品服务已在全国推广运用,并进入成熟、稳定运行期,全国1000多家大型客户都已成功上线运用我行现金管理服务。

15
7 具有丰富的金融服务经验

16
与XX集团公司、XX集团公司、XX建设集团等大型施工企业合作多年,积累了丰富的金融服务经验。

17
第二模块
对某集团金融服务需求理解

18
① 财务管理目标理解

19
- 财务管理集中化
- 资金管理集约化
- 闲置资金增值化

20
世界500强经验

事权可以分散　　财权必须集中

21
② 资金运行模式理解

第二章
商业银行对外营销类文书——关系 + 方案，力揽客户

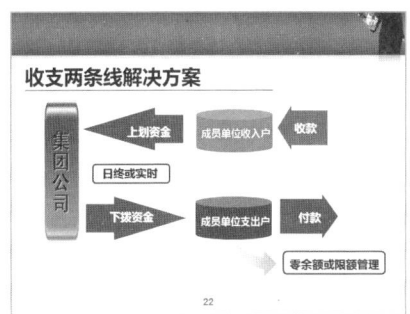

22

3 金融服务需求理解

23

需要较强的金融资金实力支持

建筑施工市场竞争激烈，规模经济要求高，招投标严格规范，对金融资金需求量大，实效性强。

24

需要对分支公司资金实施集中管控

贵集团公司的分、子公司遍布全国XX个省(市)，需要通过资金的集中管控来提高资金使用效率，并确保资金安全。

25

需要优质全面的国际金融服务

贵集团公司国际化战略稳步推进，需要大量、优质、全面的国际金融服务与之对接。

26

需要通过金融理财降低成本，提高效益

最大限度合理利用资金、加速资金周转、降低资金成本、实现资金的保值增值是贵集团公司资金管理的终极目的。我行将通过个性化、专业化的金融理财服务，为贵集团公司资金做出最合理的组合安排，实现财富的保值、增值。

27

需要利用现代金融工具来控制风险

我行将协助贵集团公司锁定利率、汇率等市场风险，合理控制风险敞口，实现资金头寸的收益最大化。

28

需要为公司员工福利管理提供金融服务

为贵集团公司的雇员提供工薪支付、年金管理、消费信贷、家庭理财等一整套员工金融理财服务方案。

29

第三模块 金融服务解决方案

基于贵集团公司物流、资金流、信息流的运动特点，银行将从采购、生产、销售等各个环节入手，通过多样化的服务渠道，以现金管理服务为平台，链接扩大再生产融资、投资理财和信息服务等一揽子金融产品，为贵集团公司提供金融服务整体解决方案。

一、融资服务解决方案

统一授信

首期向贵集团公司统一授信XX亿元，并根据贵集团公司需要随时增加。在此额度内，贵集团公司可根据需求选择流动资金贷款、循环额度贷款、法人账户透支、信用证和票据贴现等业务。融资方式为"整体授信,分配额度"的授信方式。

项目融资

对贵集团公司在BT、BOT和基本建设及房地产项目方面的融资，根据项目的具体要求,单项核定项目融资额度。

二、资金集中管控解决方案

现金管理业务

1. 账户的零余额
2. 资金的零在途
3. 管理的零距离
4. 控制的零风险

现金管理业务概念

现金管理是一个广义的概念，既是对企业库存现金的管理，也是对银行存款、短期投资、其他货币资金的管理。银行的现金管理业务是为了协助客户有效进行资金管理而提供的账户管理、收付款、流动性管理、投资理财、短期融资、风险管理等系列金融产品和服务的组合方案。

账户服务 | 收付款服务 | 流动性管理 | 投资理财 | 短期融资 | 风险管理

第二章
商业银行对外营销类文书——关系 + 方案，力揽客户

现金管理业务是帮助企业实现对现金流入、留存和流出等现金周转期各环节进行科学管理的技术、手段和方式的综合服务。针对企业在现金循环过程中现金流入、留存和流出三个环节不同的管理需求，银行提供相应的现金管理产品。

38

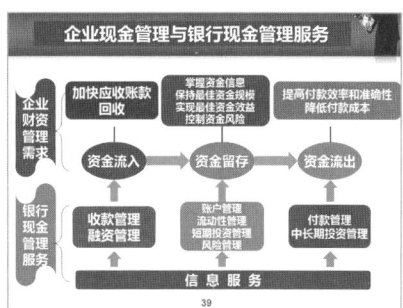

39

从客户角度看，客户需求具有综合化、多样化和个性化的特点，且经常变化，需要一站式服务。

在营销范围上，不仅注重客户本身的营销，还要关注对客户资金链、产业链上下游的延伸营销。

在业务半径上，不仅提供单一的结算与现金管理服务，还要提供短期投融资、理财、贸易融资等产品的一揽子综合服务。

40

41

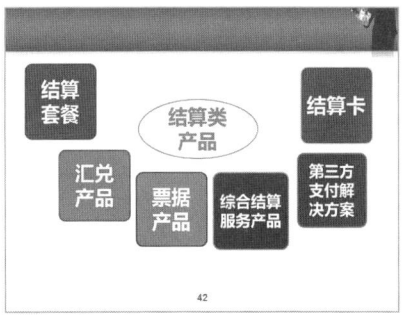

42

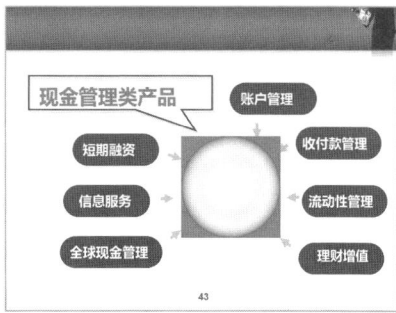

43

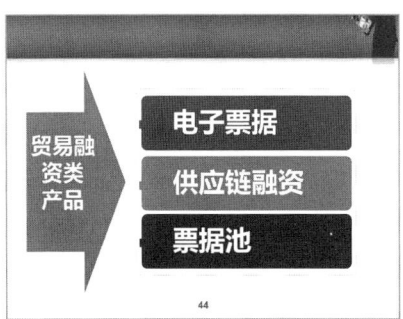

44

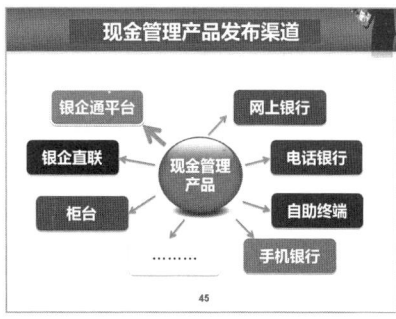

45

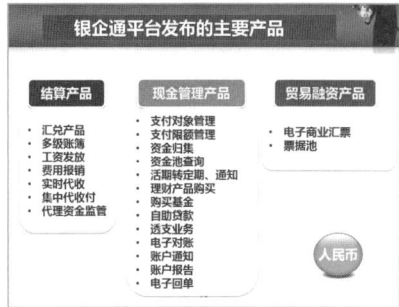
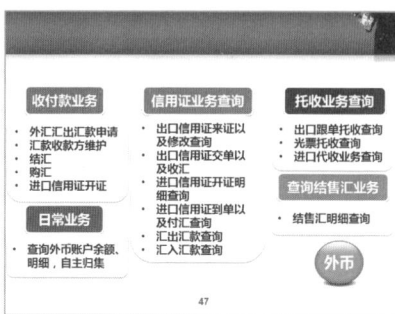
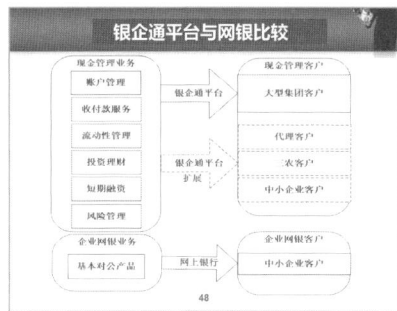
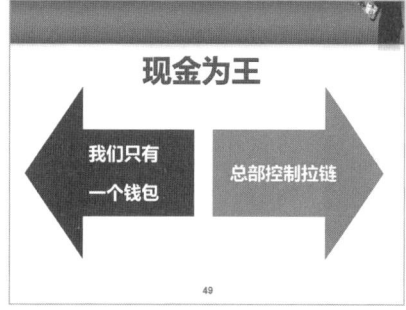
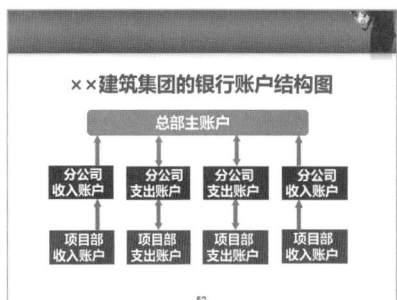
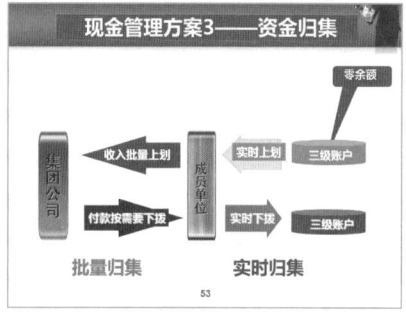

第二章
商业银行对外营销类文书——关系＋方案，力揽客户

现金管理方案4——流动性管理

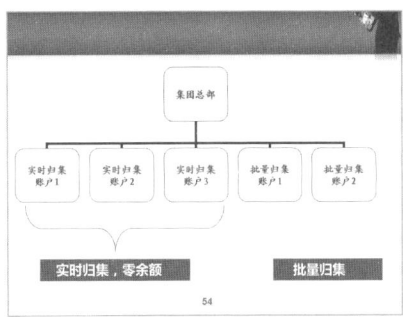

按照与客户签订的协议，将指定的集团总部及其成员单位的银行账户（可包括通知和定期存款账户）资金虚拟集中，由集团总部统一管理资金头寸，并可根据客户要求对集团内部账户进行资金计价和利息再分配。

◆ 资金无须划转，实现集团内部头寸共享。
◆ 银行：允许存款和透支账户余额相抵，合并计息，利率按人民银行规定执行。
客户：减少透支支付利息，提高资金收益。通过内部资金计价和利息再分配实现内部资金调剂。
◆ 内部利息分配的基本原理。
总公司账户利息 = 虚拟资金池利息 - ∑子账户利息
◆ 只要内部存贷利率介于银行存贷款利率之间，总部和成员单位就能获益。

现金管理方案5——对外支付

本外币的支付业务（电子支付的安全性保障:中国人民银行统一的CFCA电子证书标准）
支票
银行本票
银行汇票

现金管理方案6——短期融资

账户透支
当结算账户可用余额不足支付时，即可在约定期限和额度内，先行透支付款，待账户有收款时随即归还透支。透支额度可循环使用，日间透支只需付少量手续费，隔夜透支才需支付利息。
自助贷款
客户可以通过银企通平台，在约定的期限和额度内，自助办理提款、还款等业务，最大程度地满足客户自助服务的需求，客户在有需要时，可以根据自身资金安排，灵活办理贷款的提款和还款等业务。

现金管理方案7——电子商业汇票

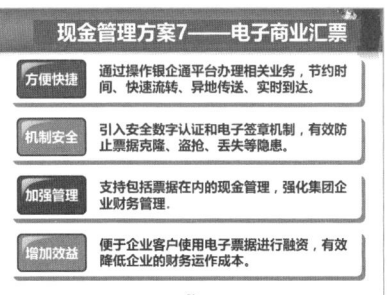

现金管理方案8——全面账务管理

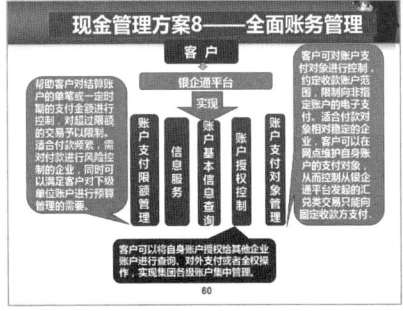

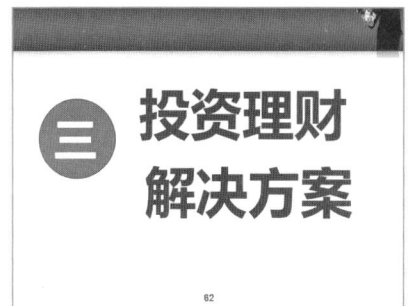
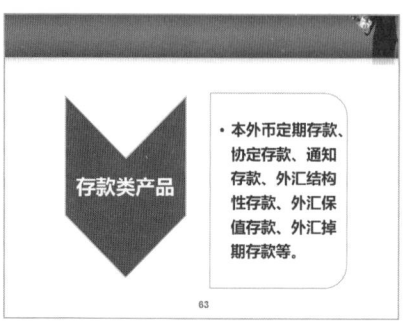
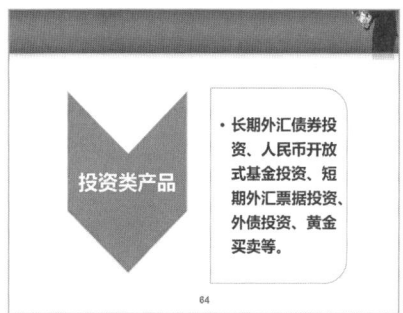

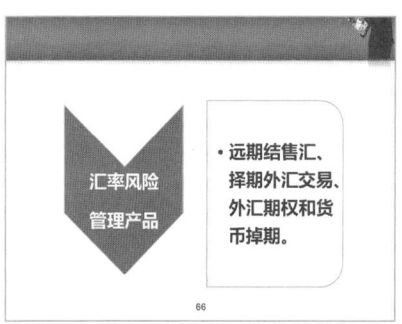
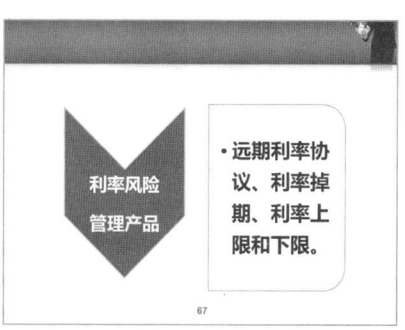
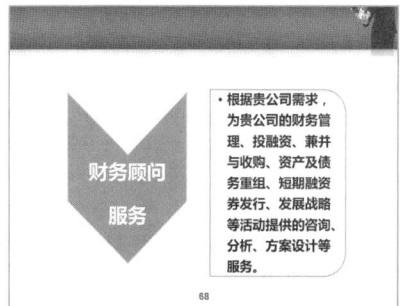
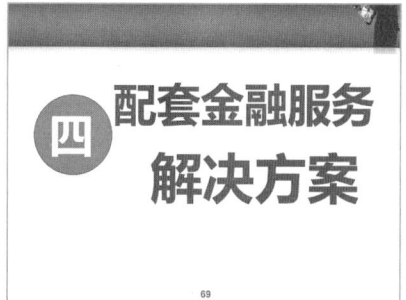

第二章
商业银行对外营销类文书——关系+方案，力揽客户

信息服务：可为贵集团公司提供行业、产业、产品市场、经营管理等信息，以及应贵公司要求搜集的其他个性化信息。还可提供股票、债券、基金等资本市场研究报告及行业、企业研究报告等。

员工金融优惠套餐服务：在为贵集团公司员工提供传统的储蓄存款、银行卡系列产品及个人结算业务产品的同时，还提供个人住房、汽车、旅游等消费贷款及投资理财、保险、企业年金托管等种类齐全的优惠个人金融套餐金融服务。

五 金融服务优惠解决方案

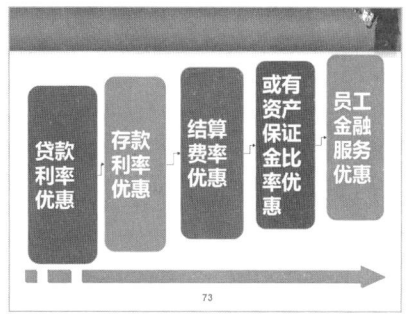

第四模块 金融服务方案效益评估

1 金融融资效益分析

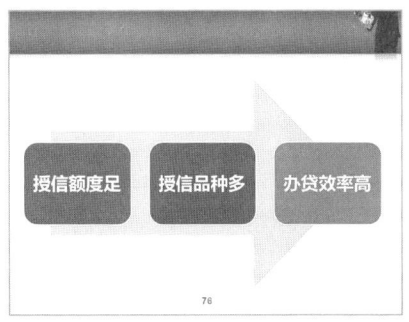

2 财务成本效益分析

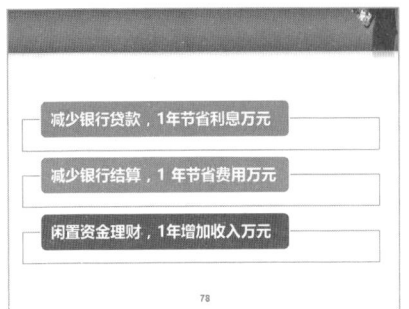
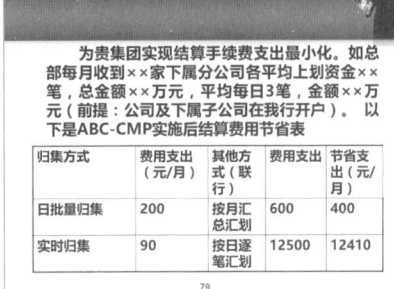
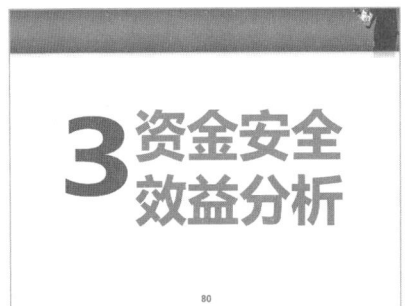
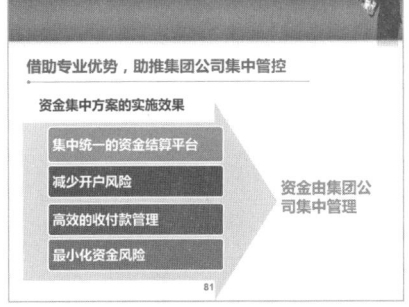
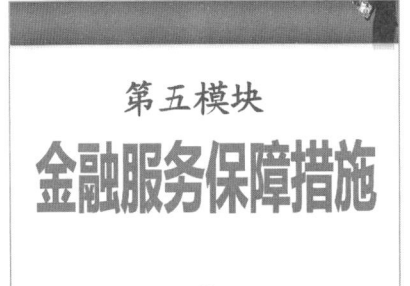

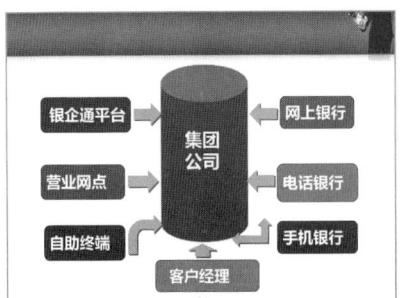

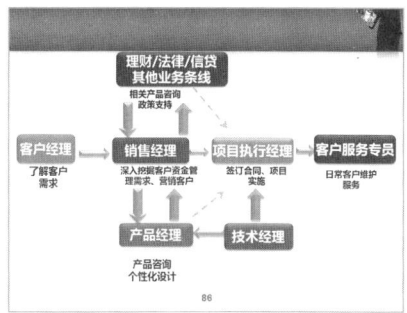

3 先进的技术

我行拥有强大的技术力量，努力加强对网络的管理和维护。我行根据各种安全和保密的要求，通过IC卡和密码设置等措施来对交易类型、操作人员进行分级管理，确保整个系统的安全。

4 优质的服务

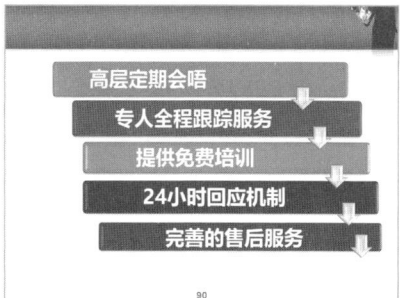

5 保密措施

我行不断改进、加强保密制度建设，严密保守贵集团公司商业机密。

我行将指定专人负责办理贵集团公司的有关业务，对账户情况严格保密；对于涉及贵公司的会计凭证和档案，一律不外借无关人员，内部调阅和执法部门查阅时，也严格制度，防止丢失和泄密。并详细记录，以备查考。

6 完善的计划

基于贵集团公司的需求和我行的产品状况以及新产品开发的进度，我们将与贵公司一同制定方案的具体实施计划；并可根据贵公司的特别需求，量身定制各种新产品。我们将与贵公司一同改进既定服务方案，不断适应市场发展，实现贵公司利益最大化。

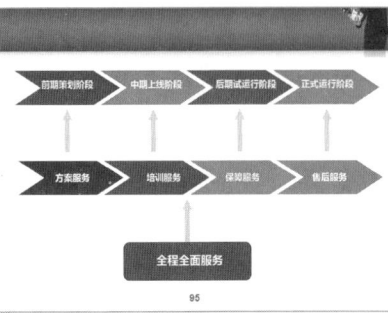

7 强大的执行力

结束语

本方案只是概略地介绍了我行拟为贵集团公司提供的主要金融产品和服务方式。我们将根据贵集团公司不同发展阶段的具体需求，进一步细化服务内容。期望有机会对本服务方案做详细说明，热忱期待贵集团公司的回应和垂询。

期待我们的双赢合作
取得圆满成功！

契约文书（银企合作协议、合同）

文种特征

1. 概念

经济合同是"平等主体的自然人、法人和其他经济组织之间"，为实现一定的经济目的，明确相互权利义务关系，而"设立、变更、终止"经济权利义务关系的契约。契约文书，是商业银行在营销活动中经常使用的应用文体。它以文字的形式把双方或多方在金融活动交往中商定的有关事项记载下来，作为共同履行的凭证，具有较强的约束力。

契约文书的种类较多，本书主要介绍一下营销工作中常用的合同和合作协议书。

2. 作用

经济合同是经济发展专业化、社会化的必然产物，是加强经济协作和管理经济的一种主要而又有效的手段。合同一经签订，就对双方产生法律的约束力，签约双方的权利和义务就受到国家强制力的保护和监督。任何一方，如不履行合同的规定，就一定要承担由此而引起的一切后果，如罚以违约赔偿金等。

商业银行与客户通过商谈达成口头协议后，必须以契约文书记录下来，签订银企合同或合作协议，经双方代表签字并加盖公章。这样，契约文书就受到法律保护，任何一方不履行，就要承担一定的法律责任。倘若银企双方达成合作共识，却没有签订书面契约文书，一旦一方突然变卦，给另一方造成巨大损失，就只能怪自己太轻信口头承诺了。同时，如果双方合作没有书面契约文书约定，很可能因人事变动而使合作关系受到影响。

银企合作协议（合同）的撰写是将银行与客户的商谈成果形成法律性文件的一项工作。撰写协议不仅在整个市场营销工作中具有举足轻重的作用，直接影响双方的既得利益，而且还将对双方的长期、稳定的战略合作产生深远影响。客户经理必须熟练地掌握起草契约文书，学会运用契约文书来巩固、发展银企关系，因此契约文书写作要作为一项基本功来训练。

3. 特点

（1）政策性。契约文书受到国家法律、政策的约束。签订契约文书，必须符合国家的政策，遵守国家的法律。因此，契约文书的政策性很强，任何单位和个人都不能签订损害国家利益的契约文书，否则，这些契约文书将一概无效。

（2）约束性。合同、协议书等契约文书都依法成立，具有法律的约束力，签订双方必须全面履行契约规定的权利和义务，任何一方都不能擅自变更或解除签订的契约，否则，必须承担由此产生的一切后果。

意向合同虽没有法律的约束力，但在信誉上对签订双方有一定的约束。意向合同一经签订，就应尽量全面履行。"人而无信，不知其可"。任何银行或企业，如果对自己签订的意向合同采取轻率的、不负责任的态度，对自己签订的意向合同缺乏履行的诚意，都将使自己陷入不讲信誉的困境。

（3）互利性。签订意向合同、合同、合作协议书的银企双方，要在平等协商的基础上签订上述各种契约文书。签订时不可把自己的意志强加于人。签订的内容，应对签订双方都有利，不能有利于一方而有损另一方。不对双方都有利的契约文书一般签订不了，即使勉强签订了，履行时也会发生纠纷。

结构模式

1. 种类

银企合作类契约文书的种类较多，主要有：按法律效力分，有正式合同、合作协议和意向合同、合作协议；按合作内容分，有全面合作协议和单项合作协议；按合作关系分，有战略性合作协议和阶段性合作协议；按合作对象分，有双方合作协议和多方合作协议；按合作期限分，有长期合作协议和短期合作协议；按合作地域分，有国内合同和涉外合同；按合作格式分，有表格式合同和条文式合同。

2. 结构

表格式和条文式契约有不同的结构形式。表格式契约是把某项合同关系必然涉及、必须明确规定的内容，设计印刷成固定的表格形式，签订这项合同时只要按表格项目一一填写就行了，如《担保借款合同》。这种形式便于管理查阅，适用于常规业务活动。

条文式契约是用文字叙述的形式，把双方协商一致同意的内容，一条一条记载下来。就商业银行营销类合同的结构而言，不论哪种形式的合同，一般都包括四个部分：

（1）标题。即合同的名称，标明合同的性质。如《银企全面合作协议》《代收电费合作协议》《借款合同》等。

（2）双方单位名称和地址。写明合同双方单位名称、地址和法人代表姓名。

（3）正文。这是合同的主要部分，它包括以下内容：双方签订合同的依据和目的；双方议定的内容，主要是合同的标的，以及由此而产生的权利和义务；经济责任和违约责任；合同的有效期限，不可抗力条款；合同的份数和保存情况。

合同中的未尽事宜，可放在补充条款中加以说明。

合同的其他附件，可附在正文后面，并注明件数。

（4）落款。由法人单位具名盖章，代表人签名盖章，这是合同订立过程基本完成和开始生效的标志。重要的合同还应通过当事人双方上级主管机关、合同鉴证机关或司法部门、公证机关鉴证或公证，以便在合同发生纠纷时能得到妥善处理。最后是签订合同的日期。

涉外经济类合同的内容和结构，与上面介绍的情况基本相似。所不同的是涉外经济类合同的开头，较国内经济类合同的开头内容多，它要写明合同的名称、编号、签订日期、订约地点、订约双方的名称、地址、电话及电报挂号等。此外，还要简述签约前的商谈情况。涉外经济类合同的正文，除具备国内经济类合同的主要条款外，还必须写明合同发生争议时的解决方法、保险类别、索赔、合同使用的文字及其效力、履行合同承担风险的界限、解除合同的条件等。

写作指要

由于契约文书具有法律效力，一字虽小值千金。因此，在撰写契约文书时，必须本着严肃认真的态度，对写在纸上的文字进行认真推敲，做到全面准确、合理合法，并要注意把握以下写作要点：

1. 坚持订立合同的原则

订立合同必须把握六项原则：

（1）平等原则。合同当事人的地位平等，一方不得将自己的意志强加给另一方。

（2）自愿原则。当事人依法享有自愿订立的原则，任何单位和个人不得干预。

（3）公平原则。当事人应当遵循公平原则确定各方的权利和义务。

（4）诚信原则。当事人行使权利、履行义务应当遵循诚实信用原则。

（5）依法原则。当事人订立、履行合同，应当遵守法律和行政法规。依法成立的合同，对当事人具有法律约束力。当事人应当按照约定履行自己的义务，不得擅自变更或解除合同。

（6）公德原则。当事人订立、履行合同，应当遵守社会公德，不得损害社会公共利益。

2. 订立合同的当事人必须具有完全的缔约能力和合法资格

3. 语言要规范、准确、严谨、具体

许多合同争执就是由于措辞用字不具体，欠周全、严密所致。因此，标的的名称、规格等要写明确；标的的数量要准确；计量单位要清楚；质量标准要具体；价款总额要用大写；违约责任中对各种可能出现的情况都要预料到。

4. 撰写协议时应该双方共同参与

一方独揽的协议最易发生争议。如果在撰写协议时，对某些具体内容双

方还有不同的看法，那么可先将双方都认同的部分写入协议书中，对那些还有争议的问题则等到协商一致后再补进协议中。

5. 协议须用钢笔或毛笔签订

协议文本不得涂改，确须变动时，须经双方同意，改动的地方要盖章。重要协议最好请律师参加起草。

6. 认真审核协议

协议撰写完毕以后，不能立即签署，必须进行严格的审核。主要包括以下几个方面：

（1）合法性审核。即审核这项协议是否为合法行为，有关手续是否完备。

（2）有效性审核。主要包括两个方面：一是双方代表是否有签署协议的权力。如果没有此项权力，则签署的协议就不会受到法律保护。二是协议内容有无相互矛盾或前后相互否定之处，如果有此现象，签署的协议当属无效协议。

（3）一致性审核。即审核协议与双方商谈的内容是否一致。如果发现遗漏或擅自添加内容，一定要立即提出修改。

（4）文字性审核。即审核合同文字是否严谨、准确地表达了商谈的内容。协议的每一项内容都要用恰当的语言表达，最忌使用模棱两可的语言，坚决反对用歧视性文字。特别要注意协议中的数据、标点符号，不得有丝毫差错。

当审核中发现问题时，应立即提出，若纯为文字性、非原则性问题，可直接修改。如果对方故意将意思弄错，应耐心、友善地再协商，直到双方意见完全一致，方可签字。

范文解读

[范例5．全面合作协议]

银企全面合作协议

甲方：中国××总公司

法定代表人：××

地址：××市××区××大街××号

邮编：××

乙方：中国××银行××省分行

法定代表人：××

地址：××市××区××大街××号

邮编：××

甲、乙双方在遵守国家有关法律、法规的前提下，自愿结成战略合作伙伴关系。经双方友好协商，在开展全面合作、实现共同发展等方面达成了共识，达成如下合作协议：

一、合作的目的和原则

第一条 甲、乙双方本着"平等、诚实、信用"的原则，发挥各自的优势，开展全方位的业务合作，实现互惠互利，共同发展。

二、合作内容

第二条 融资方面合作

乙方向××公司提供××亿元人民币公开统一授信额度，具体额度的使用、权利和义务以双方正式签订的最高授信合同额度为准。

第三条 个人业务方面合作

乙方愿为甲方员工提供各类个人贷款、存款和理财服务。

第四条 国际结算方面的合作

乙方愿以优惠的汇率和费率，对甲方进口、购汇而产生的国际业务予以支持。

第五条 结算服务方面合作

乙方统一组织下属分支机构为甲方及其所属子、分公司提供包括开户、资金划拨、资金清算等诸方面的安全、快捷、方便、优质的服务。

第六条 甲方将积极促成××财务有限责任公司与中国××银行××分行开展业务合作，合作协议另定。

第七条 对于甲方的各类业务往来单位，经甲方推荐，乙方给予积极的信贷支持。

三、双方的权利和义务

第八条 争议处理

（一）本协议履行期间所发生的一切争议，甲乙双方应按照法律、法规和相关政策的有关规定协商解决。

（二）有关协议的任何疑问，双方应本着"互谅互让、诚信务实"的原则，共同协商解决。

第九条 保密原则

甲、乙双方及其代表提供给对方的所有文件（包括但不限于：纸制文件及其他介质文件）和资料都属机密，双方均应妥善保管，非经对方同意，不得向第三方披露。

第十条 协议的修改

本协议执行中如与有关政策、法律、法规和有关制度不相符，甲乙双方应按规定修改本协议。

四、附则

第十一条 本协议为双方进行业务合作的框架性协议，协议生效后，具体业务由甲方委托中国××总公司财务部办理，乙方委托中国××银行

××省分行公司业务部办理。

第十二条 本协议经甲、乙双方法定代表人或授权代理人签字盖章后生效。双方未明确终止本协议，则本协议自动延续有效。

第十三条 本协议一式四份，甲、乙双方各执两份。

甲方（盖章）：　　　　　乙方（盖章）：

法定代表人：　　　　　　法定代表人：

（或授权代理人）　　　　（或授权代理人）

日期：　年　月　日　　　日期：　年　月　日

签约地点：中国·××

第三章

客户部门营销专用类文书
——让将来式成为现在进行时

营销策划方案

文种特征

1. 概念

营销策划方案是商业银行在进行金融产品或服务的市场销售之前,为使销售达到预期目标而进行的各种销售促进活动的整体性策划文书。

2. 作用

营销策划是针对某一客户开发和某一产品营销而制作的规划,它的任务是为将朦胧的"将来时"渐变为有序的"现在进行时"提供行动指南,由此形成的营销策划方案则是商业银行开展市场营销活动的蓝本。

3. 特点

营销策划方案必须具备鲜明的目的性、明显的综合性、强烈的针对性、突出的操作性、确切的明了性等特点,即体现"围绕主题、目的明确,深入细致、周到具体、一事一策、简易明了"的要求。

结构模式

1. 种类

商业银行市场营销策划方案因其策划的对象不同可分为大型优良客户营销策划方案、重大项目营销策划方案、市场调查策划方案、产品推介策划方案等等。

2. 结构

营销策划方案的基本结构是:

第一部分:营销策划方案封面。在这部分内容中,策划者需分项简要概述以下内容:

(1)营销策划的全称。

基本格式是:××银行关于××营销策划书

(2)营销策划的部门与策划人。

营销策划:××银行××分(支)行客户部

主策划人:××、××

(3)营销策划的时间。

××年××月××日

第二部分:营销策划主题和项目介绍

根据不同的营销策划对象(即营销策划项目),拟定各自所应围绕的主题。营销策划主题是整个营销策划的基石和内核,是营销策划的基本准绳。在阐述营销策划主题的基础上,要对策划的项目情况做简要的介绍,包括项目的背景、项目的概况、项目的进展、项目的发展趋势等。

第三部分:营销策划分析

营销策划分析可以是逐项分类分析,也可以做综合分析,视策划的具体情况来定。

(1)项目市场分析。

①宏观环境状况。主要包括宏观经济形势、宏观经济政策、金融货币政策、资本市场走势、资金市场情况等。

②项目市场状况。主要包括现有产品或服务的市场销售情况和市场需求情况、客户对商业银行新产品或服务的潜在需求、市场占有份额、市场容量、市场拓展空间等等。

③同业市场状况。主要包括同业的机构、同业的目标市场、同业的竞争手段、同业的营销方式、同业进入市场的可能与程度等等。

各种不同的营销策划所需的市场分析资料是不完全相同的，要根据营销策划需要去搜集，并在营销策划中简要说明。

（2）基本问题分析。

营销策划所面临的问题和所要解决的问题，这些问题的生成原因是什么？其中主要原因有哪些？解决这些问题的基本思路如何确定，出发点是什么？通过何种途径，采取什么方式解决？等等。

（3）主要优劣势分析。

①主要优势分析：围绕营销策划主题，将要开展某一方面的市场营销活动（如市场调查、新产品开发、市场促销、广告宣传等），拥有哪些方面的优势，主要是自身优势（即自身的强项）分析，也应考虑外部的一些有利因素。营销策划就是要利用好有利因素，发挥出自身优势。分析优势应冷静客观，既不能"过"，也不能"不及"，要实事求是。

②主要劣势分析：主要劣势分析就是分析与将要开展的市场营销活动相关联的外部一些不利因素和自身的弱项、短处等。营销策划就是要避免和化解这些不利因素，如何弥补自身的不足，错开自身的弱项。

③主要条件分析：主要条件分析就是分析将要开展的市场营销活动所需要的条件，包括已具备的条件和尚须创造的条件，逐一列出，逐一分析，以求得资源的最佳利用与组合。

第四部分：营销策划目标

不同项目的营销策划，有各自不同的营销策划目标，而营销策划目标大多由一些具体的指标组成。拟订营销策划目标，要实事求是，经过努力能够达到。

第五部分：营销执行方案（即保障措施）

制定营销执行方案，是营销策划的重头戏，是对市场营销活动各个环节、各个方面工作的精心设计、周密安排和逐一布置与落实,是营销活动组织、开展的脚本。

制定营销执行方案应考虑以下问题:(1)理顺本次营销活动所涉及的各种关系;(2)把握本次营销活动的重点和难点;(3)确定本次营销活动应采取的策略;(4)弄清楚开展本次营销活动可利用的人、财、物等方面的资源与条件,确定好策划预算;(5)本次营销团队人员的组成,各参与部门及人员在本次营销活动中应完成的任务、承担的责任和充当的角色;(6)开展本次营销活动的监控、反馈机制和传导系统;(7)完成本次营销策划任务的时间安排(分阶段任务);(8)开展本次营销活动可能出现的突发问题与应急措施;(9)对本次营销活动的考核奖惩方式。

写作指要

撰写营销策划方案,应注意把握以下几个要点:

1. 要突出买点

说服是策划方案的本质特征。每个策划方案一定要有独特的买点,让读者一看就明白,一看就心动,以说服领导采纳。

2. 要突出创新

不要把策划书当作计划书来写,因为计划无须创意,只处理细节,而策划必须要有创意。

3. 要突出重点

策划方案切不可面面俱到,无论是项目介绍、策划分析,还是营销执行方案,都要重点突出。

范文解读

[范例6.公司金融营销策划方案]

××高速公路项目营销策划方案

中国××银行××省分行公司业务部

××年××月××日

一、项目背景

××至××高速公路(简称××高速公路)是国家重点公路建设规划的"7918"中的纵×线,经××省进××省入××省,在我省境内经过××、××等县市区,本境内工程分为三段:××北段、××长江大桥、××南段,××省已将××高速公路列入"十五"交通基础设施重点建设项目。××高速公路××北段背靠××,贯穿××省××、××等县市(区),全长××公里,设计为四车道,××年底开工,建设工期4年,运行后日车流量超过××辆,××年后达到××辆以上,属收费经营公路。

该项目投资主体××股份有限公司,是一家资金实力雄厚、具有大型项目建设经验的上市公司,公司股本总额××万股,其中国有法人股××万股,占总股本的51%,公众流通股××万股,占总股本的49%。项目计划总投资××亿元,其中项目资本金××亿元,占比35%,拟贷款融资××亿元,占比××%,财务内部收益率×××%,贷款偿还期××年。

该项目各项指标均符合中国××银行公路项目准入条件。

二、项目营销目标

对本项目的营销理念是"志在必得,扩大份额",营销目标为确保项目贷款额度××亿元,力争达到××亿元以上及代收代付等业务的全面合作。

三、项目营销团队

（一）项目营销领导小组。省分行副行长××为组长，公司业务部总经理××、××分行行长××为副组长，信贷、资产负债、会计、科技等相关处室的负责人为成员。

（二）项目营销小组。省分行公司业务部总经理××为组长，公司业务部副总经理××、××分行副行长××为副组长，由省分行公司业务部××担任项目经理，由省分行公司业务部××、××分行公司业务部××、××支行××、××担任客户经理，由财会部××、信贷管理部××、科技部××担任产品经理。

四、营销策略

（一）关系营销。××股份公司与我行建立了长期的、较稳定的信用关系，要充分利用这一有利条件，作为我行介入××高速公路项目的媒介。

（二）优势营销。我行的地域网点、科技网络、资金实力、为交通基础建设服务的经验、现金管理平台和优惠政策等方面优势明显，组合运用这些优势，将会加重我行成功营销此项目的砝码。

（三）情感营销。在营销过程中要采取对等营销策略，通过不同层次的个人感情联络，达到银企之间的友好合作目的。

五、营销步骤

（一）达成合作意向。申请总行向××股份有限公司出具××高速公路项目贷款有条件承诺函，同时省分行以正式公文形式向其送达金融服务方案，表达我行合作意愿。

（二）确定项目合作关系。在我行正式公文送达和经过初轮商谈后，尽快确定项目正式合作关系，并在项目可研报告批复之前，落实项目贷款份额，确保开立一般账户，争取开立基本账户。

（三）办理项目贷款申报手续。在合作关系确定后，××支行及××分行应着手收集、整理项目贷款申报材料，待项目立项批复和我行信用份额确定后，立即申报；省分行将争取总行对本项目的支持，以最快的速度进行评估、审批。

（四）签订贷款协议、发放贷款。一旦项目审批，即进入项目贷款发放和管理阶段。

（五）搞好代收代付和其他方面的业务合作。

六、营销责任

（一）省分行负责高层公关和做好总行及省分行相关部门间的协调工作，每半月召集项目主办行、经办行召开一次联席分析会议，解决项目营销进程中的问题。

（二）××分行直接组织对项目情况的收集、反馈和项目落实、督办，每月向省分行汇报一次项目营销进展情况。

（三）××支行负责项目情报收集、工程进度的掌握、项目经办人员的感情联络，了解他行对本项目的营销情况，协调当地政府及各相关部门间的关系，及时向上级行反映项目营销中的情况和问题。

（四）项目经理负责整个项目的营销与管理，包括组织制定金融服务方案、与客户代表的商谈，与行内客户经理、产品经理及有关部门工作的协调，办理项目贷款申报手续，并及时向项目营销领导小组汇报项目进展情况。

七、资源配置

（一）省分行对本项目拨付××万元营销费用，专项用于本项目的营销和维护。

（二）省分行及经办行对项目营销提供交通车辆便利。

八、奖惩

项目营销成功后，按照《中国××银行××省分行市场营销重大项目奖励办法》对本项目营销有功人员进行奖励。若因主观原因造成本项目营销失利，要追究有关责任人的经济责任。

范文解读

[范例7. 个人金融营销项目策划方案]

优质代发工资项目个人金融营销策划方案

一、项目背景

该项目营销对象为××(公司/部队/中心等)。××成立于×年×月,是××性质的单位。××主要以××作为核心业务,同时覆盖××业务。该公司注册资本金××万元,总部设在××市,经营区域覆盖××等多个地区。××年公司主营业务收入××万元,资产总额××万元,属于全国/省/市××强企业。该单位目前的基本账户开立在××银行,一般账户开立在××银行,该单位主要贷款行分别为××银行、××银行等。

××目前涉及需要发放资金人数为××人,每月发放工资金额约为××,每年合计发放工资金额约为××。

二、项目营销目标

存款目标：力争实现存款量达到××万元,其中对公存款××万元,个人存款××万元。

贷款目标：发放贷款量达到××万元,其中对公贷款××万元,个人住房按揭贷款××万元,个人助业贷款××万元。

银行卡目标：实现发放借记卡数量达到××张,其中贵宾卡数量××张;实现发放信用卡数量达到××张。

电子银行目标：实现开通手机银行××户,微信银行××户,网上银行××户,自助银行××户,电话银行××户,短信银行××户。

中间业务产品目标：营销个人自主理财产品××万元,基金××万元,黄金××公斤,国债××万元,代理保险××万元。

贵宾客户目标：营销贵宾客户××户。

三、项目营销指导思想

本项目的主要营销理念为"志在必得,做大份额"。通过代发工资途径,锁定重点对公客户群体中优质个人客户群体,实现"零售业务批发做"的目标。

四、项目营销策略

(一)切入策略

代发工资项目对象是在我行无贷款、他行有贷款,或在我行无账户、他行有账户的优质公司或机构客户,如行政机关、党政机关、事业单位;世界500强、全国500强、全省100强、本地10强企业等。

切入策略主要有三种:关系切入,利用我行现有贷款客户或政府相关部门对该项目管理层进行沟通、洽谈、引荐等,实现我行对该项目的切入;贷款或账户切入,通过我行公司部或机构部等对公部门与零售部门联动,寻求对公客户的贷款或开立账户需求,实现零售部门对该项目的切入;产品切入,通过设计联名卡、开通手机钱包、网上银行或为个人客户量身定做个性化的金融服务方案等方式实现切入。本项目主要采取第××种切入方式。

(二)客户营销策略

根据切入方式的不同,将对不同的客户采取不同的营销策略。

如采用的是关系切入,营销策略应为关系营销。通过了解与我行关系较好的现有企业客户或政府部门,挖掘出他们与该项目营销对象是否存在一定关联,利用他们的引荐切入该项目中去。

如采用的是贷款或账户切入,营销策略为公私联动,对公部门营销企业,力争企业成为我行的贷款或账户客户。零售部门随后跟进,通过提供便利的清算渠道或全方位、个性化的个人金融服务方案等方式获得企业客户内部优质个人客户群体的兴趣和信任,进而将优质个人客户群体营销并锁定在我行。

如采用的是产品切入,营销策略为竞争性营销。通过针对此项目客户群体的实际情况提出个性化、全方位、极具竞争力的金融产品,让营销对象的个人客户群体感受到较之他行,尤其是与所在企业现有贷款行或账户行相比,我行具有的竞争优势,从而将优质的个人客户群体锁定在我行。

五、项目营销步骤

（一）信息来源收集

代发工资项目信息的获得主要是由各行零售业务部门联合公司业务部、大客户部、机构业务部、房地产信贷部、国际业务部等在内的对公部门，争取工商、税务、行业协会、社会团体、保险公司等单位部门的支持，对辖内的优质企业客户进行全面的摸底调查，获取客户有效信息，研究确定代发工资项目对象，并登记备案。在备案后，各级行需制定营销的目录清单，锁定目标，跟进营销。

（二）项目策划

支行在摸清营销对象基本情况并确认有切入可能后，应迅速制订针对此项目的营销策划方案，方案需包括该项目的背景介绍、项目营销目标、项目营销策略、项目营销的步骤及配套的保障措施等，确保随后的营销活动有条不紊地进行，以实现最终的营销目标。

（三）领导决策

在确定项目策划方案后，支行领导班子要迅速根据方案进行营销人员、策略、费用等多方面的战略、战术安排，此决策要迅速、果断、有效，要充分体现出对此项目"志在必得"的营销理念。

（四）与相关方洽谈

由于代发工资项目切入的方式不同，选择洽谈的对象也各异。

如采用关系切入。支行应由维护关系人或关系企业/机关的客户经理与营销小组共同出面，与营销对象或营销对象的主管部门进行洽谈，洽谈的目标为获得××企业的代发工资业务。

如采用贷款切入。支行应由公司部、机构部等对公部门联合零售部门相关人员共同与营销对象进行洽谈，洽谈的目标为通过向营销对象发放贷款，要求对方给予我行代发工资业务。

如采取产品切入。支行应先根据客户的群体需求，由零售业务部门与营销对象进行洽谈，洽谈的目标是根据营销对象的群体需求设计我行具有竞争性的产品，要求对方给予我行代发工资业务。

（五）制定服务方案

与各环节洽谈方洽谈完毕后，需针对切入方式的不同制定重点不同的整体金融服务方案，如"××市××区××代发工资项目金融综合服务方案"：如为贷款切入则须着重于贷款的介绍，并提供一揽子的个人金融服务方案作为补充；如为产品切入，则须着重于切入的重点产品介绍。

（六）终端客户营销

一是方案营销，即针对代发工资户的实际情况，设计个性化的金融服务方案，通过对客户收入、职业背景、家庭情况等信息的了解，量身定做理财方案，赢得客户的信赖。二是竞争营销，即通过向优质代发工资户提供"人无我有，人有我优"的竞争性金融产品或服务，如发放联名卡，对符合条件的客户发放贵宾卡，向客户提供快捷便利的清算渠道等，最终通过代发工资的切入，从他行营销到优质个人客户群体。三是价格进攻策略，即通过对优质代发工资户群体在清算渠道、借记卡使用等方面涉及的收费环节上予以减免，让客户享受贵宾级的服务。

六、营销配套保障措施

（一）组建营销团队

××项目营销领导小组。××分行××支行行长××为组长，公司业务部总经理××、个人金融部总经理××，信贷、资产负债、会计、运营、科技等相关处室负责人为成员。

××项目营销小组，可分为三个团队。第一团队抓市场，由××支行行长亲自挂帅，强势营销，主攻该项目的管理层或主管部门，需成功在我行开办代发工资业务。第二团队跑市场，由客户经理组成的第二团队全程跟踪进度，密切与××公司财务部门的联系，随时掌握代发工资的进展情况，并了解该公司个人客户群体对我行的主要金融需求，及时反馈到支行。第三团队稳市场，通过第二团队反馈的情况，有针对性地设计个人金融服务方案，使得该项目能够最终以代发工资为抓手，将优质的个人客户群体维护在我行，促进我行存、贷、中间业务产品的发展。

（二）配备专项资源

××分行将对本项目拨付××万元营销费用，专项用于本项目的营销和维护。

××分行××支行将对××项目营销提供交通车辆便利。

凡是涉及××项目营销的事宜，需特事特办，简化操作程序。

（三）强化奖励措施

××项目营销成功后，按照《××银行市场项目营销重大项目奖励办法》对本项目营销有功人员进行奖励。若因主观原因造成本项目营销失利，要追究有关责任人的经济责任。

营销谈判方案

文种特征

1. 概念

营销谈判是指为达成某项金融产品交易，银行与客户就具体合作内容、合作条件与合作方式进行的面对面的洽谈。为使谈判成功，于己方有利，就要打有准备之仗，在谈判中做到知己知彼。因此，在谈判之前，需要制订好营销谈判方案。谈判方案是对整个营销谈判工作制订的具体内容与技巧的精心设计，是银行为了与客户达成合作事项，事先对洽谈的项目，合作的内容、条件，谈判的方式、方法、步骤及可能出现的问题和应变的措施等做出具体安排的书面报告。

2. 作用

谈判方案是营销谈判活动的一种重要工具，是为了谈判取得成功而制定的谈判目标和实现这一目标的方法策略，并以此来统一谈判人员的思想，使谈判人员齐心协力，使谈判达到预期的目的。

3. 特点

（1）谈判方案内容丰富。谈判方案是伴随谈判始终的一种文书。它的内容十分丰富，既有营销活动本身的问题，还有对对方心理、动机等的猜测、估计及在谈判桌上可能出现的变化情况。如在谈判中要达到什么目标，围绕这个目标采取什么对策，对策的具体组织实施如何安排等。因此，谈判方案在内容上与其他文种相比显得更加丰富。

（2）谈判方案具有应变性。谈判方案中的指标必须具有一定的弹性，以应付不断变化的情况。谈判方案必须明确谈判主题和目标，并在此基础上设计谈判程序和策略，还要考虑到谈判活动中双方立场的差异和可能出现的变化。谈判方案的应变性有利于谈判的顺利进行，有助于取得最后的成功。

（3）谈判方案具有备忘性。谈判方案是市场营销活动中的重要资料，其内容是真实、可靠、完整的，是起草合同的依据，便于日后查询。因此，谈判方案还具有备忘性的特点。

结构模式

1. 种类

谈判方案按其在营销活动中的作用划分，有全面合作谈判方案、单项合作谈判方案、全过程谈判方案和阶段性谈判方案等几种。

2. 结构

谈判方案的结构一般由标题、正文、附件三部分组成。

（1）标题。谈判方案的标题多采用谈判事由加文种构成。如"关于为××汽车公司提供汽车供应链金融服务的谈判方案"，这样的标题简明、醒目、实用性强。

（2）正文。正文一般包括前言、主体与结尾三部分。

前言部分：谈判方案的前言部分应能使读者通过前言获得一个鲜明的印象，并很快了解谈判的内容，明白谈判的目的。因而，前言部分应言简意赅地介绍谈判背景和洽谈内容。

主体部分：主体部分内容较多，可以分项列款书写。

谈判的主题，即洽谈的中心内容。主题是统领整个谈判的核心，偏离了这个核心，就会拖延时间，甚至导致谈判的失败。只有主题明确，在洽谈过程中才能紧紧围绕这一主题进行。因此，谈判方案必须鲜明地写出谈判主题。

谈判的目标，即通过谈判所要达到的目的。选择与确定目标非常重要，目标明确、具体，才能使谈判人员（客户经理或产品经理）朝着这一目标努力，并获得最后的成功。具体的谈判目标要定得合理、具有可行性，并且要留有适度弹性，便于谈判人员随机应变。

谈判的策略和方法。谈判策略和谈判方法，对于谈判来说是非常重要的。要想获得谈判成功，就要特别讲究策略，注意方法，善用谈判技巧，才能达到预期目的。一般来说，营销谈判都应坚持内紧外松的原则。内紧是指紧紧围绕最终目标，外松是指在谈判桌上造成一种融洽、宽松的气氛，表现出一种大度和高姿态，引导对方朝着己方的思路转，运用策略和技巧取胜。这是设计方案的核心内容，必须由有经验的客户经理精心策划。

谈判的程序。营销谈判一般都根据洽谈内容分成若干步骤进行，所以，在制订谈判方案时一定要把握好进度，将议程和日程安排好，使其按预定的方案如期完成。

谈判人员的分工与配合。谈判人需包括主谈、辅谈、记录和翻译，由客户经理或产品经理及特聘人员担任，特别要有专门负责分析对方动向、观察对方意图的思维敏捷、谈判经验丰富的客户经理参加。谈判组获得谈判成功的重要保障是成员之间的分工协作和默契的配合。

结尾部分：谈判方案在结尾部分要顺其自然。有的谈判方案也可不用结尾。

（3）附件。除正文以外，需要有对方案内容进行补充说明的材料作为附件。

写作指要

撰写谈判方案应注意以下几点：

1. 针对性

要事先做好大量的市场调研，深入透彻地了解客户的需求，使方案具有针对性。营销谈判是银行与企业的双向沟通，只有知己知彼，才能百战不殆。

2. 竞争性

要客观分析我行的优劣势，全面搜集竞争对手的情报，使方案具有竞争性。一个优良的金融项目，往往会吸引众多的竞争者。因此，制订谈判方案前，一定要对竞争对手特别是关键对手进行全方位的分析研究，扬长避短，使我行的谈判方案更胜一筹。

3. 双赢性

要认真分析银行与客户的分歧点，准确把握双方的利益点，使方案具有双赢性。金融产品与服务价格是谈判能否成功的关键。一笔交易，关系着双方实际利益的是合作的各项条款，而各项条款又是与价格紧密相连的，因此，营销谈判的核心问题往往是金融产品与服务价格问题。为达成合理的价格，谈判前除了要熟悉金融产品与服务的特点、合同的各项条款外，特别要搜集竞争对手的价格资料和市场价格的变化趋势，调查分析对手的心理、意图，拟定己方的对策和采取的办法等。这些对策和办法应纳入谈判方案中，作为谈判的准备和依据。

范文解读

[范例8. 汽车供应链金融服务谈判方案]

关于为××公司提供汽车供应链金融服务的谈判方案

××分行××项目营销小组

(××年××月××日)

一、项目背景

××汽车有限公司由××汽车公司与××汽车公司合资组建,注册资金××亿元,公司于××年××月××日正式运作。为了加强对中国汽车市场的拓展,××汽车有限公司准备与银行建立汽车供应链金融服务,并同时向国内××家中外资银行发出了竞标邀请。我行于××年××月××日收到竞标邀请函,并要求于××年××月××日到该公司进行谈判。

二、谈判主题

围绕为××汽车公司提供汽车供应链金融服务这个主题进行谈判,并同时营销我行的资产、负债和现金管理业务。

三、谈判目标

(一)成为××汽车公司汽车供应链金融业务主办行;
(二)达成公开统一授信××亿元的合作意向;
(三)达成使用我行现金管理业务的合作意向。

四、谈判的关键问题

(一)对经销商的确认,需经双方协商认可。
(二)对经销商不能按期承兑的银行承兑汇票实行由××汽车公司进行

回购，回购比例不低于××%。

（三）对经销商信用担保问题，特别是用汽车合格证抵押贷款问题。

（四）经销商承兑汇票保证金比例问题。

五、谈判策略（略）

六、谈判程序

（一）就建立汽车金融供应链服务展开洽谈，特别是就关键问题达成共识。

（二）就其他金融合作问题进行协商。

（三）商订合同条款及商订履行合同的行动方案。

七、日程安排

××年××月××日：

上午9：00—12：00

下午15：00—18：00为第一步

××年××月××日：

上午9：00—12：00为第二步

下午15：00—18：00为第三步

八、谈判地点

××汽车公司第十楼第一会议室

九、谈判人员及分工

主谈：××为谈判小组总代表

辅谈：××作为客户经理为主谈提供建议，并根据主谈要求补充发言；

辅谈：××作为产品经理为主谈提供建议，并根据主谈要求补充发言；

翻译：××随时为主谈、辅谈担任翻译，还要留心对方动态；

成员：××负责谈判记录和整个合同条款的起草修订；

成员：××负责科技方面需求的解答和科技方面条款的修订；

成员：××负责法律方面问题的解答和法律方面条款的修订。

市场调查报告

文种特征

1. 概念

市场调查报告是经济调查报告的一个重要种类，它是在以科学的方法对金融市场的供求关系、销售状况及消费者情况等进行深入细致地调查研究后形成的书面报告。通过此种文书，我们能够进一步总结经验，树立典型，向银行领导反映真实情况、问题及事物的发展规律，反映客户的意见和建议，为指导营销工作服务。只有大量、深入地进行市场调查研究，并据以形成书面报告，并建立在科学的、实事求是的基础上，才能使营销工作做到有的放矢，无往而不胜。

2. 作用

市场调查报告的作用在于帮助银行了解、掌握市场的现状和趋势，增强银行在市场竞争中的应变能力，从而不断地提高商业银行经营管理活动的效率和效益，有效地促进商业银行各项业务的稳健发展。

3. 特点

市场调查报告具有鲜明的特征。突出表现在三个方面：一是真实性和准确性强，即其所涉及的内容必须以确凿的事实为依据，不容许有任何虚假或浮夸；二是针对性强，亦即它必须围绕明确的调查目的，有的放矢地进行调查研究，提出或回答人们最关注的问题；三是深刻性强，它给人们提供的不仅是对客观实际真实的感知，而且还给人们提供理解、认识、改造客观实际的思考，揭示事物内在的本质。

结构模式

1. 种类

对于市场调查报告文种,可以从不同的角度加以分类:依据其内容含量的多少,可将其分为综合性市场调查报告和专题性市场调查报告两大类;按调查对象的不同,可分为关于本地金融同业竞争情况的市场调查报告、关于金融产品情况的市场调查报告、关于客户情况的市场调查报告等;按表述手法的不同,可分为陈述型市场调查报告和分析型市场调查报告;从实际功用角度划分,又可将其分为基本情况的市场调查报告、典型经验的市场调查报告和查实问题的市场调查报告三大类。其中第一类属综合调查报告,第二、三类属于专题调查报告。

市场调查报告不同于工作报告。工作报告是下级写给上级,用来反映贯彻执行上级决策实施进展情况的,它偏重于事实的陈述;市场调查报告则是商业银行派人到所属单位、地区或客户处,通过调查以后写成的,它所针对的是具有比较典型性的事情与具有一定普遍意义的问题,偏重于对客观情况的分析研究与思路提炼。既可以是下级写给上级看,也可以是本级写给本级看。

市场调查报告也不同于工作总结。市场调查报告往往是商业银行从市场营销实际出发选题、选点,在进行深入调查的基础上写成的,一般一次调查解决一两个实际问题。而工作总结要求从全局出发,总结本单位的工作,目的在于回顾过去、总结经验教训、找出差距、分析原因、提出改进措施,以利再战,内容比较全面、系统,且一般采用第一人称进行阐述。

2. 结构

无论哪种类型的市场调查报告,其撰写模式基本相同。大体包括如下几个部分:

(1)标题。标题是市场调查报告的眉目,是透视全篇内容的"窗口",应当写得简明扼要。一般有两种构成形式:公文式标题。即由调查对象、内容、文件名称组成,例如《关于××市房地产信贷市场情况的调查报告》;文章式标题,即用概括的语言形式直接交代调查的内容主题,例如《全省城镇居民潜在住房购买力动向》。实践中,这种类型的标题大多采用双题(正副标题)的结构形式,更为引人注目,富有吸引力。如《高速公路信贷市场大有可为——关于我省高速公路信贷市场的调查报告》。

(2)引言。这部分是市场调查报告正文的开头,是全篇的"序幕"和"引子",它要用简洁凝练的文字将有关调查的基本情况包括背景、目的、对象、范围、核心内容等交代清楚,以便给读者以总体印象,同时也对全文内容具有提纲挈领的作用,为全面铺开下文奠定基础。在具体写法上,可以采用概述式、设问式和议论式等多种形式。无论怎样,都必须做到开宗明义,并能牢牢地吸引读者。

(3)主体。这部分是市场调查报告的核心,也是写作的重点和难点所在。它要完整、准确、具体地阐明调查的基本情况,并据以对其进行科学合理的分析预测,在此基础上提出有针对性的对策和建议,以便为商业银行决策提供有价值的参考。

主体部分的主要内容包括三个方面:一是情况介绍。即对调查所获得的基本情况进行介绍,是全文的基础和主要内容。要用叙述和说明相结合的手法,将调查对象的历史和现实情况表述清楚,以便为下文进行分析和提出建议提供坚实充分的依据。二是分析预测。即在对调查所获基本情况进行分析的基础上,对市场发展趋势做出预测,它直接影响到有关部门和领导的决策行为,因此必须着力写好。三是营销对策建议。这层内容是市场调查报告写作目的和宗旨的具体体现,要在调查情况和分析预测的基础上,提出具体的对策和建议,供决策者参考。

写作主体部分常见的结构形式有三种。一是纵式结构:是按事情发生、发展、变化的过程或时间的先后顺序安排材料。这种写法适用于报告的内容是一件事,这件事的本身发展过程又比较生动曲折。写作时,可把主体部分分成几个阶段,然后逐段说明情况,分析综合,找出每个阶段的经验教训,做到重点突出、层次清楚,使读者对事物发展的全过程了如指掌。二是横式结构:是按事物的逻辑关系从不同的方面或角度叙述。即把调查材料或要突出的问题按性质分成几个部分分别阐述,每个部分可加序号表示或加小标题提示、概括。它的优点是便于把经验和问题阐述清楚。一般是在事物的发展过程比较复杂，牵涉到许多方面，而前后经历的时间又比较长，按时间或事物的发展顺序无法说清楚时使用。写作时要注意各部分之间的关系，既要有相对的独立性，又要有密切的内在联系，各部分之间都要围绕一个中心，都要为全文的中心服务。在安排各部分材料的先后顺序时，还要注意符合事物发展的逻辑。三是纵横结合：总体为纵式，局部为横式；或总体为横式，局部为纵式等。

（4）结尾。市场调查报告有的有结尾，有的则予以省略。如有结尾，应当做到简明扼要，意尽言止。

写作指要

1. 在"调查"上下功夫，确保材料的真实性

毛泽东同志说过："没有调查就没有发言权。"没有调查就没有调查报告的写作权。撰写市场调查报告，必须以认真、细致、周密的市场调查活动作为坚实的基础。只有这样，才能保证其所用材料的真实性，也才能使之具有说服力。否则，不下苦功进行调查，往往容易导致报告的不真实性，或者以偏概全，或者挂一漏万，而这势必会影响通篇报告的质量，这种市场调查报告对实际营销工作没有任何指导作用。

2. 在"研究"上做文章，确保市场调查报告的指导性

"研究"是对市场调查所得材料的深化，也是写好市场调查报告的关键所在。没有这个环节，所撰写的市场调查报告只能是事实现象的堆砌和罗列，不具有任何实用价值。要通过对调查对象的精心比对和分析，将全部情况和材料进行"去粗取精，去伪存真，由此及彼，由表及里"的改造，扬弃表面的、支流的东西，抓住事物的主要矛盾和矛盾的主要方面，要侧重于对事物内部联系的研究，努力寻觅和挖掘出其深层意义，找出规律性，然后将其上升到理论的高度，实现认识的升华。

3. 在课题上做选择，提倡联系实际，有针对性

选择市场调查课题，必须坚持对营销工作有针对性和对解决问题有指导性两条原则，做到适销对路。要针对营销活动中出现的新矛盾、新情况，选取那些苗头性、倾向性、前瞻性、关键性问题作为调研课题。

4. 合理组织和安排"框架"结构，做到眉清目楚，线条分明

市场调查报告文种所涉及的内容广泛，它要反映出事物或事件发生、发展的全过程，并要进行有说服力的分析，找出根源，提出下一步工作意见。既要提出问题，又要解决问题；既要摆事实，又要讲道理；既要以材料说明观点，又要用观点统率材料。为此，在撰写时必须精心设计其框架结构，以便合理地使用所获取的材料，更好地突出全文的主旨。

5. 应注重表达手法的特定性，用语要生动活泼，耐人寻味

市场调查报告要用事实说话，要反映事物发生、发展和变化的过程，并要对其进行分析，找出规律性的东西，用以指导工作。这样，在写作时势必既有叙述，又有议论，是叙述和议论（即"夹叙夹议"）的有机结合。凡是优秀的市场调查报告无一不是两种表达方式的高度统一体。在语言运用上，应力求生动活泼，富于表现力。要善用比喻、排比、引用等修辞手法，这些均有助于语言表达的生动形象。

范文解读

[范例9. 市场调查报告]

关于民营企业家群体发展对银行零售业务机遇与挑战的调研报告

××银行课题组

引言

当前,随着全省民营经济的跨越式发展,民营企业家群体已成为社会"新贵"、金融资源富集区和商业银行竞争的焦点。在宏观经济红利的持续刺激下,

民营企业家群体将保持强劲的发展势头。民营企业家群体大发展将会对金融市场带来什么变革，随之而来的机遇与商机应如何把握，所带来的新挑战应如何应对，已成为亟待全行上下认真研究的重大课题。

本调研报告从民营企业家群体的发展历程、现状、趋势等入手，通过认真剖析群体金融需求特征及给银行带来的机遇与挑战，有的放矢地做好民营企业家群体，尤其是成功创业者这个高端群体的营销，进而大幅度优化客户结构，提升零售业务发展品质，牵引中小企业服务营销快速增长。

一、民营企业家的主要特征和发展趋势

民营企业家群体是个体工商户业主、个人独资企业股东、合伙企业股东、个人出资参股的有限公司股东、个人出资参股的上市公司股东客户群体的总称。

（一）发展历程

我省民营企业家群体发展历程总体可以概括为"从无到有，从慢到快，从小到大，从弱到稳"四个阶段。

1. 萌芽发展阶段（1979年—1992年）。

改革开放后，全省各地开始涌现出少量的个体工商户，但总体数量不多，到1992年末，民营企业家数量不到××万人，以个体工商户业主为主。

2. 快速发展阶段（1993年—1998年）

随着邓小平南方谈话、全省两次个体私营经济工作会议召开，个体工商户快速发展，并带动了个人独资企业或合伙企业等类型的私营企业产生。6年时间内，民营企业家增加了××万人，达到××万人。其中，个体工商户业主数量增长了××倍，达到××万户；部分产销规模较大的个体工商户开始尝试成立个人独资企业或合伙企业，到1998年末达到了××余家，企业股东数量接近××万人。

3. 突破发展阶段（1999年—2004年）

随着1998年底我省召开第一次民营经济工作会议，所有制限制取得突破，实现跨越式发展。6年时间里，民营企业家总数增长了近××倍，达

到××万人,其中,个体工商户急速增长到××万户,增长了近××倍;个人参股的股份公司或混合所有制企业在这一时期内登场并急速发展,达到××万户,企业股东(个人)数量接近××万人。

4. 稳步发展与规模经济发展阶段(2005年至今)

随着省委提出"坚持以民营经济为主的取向"的"一主三化"战略的实施,民营企业及其业主迎来了发展的最好时机。"十二五"期间,全省民营企业家群体和民营经济呈现出"增长稳、发展快、GDP贡献多、纳税贡献多、利润贡献多"的"一稳一快三多"增长态势,民营企业家群体稳步增长。××年民营企业家群体突破××万人以后,一直保持稳步增长的态势,到××年末达到××万人,增长了×××%。其中私营企业(含个人独资、个人合伙、有限公司)数2015年末达到××万家,增长了×××%,企业股东××万人;个体工商户增长到××万户,增长××%。民营企业平均注册资本增长了×××%,个体工商户户均资金数额增加了××%。民营经济快速发展,经济增加值增加了××亿元,增长××倍,年均增长××%,比GDP平均增长率高出××个百分点;经济增加对全省GDP增长贡献率达到××%,总量占GDP总量的××%;纳税额达到××亿元,增幅高达×××%,高于全省税收增长水平××个百分点;创造利润××亿元,比××年增长×××%,占全省工业经济利润总额的××%。在民营经济增长的带动下,民营企业规模快速壮大。以民营企业上市公司为例,××年末,平均资产总额达到××亿元,年利润达到××亿元,平均纳税××万元。

(二)现状及主要特征

到××年末,××省民营企业家达到××万人,其中:个体工商户业主××万人,在群体内占比高达×××%;个人参股出资的有限公司股东××万人(上市企业股东),占比××%。

1. 群体基本特征

一是年龄以中年人(生于20世纪60年代和70年代)居多,多数处于创业黄金期,个人更显成熟、稳健。据《中国民营企业发展报告》统计,××

年国内民营企业家中，生于60年代、70年代、80年代、其他年代的企业家占比分别为××%、××%，年龄在30岁至50岁的企业家占比高达××%。二是受教育水平较高，呈现出"中间大、两头小"，对知识渴求程度较高。据调查统计，国内民营企业家学历介于高中与本科的占比高达74%（本科24.2%、大专28.5%、高中21.3%），受调查者中，82%的人表示有继续教育的计划，67%的倾向于对经济、管理、金融的再学习。三是婚姻状况总体欠佳，牵动着较大的财产分割和法律风险。AC尼尔森《民营企业家调查问卷结果》显示，国内民营企业家84%以上的已婚，12%未婚，4%离异。已婚企业家中有66%的表示对当前婚姻状况不满，有离婚打算，但出于子女、财产分割等顾虑，只能勉强维持现状。四是个人核心需求多元化，由财富最大化逐步向社交需求、尊重需求、自我实现等方面转移，对社会地位、他人认可、尊享服务有较高的渴求度。

2. 区域分布特征

与沿海城市不同，我省民营企业家更多地居住在其实业所在地，与其实业总体呈现出"七大集中"的分布特征，成为"物以类聚，人以群分"的现实写照。一是向东部集中。据《统计年鉴》相关数据统计，省会城市圈民营企业数量占全省民营企业总数的××%。二是向大城市集中。××年末，全省民营企业数量最多的三地市为××、××和××，三地市民营企业数量占全省民营企业总数的××%，其中仅省会城市民营企业就占全省的××%。三是向创业文化氛围浓厚的县城集中。在全省涌现出××等民营企业家数量较多的县城。以××县为例，该县民众经商、创业积极性一直较高，民营企业数在××市8个县市（区）中居首位，民营企业在××年产值达到××亿元以上，也涌现出××等上市企业或大型龙头企业，当地民营企业家人数预计超过××万人，占当地总人口的1/3左右。四是向自然资源富饶地区集中。富矿区真正地变成了富人区。从全省分布情况来看，出现了××、××等民营企业家密集区。五是向经济开发区集中。××年末，全省××家经济开发区中共有××万家民营企业，民营企业家数量预计接近××万人，每平方公里内就有××个民营企业家。六是向专业市场和商圈集中。据统计，到××年末全省各类专业市场超过××个，市场内有个体工商户、民营企业家超过××万人，每个专业市场中民营企业家超过××

万人。七是向高档社区集中。别墅区、高档社区、豪华居住区已逐步演变为"富豪俱乐部"及"富人聚集区"。

3. 财富资产特征

一是财富总规模较大。《××省民营经济发展报告（××年）》中指出，××年末，民营企业家群体管理和可支配资产超过××亿元，其中私营企业（含股份公司、独资企业、合伙企业）注册资本额为××亿元，个体工商户出资额××亿元，全年销售额超过××亿元。

二是整体收入水平较高。××大学经济学教授××按民营企业纳税额对当年民营企业家年收入进行测算，结果显示××年，全省民营企业家平均收入为××万元，有××%的民营企业家年收入在××万元以上。

三是高净值人士较多，可投资及支配资产高。××年末，我省已跻身全国富人俱乐部行列，全省个人资产超过1000万元的高净值客户达到××万左右，全国排名第××位，高净值人士全年可投资及支配资产达到××万元。其中，××%的为企业主，数量接近××人，上市企业股东近××人。

四是财富积累方式多样，积累速度较快。主要包括暴富型、生产积累型、知本型、转移型等方式。暴富型即通过投资房地产开发、拆迁补偿、自然资源开发、国有资产转制、公开上市等途径获得财富；生产积累型指一般中小私营业主和个体工商户通过生产再投资，使收入积累增长；知本型指通过将技术专利、新科技转化为生产力，在市场上产生垄断优势，或利用法律、法规、政策的真空，有针对性创办的企业获得财富；转移型包括通过法律继承、婚姻、赠予等方式获得企业股权和经营权进而获得财富。除生产积累型稍慢以外，其余类型财富积累速度均比较快。

五是财富表现形式多，但银行金融资产占比不高。据统计，民营企业家总财富中有50%~70%的财富表现为实业，即房产、地皮等不动产，豪车、大宗消费品、收藏品等有形财富，其余30%~50%的财富为股票、私募股权、现金与存款、基金、银行理财产品等无形财富，其中存放于商业银行的金融资产占比一般不超过总财富的30%。

六是财富流向多元。用于生产再投资，包括技术和产品研发、新办厂矿企业、设施设备更新换代、生产原材料等途径的投资；用于个人财富积累，包括投资不动产、民间放贷、购买理财产品、购买收藏品等途径的投资；用于个人消费，包括日常生活、医疗、子女教育、个人养老开支，购买奢侈品、休闲旅游、购车等方面的投资。

4. 从业主要特征

由于民营企业家群体涵盖领域广，细分种类多，从业产业特征也呈现出明显的差异化。但从其所办企业的规模、公司治理水平、产业分布情况、企业生命周期来看，个体工商户、个人独资企业、合伙企业有着相同的特征，但个人出资参股有限公司风格迥异。

（1）个体工商户、个人独资企业、合伙企业表现出"企业规模小、企业治理差、管理水平低、产业分布密、生命周期短"等显著特征。一是企业规模较小。××年，全省个体工商户户均出资额仅××万元；个人独资企业、合伙企业平均注册资本分别为27.9万元、58.7万元，比私营企业（含股份公司、合伙企业、独资企业）平均注册资本（203.3万元）分别低175.4万元和144.6万元。二是企业治理差。大部分个体工商户、个人独资企业、合伙企业存在"资金用途上生产、消费不分，资金分配上企业、家庭不分，银行存款上公私不分，会计记录上几本账并行"等情况。三是管理水平较低。人员管理"任人唯亲"的家族管理和作坊式模式大量存在（详见表），部分企业甚至是"丈夫是总经理，妻子是出纳"；运营管理中习惯于经验管理而不是制度管理，不适应制度约束。四是产业分布集中，主要分布在批发和零售业、居民服务和其他服务业、住宿和餐饮业等第三产业中。××年末，批发和零售业民营企业××万户、居民服务和其他服务业××万户、住宿和餐饮业××万户，仅这三类行业的企业数就占民营企业总数的××%。五是生命周期较短。据统计，民营企业的平均生存周期为2.9年，1年倒闭率在50%以上，2年倒闭率达到80%。

民营企业中高层管理者任职背景和来源统计表

职务	社会公开招聘（%）	从本企业基层提拔（%）	董事长或总经理亲属（%）	董事长或总经理亲戚朋友（%）	政府部门委派（%）	其他来源（%）
总经理	16	25	42	3	1	12
副总经理	29.33	23.55	24.23	11.05	1.5	10.34
财务部门主管	40.58	24.57	16.37	12.9	1.01	4.57
采购主管	36.15	36.45	15.85	6.79	0.75	4.01
销售主管	41.87	35.6	13.59	3.89	0.46	4.6
仓库主管	34.5	42.1	13.76	4.5	1.5	3.63
一般管理人员	37.5	41.44	9.01	3.11	0.17	8.76

数据来源：经济转型中的民营企业发展

（2）个人出资参股的有限公司接近现代企业标准。××年以来，我省放开民间资本参与国有企业改造，部分民营企业家通过转制、收购、兼并重组等方式，逐步成为改制后有限公司的实际控制人或大股东，也成为我省民营经济发展的一大特色之一。由于承接了国有制企业、集体制企业的社会资源优势和管理经验沉淀，相对于其他民营企业、个体工商户来说，企业规模较大，××年个人出资参股的有限公司平均注册资本为××万元，注册资本在500万元以上的有限公司达到××户；管理更为规范，普遍实现了股份制改造，公司治理较好；从业领域更广，从第一产业到第三产业均有覆盖，更有企业渗透到基建、铁路、航空、电信、军工、高等教育等对民营企业开放较少的领域中；生命周期更长，由于多种成分资本参股，使其不容易倒闭，企业生命周期一般都在10年以上。上述公司中，已完成公开上市的企业有××家，民营企业家股东××人，股东总财富超过××亿元，限售解禁股票市值将在××亿元左右。

（三）群体发展趋势

1. 在中国经济发展大趋势和政策红利的刺激下，群体总量将加速增长

未来10～30年内，中国仍是世界经济增长的亮点，中国经济将保持强劲的增长势头。同时，随着国家经济改革的逐步深化和落实，为民营经济在新时期注入了新活力，非公有制经济对GDP的贡献预计到××年达到××%。在经济持续大发展和政策红利的持续刺激下，民营企业家群体将迎来一轮新的发展高峰。省委书记××在全省加强和改进工商联工作暨加快民营经济发展会议上的讲话中指出，到××年，全省私营企业数量在现有基础上翻一番，达到××万户以上；个体工商户增加××万户以上，达到××万户，民营企业家总量将超过××万人。

2. 群体分化加剧，发展日趋成熟，为商业银行带来宝贵的客户资源

随着民营经济的持续快速发展，民营企业家群体也将呈现出"成长一批、新进一批、淘汰一批"的分化趋势，但群体总体将日趋成熟。一是成长一批。在成功闯过金融危机、成本突增等问题后，部分民营企业家在市场磨砺中日渐成熟，所办企业也进入规模发展或垄断发展阶段，民营企业家的"含金量"将被持续拉高。二是新进一批。在全民创业潮及就业难等因素驱使下，将会有一大批受过高等教育，或有过很强的运营管理经验的人投身到创业队伍中，也将牵引、带动群体综合素质得到大幅提升。三是淘汰一批。市场优胜劣汰的过程也是群体不断优化结构的过程，在群体不断扩张的同时也带来了竞争激励程度的大幅提升，将有一大部分经验不足、资金不足、综合素质不高的创业者在残酷的竞争中被淘汰出局，群体人员素质结构也不断进行优化。日趋成熟的民营企业家群体将成为商业银行竞争角逐的焦点群体之一。

3. 财富表现形式逐步调整，群体呈现出规律性迁徙

一方面，财富的表现形式由有形资产主导向有形、无形资产并重进行调整。民营企业家在所办企业因成本提升、竞争加剧等因素影响导致利润被逐步摊薄时，纷纷效仿国有企业在财富增值途径上拓源，开始通过无形资产管理、资本运作来实现财富增值，银行理财已逐渐成为民营企业家财富保值、增值的一种有力手段。另一方面，民营企业家携带其主要财富在地域上呈现出规律性迁徙。在"更好的法制投资环境、更好的生活质量、更好的子女教育、更好的发展前景"等方面因素的诱导下，其经营的产业、持有的主要资产将呈现出"农村向县城、县城向地市、地市向省会、省会向全国、国内向

国外"进行转移的趋势，远程管理、离岸操作在民营企业家群体中已逐渐成为一种流行管理模式。

4. 从业产业升级换代加速，群体对金融依存度更高

民营企业在发展壮大过程中，将呈现出"四化"趋势。一是规模扩张化。将通过整合民间资本，开展跨地区、跨行业兼并重组，参股、控股、资产收购等多种形式参与国有企业改制改组，不断扩张企业规模，达到发展壮大的目的。二是行业多元化。随着行业准入禁令的逐步解除，以及民营企业自身做大做强的发展要求，大部分民营企业将选择"由单一行业向多维行业蜕变"的发展模式，部分规模较大的民营企业甚至将业务经营触角延伸至国防、基建、金融等核心行业。三是产业升级化。实现"由单一产品生产向产品系生产升级，由单一环节生产向产业链覆盖生产升级，由单个生产向集团化生产升级"等"三项升级"。大部分民营企业将突破产品替代化严重的发展瓶颈，从"寄生虫"和"复印机"，逐渐发展为有核心技术、专利产品、高知名度品牌的现代企业。四是企业治理规范化。普遍通过建立现代化的企业运营管理制度、人力资源管理制度、完善的财务管理制度实现企业的规范化治理。企业升级换代的加速，将促使民营企业家的关注重点由简单的生产、销售转移到资本运作、财务管理、金融操作等工作上来，对金融依存度将大幅提高，对金融市场的态度也将由被动介入逐渐调整为主动了解、主动介入。

二、民营企业家大发展给银行带来的机遇与挑战

近××万人的庞大民营企业家群体的发展为市场带来了巨大的机遇与挑战，但机遇大于挑战。我们只有将群体的金融需求特征分析透，找准机遇与挑战所在，才能找到正确的应对策略，才能享受到群体大发展带来的商机和红利。

（一）群体金融需求特性

民营企业家在企业管理、日常生活中，主要存在"五缺"，即"资金缺口、才智缺乏、渠道缺失、信息缺少、服务缺陷"。因此，为弥补"五缺"，民营企业家的金融需求特征主要表现为"五旺"。

1. 融资需求旺

融资业务是企业发展的"杠杆"和"血液",属于市场稀缺资源,民营企业家急需商业银行为其提供综合融资,当好"财神爷"。一是处于创业期的民营企业家,主要需求为原始股本投入融资、生产资金缺口融资及用于个人一般消费的融资等,需求特点表现为"短、广、小、频、快",即融资周期短,最长为3年,部分只要几个月;产品广,涉及与生产销售周期同步的季节性融资产品,以及原始资本投入的常年性融资产品;额度小,贷款金额一般不超过50万元;频次多,一年内有多次贷款需求;到账快,要求尽快到账,以解"燃眉之急"。二是处于扩张期的民营企业家,主要需求为扩大生产规模融资、供应链融资、增值投资融资(隔夜理财融资、投资理财融资等),以及用于扩大个人消费融资等,需求相对于创业期民营企业家来说,融资周期较长,一般在3～5年,额度一般在50～1000万元以内,融资频率相对降低很多,1～2年一次,融资方式要求灵活,可以通过大额度信用卡、贷款等多种渠道获得资金。三是处于成熟期的民营企业家。由于企业发展成熟,融资渠道较多,对资本营运需求更强烈,普遍表现出在经济周期上行时,对银行融资有极大的需求,用于大型项目增投资、大规模并购及投行业务,但在经济周期下行时,融资需求会出现下降。

2. 财富管理需求旺

现代的财富管理目标已经由简单的财富增值最大化演变为财富多元化配置、稳步增长上来,急需融合商业银行在财务管理、理财增值等专业方面的智力优势,为其做好"财务官"。一是财富增值需求。通过购买银行提供的理财、基金等产品,企业上市辅导等服务,取得财富增值的快速化、最大化。需求特点表现为"便捷、灵活",即希望在办理上述产品或服务时流程短、约束条件少,同时理财资金与现金、活期存款之间能快速转换,以方便其进行生产投资或其他投资。二是财富保值需求。通过购买银行提供财务规划、税务规划、遗产规划、转移支付规划、保险等产品或服务,达到财富保值、不流失的作用。需求特点表现为"稳定"。如部分民营企业家婚姻不稳定,对通过银行专业理财和专业法律咨询来规避家庭变动所带来的财产分割风险有较大的需求。部分民营企业家希望购买寿险、财产险来规避其因身体、外部不可抗力所产生的损失和风险。三是财富合理化配置需求。通过与银行签订"一揽子"综合服务营销方案，达到财富的多元化配置，进而分散风险、多元投资。需求特点表现为"多元"，即负债、资产、理财、服务等各类产品或服务均要覆盖。

3. 现代支付管理需求旺

现代支付管理已成为企业最紧迫、最现实、最直观、最节约的金融需求，急需为其搭建"资金物流公司"，解决财务支付方面的难题。一是电子商务平台需求日趋旺盛，对网上银行、电话银行、手机银行、微信银行、短信银行、MIS系统、个人资金归集、企业管家等业务有较强的需求。二是电子支付机具需求旺盛。希望通过转账电话、POS机、手机银行、微信银行等电子支付，实现往来账目的在家可视化办理。三是越来越青睐于在网点通过自助设备、电子回单柜等设备完成存取、转账支付、打印回单等。上述支付管理需求主要特点表现为"快速、安全、简便、优惠、现代化"，要求资金"零在途"，确保资金汇兑收付安全，业务办理简便、快捷，手续费低廉甚至免费，方式多元化、电子化、虚拟化。

4. 金融信息共享需求旺

现代金融发展已进入"经济信息球"时代，不再是从单一渠道、侧面去了解、掌握商机，而是全方位、立体式地洞悉市场、把控商机，急需融合商业银行在金融咨询、经济信息、客户资源、企业规范治理方面的信息、资源优势，为其当好"信息顾问"。一是市场信息方面的需求。主要包括宏观经济走势、行业发展态势预测，重大市场信号判断及提醒等方面的需求。二是财富信息方面的需求。主要包括银行内客户信息的共享，重要商机和投资机会的提示，专业的法律、财务方面的咨询顾问服务等方面的需求。三是企业治理建议。即希望在与银行打交道的过程中，商业银行根据其制度、机制方面的要求，对民营企业内部架构、制度、流程提出建议，帮助其规范企业治理。据反映，××市场内多家商会、协会等组织上门要求派驻银行专业人员到其成员企业中帮助规范企业财务制度和运营制度。上述需求均有"专业化、定期化、定制化"的特点,即商业银行在提供信息的同时,要利用自身专业优势提供对信息的判断、相关的建议和措施等;上述信息要定期更新、定期共享;信息要有针对性,有较强的行业、产业特征。

5. 尊享服务需求旺

民营企业家在需要为其解决资金、支付难题的同时,更需要社会、公众对其的认知和认可,对优先、优惠、增值服务更为看重,急需商业银行为其当好非金融服务的"贴身管家"。一是管生活品质的提高。涉及日常消费、休闲、健康等多方面服务。据调研结果反映,××民营企业家在工作之余越来越热衷于"经营生活",对出国旅游、垂钓、音乐等休闲,手表、珠宝、高档汽车消费等奢侈品消费,运动、体检等健康服务情有独钟,希望商业银行能为其提供上述增值服务。二是管培训和教育。主要包括自身、企业员工、子女的教育等。自身教育方面,关注金融知识的培训和社会教育,希望商业银行能利用自身资源优势为其组织教学质量好的 EMBA 培训班等;企业员工教育方面,希望银行能定期或不定期到企业对员工的财务操作、金融知识和意识进行指导、培训;子女教育方面,关注出国留学服务的提供。三是管社交平台的提供。要求能不定期举办座谈、酒会、聚会等方式,为其提供社交关系拓展的机会。

(二)主要商机和机遇

根据民营企业家群体的"五旺"金融需求特征,我们认为,民营企业家群体的发展主要给银行带来了四大机遇。

1. 客户结构优化商机

民营企业家群体具有"总量大、发展快、易拓展"的特征,营销、拓展好这个群体,将成为推进本行个人客户结构大幅优化的便捷途径。一是总量大。目前,全省民营企业家群体中有近××上市企业股东、接近××的高净值客户、××多万的潜在个人贵宾客户资源,亟待我们去拓展或深度营销。二是增长快。民营企业家群体的壮大为商业银行贵宾客户群体注入了大量"新鲜血液"。根据省委省政府规划,到××年,民营企业家群体增长将为银行市场带来超过××万的新个人贵宾客户,其中,预计在"十三五"期间，新上市民营企业（××家）就可新催生个人资产500万元以上"新贵"接近××万人。三是易拓展。民营企业家由于对金融市场有较高的依存度，相对于其他金融需求不旺盛的贵宾客户来说，其营销拓展难度明显低很多，商业银行营销拓展民营企业家的工作效率将更高。

2. 零售业务大发展商机

民营企业家群体所带来的营销商机不仅仅局限于单个产品或服务的销售机会，而是涵盖商业银行零售业务大部分产品、服务的综合性"一揽子"服务商机。按照业务分类来说，总体带来以下商机：一是广阔的信贷产品营销商机。据《××省民营经济发展报告》统计，85%的民营企业不能及时获得贷款的支持，全省缺口资金额度预计在××亿元左右。二是巨大的渠道类产品营销商机。目前，民营企业家尤其是数量庞大的个体工商户，正在逐步接受电子支付、网络支付等结算管理方式。三是潜力较大的资金支付业务营销商机。个体工商户流动资金存在账户变动较少、定时回笼的特征，也使之成了商业银行竞相抢挖的重点资源。同时，"流量还能带来存量"，现代结算管理的大发展必将带来存款存量和理财的大突破。四是发展迅猛的资讯服务商机，其对商业银行制作的财务规划方案、理财方案等有较高的偏好。

3. 经营转型和金融创新商机

民营企业家从一开始便是市场的"拓荒者"和"第一个吃螃蟹的人"，其金融需求的升级、变迁不仅是其自身的一种探索，更是社会及公众发展流行趋势的主流信号。因此，盯紧民营企业家这个群体，可有效促进零售业务转型，占领市场的最前沿。民营企业家主要特征决定其对金融机构提出了"新、好、快、准、稳"的严苛要求，即产品新、服务好、流程简单快捷、准确贴合需求、资金稳步增值。因此，我们只有在产品上不断推陈出新、服务质量上不断提升、流程上不断简化、内部管理制度上不断优化、在经营机制上不断调整转型，才能适应民营企业家群体快速发展的步伐，也才能真正服务好群体。

4. 对公业务发展商机

对个体工商户、小微企业（私营企业、合伙企业）而言，通过做好其股东（业主）的营销，在关键时刻为其带来资金、智力等多方面的支持，帮助其将企业（事业）不断做大做强，将为对公营销，尤其是中小企业与规模企业营销带来一大批贡献大、忠诚度高的宝贵客户资源。同时，对已成规模的民营企业，通过对其股东、高管、员工进行零售业务的营销维护，可不断提升股东对我行产品、服务、品牌的使用度、认知度、依存度，进而联动营销其公司业务。

（三）主要挑战和瓶颈

客观来看，民营企业家群体市场是个竞争激烈的"红海市场"，要在这个市场中站稳脚跟，不仅要面对外部同业的高压竞争所带来的生存压力，也要反思内部观念、管理跟进不到位所产生的发展压力。

1. 外部，同业在群体营销拓展上"狠下功夫"，竞争压力空前

近几年来，同业纷纷将市场营销拓展重心转移到民营企业家群体和中小企业服务上来。部分银行甚至打出了"做民营企业的首选银行""做中小企业服务的专业银行"等口号，高调介入民营企业家这个群体竞争中来，通过强化"五化"，全面抓好群体营销，民营企业家群体市场已被同业抢占、瓜分大半，市场竞争已日趋白热化。

（1）平台联合化。一方面，个人和对公服务平台联合化。××银行在辖内部分大型网点中设立了民营企业服务专柜，并要求对公客户经理在业务办理完后转推介给个人客户经理进行跟进营销，实现了民营企业家对公和零售"一站式"营销。××银行小企业信贷中心在内部设立"零售产品超市"，安排个人客户经理在"超市"驻点，对小企业业主进行零售营销。另一方面，实物和虚拟服务平台联合化。着力强化"网银专栏、服务专线"等虚拟服务平台建设，许多银行分别在网站首页建立了"小企业"和"小微金融"专栏，专注于服务民营企业家。

（2）团队精英化。××银行小企业信贷中心在招聘员工时实现"优中选优"，从银行内部招聘了营销业绩突出、营销经验丰富的对公客户经理和个人客户经理××人，将服务团队打造成了一支精英团队。××银行从全国选拔了近××名优秀客户经理，派驻到××家重点扶持开发的民营企业中，全时为民营企业家提供专业的理财咨询服务，为其提供企业治理建议。

（3）产品创新化。通过创新，在市场上针对性强地创立专属品牌、创新专属产品、打造特色定制产品，从产品吸引入手，促进民营企业家群体营销拓展。一是打造专属品牌。目前，××等多家银行纷纷向民营企业家发行了商友卡等品牌专享卡，卡片功能等同于个人贵宾卡，并重点突出交易结算的费用减免。二是打造专属产品。市场上出现了多种民营企业家专属产品系列。三是打造特色定制产品。××银行委托保险公司人员在××市内销售"××市场信托计划"，计划根据行业不同，分为食品批发商信托计划、玩具批发商信托计划、服装批发商信托计划等××种，赢得了私营业主的普遍好评。

（4）服务个性化。针对达到贵宾客户级别的民营企业家，除让其享受到贵宾室或贵宾窗口办理业务优先、办理业务费用优惠、专属客户经理（理财经理）、健康医疗、道路救援、易登机、易登车等增值服务外，更突出企业家自身投资、风险教育、子女教育等个性化增值服务提供。××银行与当地工商联一起每月举办"民营企业家理财讲座"，从市内邀请了××余名民营企业家参加讲座，活动开展半年来，该行新签约民营企业家××名，民营企业家新增个人金融资产近××亿元。××银行与××大学一起举办了"企业家子女进××"活动，征集××名知名民营企业家子女到××进行培训，取得了较好的效果。

（5）资源倾斜化。一是信贷资源优先匹配。对投放于民营企业家或民营企业的贷款，单独切块，确保信贷规模占比高。二是财务资源重点倾斜。××银行在××年年初切块××亿元专项费用用于民营企业及其股东的营销拓展，通过高计价刺激民营企业家拓展。三是物资资源优先安排。××银行对民营企业提出企业网银、POS机等设备安装，优先安排相关机具，确保24小时内上门安装。

2. 内部，经营理念和管理水平与群体黏合度不高，发展压力巨大

到××年末，全行个人贵宾客户中，有民营企业工作背景的客户××万户，在全省民营企业家群体总量中的占比仅××%，民营企业家群体中高端客户营销拓展存在较大提升空间，究其根本原因可归纳为"四不够"。一是认识不够。部分行认为"民营企业家都是散、小、差客户"，不仅对民

企业家这个新兴贵宾客户群体重视不够，有的更是在有意规避对民营企业家群体的营销和服务。部分行在营销拓展上"简单执行"，认为民营企业家的营销、维护、拓展与一般贵宾客户相同，在营销中缺少有效的甄别和差异化的服务，一哄而上，导致营销针对性不强。二是研究不够。目前全行对民营企业家群体的特性、特征、金融需求研究严重滞后，对民营企业家的了解更多的是从对中小企业的研究中管窥。三是创新不够。在同业纷纷瓜分民营企业家群体这块"大蛋糕"时，部分行对市场不敏感，对出现的商机把握不充分。尤其是在新产品和新服务的推广和创新上，速度严重滞后。缺少针对民营企业生产、流通各环节的细分产品。四是管理不够。平台未整合，服务个人客户、个贷客户、中小企业客户的平台均已建立，但缺乏有效的联动和整合，大部分行仍在各自为战；营销力量不足，目前全行专职个人客户经理、理财经理、对公客户经理、网点负责人等主要客户营销人员加起来不足××人，针对全行现有近××万个人贵宾客户，已略显疲态，面对庞大的民营企业家群体，显得"力不从心"；营销效率不高，大部分营销人员还停留在"就产品卖产品""粗放营销"的初级营销状态，对民营企业家的潜在需求挖掘不够，对部分显性需求匹配不到位；风险控制覆盖不全，由于民营企业从业行业广，普遍规模偏小，市场风险抵抗能力弱，导致风险点较多，但现行的风险控制制度覆盖不全，存在部分风险控制死角，风险点暴露不全、覆盖不全。

三、民营企业家营销拓展的对策研究

（一）科学研判，高度重视民营企业家群体营销拓展的重要意义

当前，各级行在民营企业家群体营销拓展上已经起步，重视程度有所提高，产品有所创新，活动有所跟进。在重视程度上，大部分行已调整策略，将中小企业营销、民营企业家群体营销作为下阶段重点工作进行部署；在产品创新上，推出了多款产品，深受民营企业家欢迎；在活动跟进上，各级行多次组织"三进""百强千优"等专业营销活动，取得了较好成绩，在市场上也取得了较好的反响。但总体来说，本行对民营企业家群体的服务和营销水平不高，导致群体客户规模不大，利润贡献较小。抓好民营企业家群体的

营销拓展，不仅是应对同业挑战的有力手段，更是本行优化客户结构，建设最大最强最优零售银行，实施品质经营的一项重大战略。如果再不重视民营企业家群体的营销和拓展，我们将会彻底丢失这个"稀缺资源"，来之不易的零售业务大发展、客户结构大优化、对公业务大推进的良机将"瞬间失去"，本行市场地位也将受到威胁。

（二）准确定位，确立民营企业家群体营销拓展目标

1. 指导思想

抓住民营企业家群体大发展契机，找准群体、精确细分、稳步拓展、用心服务，促进客户结构优化、推动零售业务稳健发展、撬动民营企业营销取得突破，将民营企业家群体营销打造成我行品质经营的新增长点，将本行打造为成功创业者的伙伴银行，为建设最大最强最优零售银行做出巨大贡献。

2. 发展规划和目标

（1）客户发展目标。每年新拓展民营企业家贵宾客户××万户，到××年达到××万户；民营企业家贵宾客户在中高端客户中占比每年至少提升××个百分点，到××年达到××%以上。

（2）市场渗透目标。

——重点群体的渗透目标。对上市公司股东、未上市但公司财富在当地排名前100名的企业股东，达到我行贵宾客户标准的个体工商户拓展签约率超过××%。

——重点商圈与社区的渗透目标。对专业市场、商圈、高档住宅区内民营企业家拓展签约覆盖率超过××%。

——重点区域的渗透目标。对经济开发区、自然资源富集区内民营企业家拓展签约率超过××%。

（3）产品覆盖目标。

——民营企业家(1+15)：营销网上银行、信用卡、基金、理财产品、国债、资金信托计划、第三方存管、银期转账和个人贷款等15项重点产品。

——民营企业（1+25）：营销各项贷款、电子银行（企业网上银行、企业消息服务、企业电话银行）、托管业务（交易与专项资金托管、企业年金

托管）、机构业务（第三方存管、银赁通保理、军人保障卡、资金信托计划代理、全国银期转账）、信用卡及商户（商务卡、公务卡、团体办卡50张以上单位、特约商户、特惠商户）、现金管理与结算套餐（现金管理；对公人民币结算套餐经典版A、B、C款，尊享版A、B款，卓越版）、金融市场（理财、贵金属、资金交易）、国际业务（国际结算）25个对公产品。

（三）有的放矢，明确民营企业家营销拓展的策略与方法

针对民营企业家群体数量大、金融资产状况好坏不一、金融需求情况差异化明显的特征，在对民营企业家营销时，不能一哄而上，要在客户甄别和差异化服务上下足功夫，营销拓展的策略与方法总体可以概括为"信息收集、甄别客户、深度营销、精细维护"等"四步走策略"。

1. 信息收集

内外部渠道相结合，全面搜集民营企业家相关信息。内部渠道，通过"部门共享、系统挖掘、人员寻找"等三措并举，实施群体信息收集。部门共享上，要实现公私之间、零售板块部门间的信息共享。零售部门要定期主动向各级行大客户部、公司业务部等对公部门收集民营企业及其业主、中高管理层名单和相关信息；向个贷中心收集申请个人循环贷款、商铺贷、厂房贷、生产经营贷款客户的名单和相关信息。系统挖掘上，要由网点主任、个人客户经理等岗位人员对业务操作系统、客户关系系统、金融理财系统中有民营企业工作背景的贵宾客户进行甄别、挖掘；人员寻找上，各级行要发动员工利用自身人脉、关系积极发现民营企业家客户，进行拓展签约。外部渠道，通过"机构找信息、客户转推介、网络搜情报"等三法并重，实施群体信息收集。机构找信息，即重点与"工商局、税务局、工商联、行业协会、专业市场、战略联盟单位"等六家机构联谊，积极接洽、沟通，通过信息互换、购买等多种方式全面获取民营企业家信息。客户转推介，即要大力开展"推荐有礼"活动，按照推荐力度、有效度进行分层奖励，激活存量贵宾客户亲戚朋友圈、工作同事圈、商务往来圈等"三个关系圈"。网络搜信息，即要做到关注网络，将当地发改委、工商管理局、招商局、税务局、工信部、金融监管（人行、银监局）、上市公司等机构的网站设定为超级链接，对地方党媒（报刊、电视、

广播)要多看、多想、多匹配,对重点企业、重大投资项目的相关信息要形成"信息收集条件反射"。通过内外渠道获取的信息主要包括六类,即当地民营企业发展情况(资产情况、纳税情况、区域分布),民营基本信息(所在地址、主营业务、企业规模),产业和行业信息(产业和行业的发展前景、主要风险点),民营企业家个人基本信息(姓名、性别、年龄、民族、婚姻状况、受教育程度、家庭关系),民营企业家财富信息(年收入情况、消费习惯、个人风险偏好),民营企业家金融资源分布情况(主要资产存在于哪家银行、金融资产规模等)。

2. 甄别客户

在摸清民营企业家群体基本情况后,要对群体中所有民营企业家进行筛选、甄别,以支行为单位"建好四个库,绘好三个图"。四个库,即建立四类民营企业家营销档案库。一是建立龙头企业民营企业家档案库。将辖区内企业资产规模前200名、纳税前100名的私营企业股东纳入其中。二是建立重点扶持民营企业家档案库。对不满足上述龙头企业民营企业家条件,但在我行个人金融资产达到贵宾客户标准的,或被政府奖励的科技创新标兵型、在行业内产生垄断优势的私营企业股东和个体工商户收录其中。三是建立重点关注民营企业家档案库。对不满足上述两种条件,但达到我行目标客户标准的客户纳入其中。四是建立淘汰退出民营企业家档案库。对不满足上述3种条件,且所从事行业、产业呈现出过度竞争发展态势或被国家限制发展的(如"两高一剩"行业)企业股东收录其中。同时,以网点为单位,绘制好"客户分布图、客户路线图、营销作战图"3个图。要将网点周边5公里范围内民营企业家按照行业、区域、规模绘制出客户分布图,全面掌握金融情报;按照客户所处位置、个人特征、金融需求特性等因素绘制出客户营销路线图,全面掌握客户情报;按照市场定位、营销规划、绩效考核,定出针对民营企业家群体每年、每季、每月的营销计划及产品组合策略等基本表格组成的营销作战图,强化执行,进而打好持久战,建立根据地,形成解放区,覆盖全市场。

3. 深度营销

对甄别出的龙头企业、重点扶持、重点关注等,3类民营企业家,要五法并举,开展深度营销。一是联动营销。积极做好公私联动营销,广泛推行两个"1+1",即"1个个人客户经理+1个对公客户经理"共同上门,向民营企业家股东出具"1份企业营销方案+1份个人营销方案",实现对公业务和零售业务的共同营销。同时,认真做好区域联动营销。针对民营企业家群体和财富的规律性迁徙,以及民营企业异地设立分公司的发展趋势,需要全国行发挥一级法人优势,建立"主管行、协办行联办,行际联合,境内外联动"的跨区域联动营销机制,实现民营企业家资金的内部流动。二是活动营销。要抓住民营企业家区域分布集中的特点,针对经济开发区、专业市场、核心商圈等区域,积极开展"三进""百强千优"等综合营销活动,建立"营销成功率、产品覆盖率、贵宾客户拓展签约率"等活动跟进机制,确保活动开展质量,实现民营企业家集群式拓展。三是链式营销。突出我行渠道广、支付便利的优势,通过"企业所在地经营行主导,上中下游终端所在地经营行配合",全面发掘上游供应商、中游配套生产商、下游经销商、终端消费群体的金融需求,将需求信息及时提供给协办行,由协办行负责将上下游客户营销到位,实现"上中下终"的"链式锁定",形成营销"1牵引5-49"的链式放大反应。四是方案营销。在营销过程中,要针对民营企业家的特征、金融需求的不同,实施差异化的"1+N"方案营销。对龙头企业民营企业家,要以贵宾卡(白金卡以上借记卡、白金贷记卡等)所带来的增值服务为主,一并营销规划方案、上市辅导方案、限售股解禁理财方案等,实施"一揽子"营销,实现客户潜在金融需求的全覆盖;对重点扶持民营企业家,要以个人助业贷款、个人综合授信等资产业务营销为主,一并营销各类理财产品、渠道类产品、负债业务等;对重点关注和淘汰退出民营企业家,要以POS机、转账电话、网银、电话银行等渠道类产品营销为主,一并营销各类理财产品、负债业务。五是牵引营销。要发挥"资产、理财产品、渠道、外汇"等领头产品"药引子、切入点、突破口"的牵引作用,多种措施主动吸引民营企业家,放大营销产能。

4. 精细维护

对已经拓展签约的民营企业家,要通过"六策联动,由浅入深",精心做好其维护工作。一是信函联络,建立联系。要定期通过电子邮件、电子对账单等多种方式,与客户建立定期联系。二是短信联络,维系感情。利用客户关系系统、信息平台自动按期在周末、节假日向客户发送短信问候,以及不定期发送重点产品营销信息。三是电话访谈,增进感情。在客户生日、重要纪念日到来时,或产品到期、优势产品发行、市场风险出现时,主动与客户取得联系,通过电话交谈深入了解客户,增进与客户感情。管户经理每天至少要打20个以上客户邀约访谈电话。四是邀约面谈,深入了解。对邀约到网点进行面谈的客户,要深入了解客户产品使用情况、对我行产品和服务的反馈及意见、潜在金融需求和非金融需求所在等主要情况。每名客户经理要确保在每天通过短信、电话邀约到网点的客户超过3人。五是上门拜访,主动解难。网点对管户的龙头企业民营企业家和重点关注民营企业家,要主动到其所办企业或家中去,实施"帮辅服务"。主动了解企业经营情况,帮助其剖析企业及民营企业家本人在当下所遇到的困难和瓶颈,寻找解决方案。六是活动联谊,提升忠诚。二级分行、支行分别要按每季一次、每半年一次的频率组织开展民营企业家群体增值活动。活动开展形式要多样,可以以联谊会、答谢会、见面会、专场(晚会、电影、音乐会等)、高尔夫、理财沙龙、投资讲座等多种形式举办。

(四)细化举措,落实民营企业家群体营销拓展保障

通过"六加快",全面夯实民营企业家群体营销拓展的发展基石。

1."营销体系"加快完善

一是要建立横向联席营销体系。各级行要建立起"对公+零售"联席会议制度,定期碰头,就民营企业及其业主的公私联动营销进行研究、部署,共享目标客户信息,分享营销拓展的主要经验。二是完善纵向专业服务体系。要有效利用好当前已建立的以私人银行部、财富管理中心、品牌理财工作室、网点贵宾室为主要阵地的个人贵宾客户服务网,以个贷中心为主体的个人信贷客户及中小企业主服务网,以及以小企业中心等为主体的小微企业服务网等三张"网",将其编织到一起,全面整合。探索在个人贵宾客户服务体系各平台、个贷中心中设立小企业主服务专区(柜),安排对公客户经理驻守,在小企业中心中设立高管理财专区(柜),安排个人客户经理驻守,全面实

现对公、零售的一并受理和一站式营销。三是构建虚拟服务网络。要强化虚拟服务环境"三个一"建设，尽快建设好一个网站专栏、一个服务专线、一个信息平台。对××网站进行改版，新增民营企业及其业主服务专栏，或单独创建一个民营企业家服务专题网站。各二级分行、支行在当地设立一条民营企业家（业主）服务专线和一个民营企业家短信服务平台，负责受理民营企业家各类产品、业务咨询，提供专业金融理财建议，接受客户关于我行服务、产品方面的改进建议等。

2."营销团队"加快建设

一是建立民营企业家服务专班。以支行为单位挂牌成立"民营企业家营销专班"，专班人员由各网点营销业绩较好的个人客户经理和支行个贷中心、对公部门所有客户经理组成，主要负责民营企业家的营销、维护、拓展等工作。二是建立有专攻的营销小组。在专班内建立三类不同专攻对象的营销小组，即对公部门工作人员牵头，个人客户经理或个贷中心工作人员配合的龙头企业民营企业家营销小组；个贷中心工作人员牵头，个人客户经理和对公部门工作人员配合的重点扶持民营企业家营销小组；个人客户经理牵头，个贷中心和对公部门工作人员配合的重点关注民营企业家营销小组，实现在专业优势上有专攻。三是打造专业素质过硬的营销人员。通过个人金融学院、各类培训班、脱产教育等多种方式，落实"换脑、换能、换技"等"三换"，从根本上摒弃民营企业家（业主）都是大老粗的错误认识，将民营企业家（业主）群体当作一块"稀土矿"来认真抓好其营销维护工作。确保团队成员不仅会营销、有能力、能干事，还懂行情、讲行话、成行家，在民营企业家（业主）心中形象由"卖家"向"专家""行家"转变。同时，要重点突出全新"单兵作战"营销技能和"团队作战"营销方法等内容的培训，从根本上改变粗放式的营销方法，大幅提升民营企业家（业主）群体的营销拓展能力。

3."内部资源"加快配置

各级行要在"人、财、物、渠道"上对民营企业家群体营销给予重点倾斜。一是贷款规模倾斜。对民营企业和民营企业家贷款规模控制上要"广开绿灯"。在年初要对民营企业和民营企业家贷款规模单独切块，不能随意占用。二是财务配置倾斜。在年初切块专项费用用于群体营销奖励,加大民营企业家营销拓展单笔计价奖励力度,尤其是对民营企业家和其管理企业共同营销的计价要在简单加总的基础上再提高。对个人助业贷款、中小企业贷款等信贷产品,适度降低经济资本系数,刺激业务的加快发展。三是物资配备倾斜。对在营销中涉及POS机、转账电话、网上银行等设备或设施,要优先配备,优先上门安装,并提供1~2次免费上门指导服务。四是渠道设置重点跟进。要紧盯专业市场、经济开发区等民营企业家密集区域的市政规划,做到"快速设点、密集分布、划片负责",即要在市政规划敲定的第一时间做好网点布点规划;对在开发区、专业市场、商圈、高档社区等区域内有多个网点的,要由支行或二级分行统筹规划,对区域的营销任务进行划片管理,确保"不重复覆盖、不留空白区域";对在上述区域内设立的网点,可将其定位为民营企业专业服务网点。

4. "内部机制"加快改革

一是流程再造突破,实行"一加一减一强化"。一加,即建立商机快速反应机制。在二级分行建立民营企业家金融需求直通车,由二级分行收集辖内网点关于改进民营企业家营销、服务的建议,群体新的金融需求特征等信息,按旬汇总发送省分行予以研究、解决。对民营企业家提出的投诉、建议、相关需求,要积极推广"限时办结"制。一减,即对现行业务办理流程,尤其是信贷产品、渠道产品的申请办理流程进行再精简。一强化,即要强化产品跟进流程。在维护客户的过程中,要充分了解客户的产品使用情况、存在的意见和建议,为产品优化找准现实依据。二是考核机制突破,实现"特色网点特色办"。对民营企业专业服务网点,在考核时重点考核客户拓展签约情况、贵宾客户金融资产增加情况、渠道类产品激活使用情况等;在员工考核上优化,对营销人员,不仅要考核民营企业家拓展营销的量,更要考核质,逐一下达贵宾卡发卡、渠道产品营销、产品覆盖度、交叉销售率等品质经营类目标和任务。三是服务质量突破,全面固化营销技能和文明标准服务,提升网点综合营销服务质量。

5. "金融产品"加快创新

一是创立核心品牌。创建民营企业家服务专项产品系列,涵盖基础产品系、理财服务系、结算服务系、专享服务系等四大系列产品，方便对不同类型客户进行差异化组织营销。二是打造"拳头产品"。大力推广××卡、××卡，利用其在结算优惠、增值服务方面的优势，将其打造为我行服务专业市场商户的一大拳头产品；对部分贡献大的民营企业家，转账电话手续费实施按月打包制。三是做活"潜力产品"。针对民营企业家群体理财观念不足的现状，大力推广理财规划和方案，实现产品的综合营销；对融资类产品，要在抵押方式、办理流程上大力优化，积极推广企业房地产抵押与股东连带责任担保和企业房地产抵押与企业老板家庭房地产抵押"双保"等新的担保方式。四是推广"引领产品"。要抓住民营企业家群体商务电子化趋势，大力宣传商务网络化、电子化趋势，加大我行网银、手机银行、电话银行等渠道产品的宣传和使用培训，营销人员充足的行要上门服务。

6. "经营风险"加快控制

受民营企业抗市场干扰能力弱、抵御市场风险能力差的因素影响，各级行在对民营企业家营销维护的过程中，要重点关注经营风险。对资产业务，要重点防范信用风险和市场风险，对民营企业家发放的贷款，要实现"密监测、快处理、巧化解"，关注宏观经济发展状况，尤其是在经济下行时有效防范民营企业家的大面积违约风险。在负债业务、理财产品销售、贵宾服务等业务上，要重点防范操作风险和声誉风险，强化业务技能的培训和日常检查，有效降低业务办理差错率，对民营企业家的投诉，要"快、准、全"地将投诉解决好。

信贷调查报告

文种特征

1. 概念

信贷调查报告是调查报告这一文体在商业银行经营管理中的一种特殊运

用。它是在通过对商业银行客户的市场环境、管理体制和经营管理等多个方面进行调查分析和研究之后写成的有关信贷决策建议的书面报告。"信贷调查"是对商业银行客户的客观情况去现场调查分析一番，掌握客户与银行信用有关情况的全貌及发展趋势等。"报告"则是把从信贷调查得到的材料加以整理，经过分析、综合，阐明它的利益点和风险点，提出贷或不贷的决策建议，报告给有关决策部门。

2. 作用

信贷调查报告的主要作用是为商业银行有关部门和决策机构信贷决策提供依据。它是商业银行客户部门决定是否信贷准入的主要依据，是信贷审查部门（或信贷审查委员会办公室）进行信贷审查的主要依据，是风险资产管理部门进行风险管理决策的参考依据，是信贷审查委员会对某个客户或项目贷款最终决策的参考依据。

3. 特点

（1）调查对象的特定性。信贷调查报告是专门对商业银行客户进行的调查。

（2）调查内容的特定性。信贷调查报告是专门对商业银行客户有关信贷方面情况进行的调查。

（3）调查人员的特定性。只有商业银行客户部门的客户经理才有权组织进行信贷调查。如果有必要邀请银行和社会上的部分专家参与调查，他们也只能起到专家咨询的作用，信贷调查报告最终结论的确定只能是客户经理。

（4）调查报告作用的特定性。信贷调查报告只用于为商业银行有关部门和决策机构信贷决策提供依据。

结构模式

1. 种类

按目前我国商业银行开办的信贷产品种类来看，信贷调查报告主要包括短期贷款调查报告、中长期项目或固定资产项目贷款调查报告、统一授信业务调查报告和其他单项贷款调查报告四种。

2. 结构

（1）短期贷款调查报告。包括主题报告和附件。主题报告包括：

① 企业的基本情况：历史沿革；性质；注册资本——出资单位；公司结构（机构设置）；员工队伍情况；企业生产能力、规模、产量、产值；主要荣誉；管理层及法人代表情况（品行、能力）；账户类型、等级、授信、银企关系等。

② 财务情况：资产情况、负债情况、权益情况、现金流量、经营情况、主要财务指标、综合结论。

③ 信用履约情况：信用余额；付息，利息偿付率；还本，本金偿付率；贷款形态；贷款方式；信用等级评定。

④ 贷款用途理由：说明贷款的主要用途。

⑤ 贷款担保情况分析：保证、抵押、质押、信用、是否符合信用贷款条件。

⑥ 贷款的综合效益分析与评价：资产业务——收息；负债业务——存款；中间业务——结算、代收代付、信用卡、保函等；账户；总体评价。

⑦ 贷款风险分析：行业风险分析、经营风险分析、管理风险分析、其他风险分析。

⑧ 调查结论：是否同意办理此项信贷业务；对信贷业务种类、币种、金额、期限、利率、还款方式、担保方式和限制性条款等提出初步意见。

附件包括本银行信贷业务办理需提供的有关资料。

（2）项目贷款调查报告。

① 项目法人概况：项目法人及所有制情况；项目法人的素质；项目法人在全国同行业的地位及主导产品的市场占有率；近三年及最近一期财务指标分析；项目法人信用；与我行合作现状及发展前景；其他（对合资企业借款，应调查和了解合资各方的情况，以及合资企业的合同、章程等内容；对股份制借款人应调查和了解其股本构成、对外投资、公司章程等情况）。

② 项目概况：项目实施的必要性；项目的主要内容；项目投资额、资金来源及初步拟定的贷款方式；产品的市场前景；贷款归还的保证性；项目资

本金是否符合国家规定；基本建设项目是否实施项目法人责任制；项目投资人授权项目融资的情况；贷款项目的其他情况。

③ 银行贷款的效益与风险分析：银行贷款的效益分析，包括直接效益与潜在效益，主要指利息收入、结算业务、存款业务、中间业务及其他效益；银行贷款风险分析，主要是行业风险、经营风险和管理风险的分析。

④ 调查结论：是否同意办理此项信贷业务；对信贷业务种类、币种、金额、期限、利率、还款方式和担保方式，同意支持的限制性条款等提出初步意见。

（3）统一授信业务调查报告。

① 企业概况：企业历史沿革；内部机构设置；人员素质；设备先进程度，主要指国际、国内、同行业先进水平；领导素质，指领导班子整体素质与企业法人代表素质（专业知识、从事本行业工作年限、管理与开拓能力、经营作风、信誉等）；生产经营规模，指主要产品年产量、实现年产量、销售、利润，在全国、全省、本地区达到什么程度，在同行业中处于什么地位；企业市场竞争力，主要指主导产品及市场占有率；主导产品目前处于产品生产周期的哪个环节；企业设立至今取得的经营业绩（有否出现较大的经营和投资失误）；近期生产经营情况。

② 企业财务状况分析：近三年及最近一期主要财务数据分析；上年度信用等级状况；财务状况综合评价（有否虚假因素，调查结果如何）。

③ 担保情况分析：担保的合法性认定；担保的足值、有效性认定。

④ 银行贷款的效益与风险分析：银行贷款的效益分析，包括直接效益与潜在效益，主要指利息收入、结算业务、存款业务、中间业务及其他效益；银行贷款风险分析：主要是行业风险、经营风险和管理风险分析。

⑤ 统一授信额度的核定：总授信额度最高额；拟核定统一授信额度金额，并说明理由；拟核定统一授信额度用款计划。

⑥ 调查结论：是否同意办理统一授信业务；对统一授信业务的币种、金额、期限、利率、还款方式和担保方式，同意支持的限制性条款等提出初步意见。

写作指要

撰写信贷调查报告，客户经理除了认真审核信贷准入条件和认真搜集资料外，还要着重对调查情况进行核实并进行综合分析。

1. 对信贷风险的各方面因素进行全面调查和分析

严格按照银监会《商业银行授信工作尽职指引》对尽职调查的有关要求，对影响信贷风险的各方面因素进行全面调查和分析。

主要内容有：

（1）客户经理进行信贷调查应根据授信种类搜集客户基本资料，建立客户档案。客户资料清单如下：营业执照（副本及影印件）；法人代码证书（副本及影印件）；法定代表人身份证明及其必要的个人信息；近三年经审计的资产负债表、损益表、业主权益变动表及销量情况。成立不足三年的客户，提交自成立以来年度的报表；本年度及最近月份借款及对外担保情况；税务部门年检合格的税务登记证明和近两年税务部门纳税证明资料复印件；合同或章程（原件及影印件）；董事会成员和主要负责人、财务负责人名单和签字样本等；若为有限责任客户、股份有限客户、合资合作客户或承包经营客户，要求提供董事会或发包人同意申请授信业务的决议、文件或具有同等法律效力的文件或证明；股东大会关于利润分配的决议；现金流量预测及营运计划；授信业务由授权委托人办理的，需提供客户法定代表人授权委托书（原件）；其他必要的资料（如海关等部门出具的相关文件等）。

对于中长期授信，还须有各类合格、有效的相关批准文件，预计资金来源及使用情况，预计的资产负债情况、损益情况、项目建设进度及营运计划。

（2）客户经理对客户提供的身份证明、授信主体资格、财务状况等资料的合法性、真实性和有效性要认真进行核实，并将核实过程和结果以书面形式记载。对提供的复印件应与原件核对相符，并在复印件上签署"与原件核对相符"字样。

查验客户提供的企（事）业法人营业执照或有效居留的身份证明是否真实、有效；查询法人营业执照是否被吊销、注销、声明作废，内容是否发生变更等；查验客户法定代表人和授权委托人的签章是否真实、有效；查验客户填制的信贷业务申请书的内容是否齐全、完整，客户的住所地址和联系电话是否详细真实。

调查核实客户信用及有关人员品行状况。查询人民银行征信系统。了解客户目前借款、其他负债和提供担保情况，查验是否有不良信用记录，对外提供的担保是否超出客户的承受能力等。调查了解客户法定代表人、董事长、总经理及财务部、销售部等主要部门负责人的品行、经营管理能力和业绩，是否有个人不良记录等。

（3）客户经理对客户调查和客户资料的验证应以实地调查为主，间接调查为辅。必要时，可通过外部征信机构对客户资料的真实性进行核实。商业银行应酌情、主动向政府有关部门及社会中介机构索取相关资料，以验证客户提供材料的真实性，并做备案。客户资料如有变动，商业银行应要求客户提供书面报告，进一步核实后在档案中重新记载。对客户资料补充或变更时，客户经理与信贷管理部门之间应主动进行沟通，确保各方均能及时得到相关信息。

2. 分析信贷需求和还款方案，测评信用等级

对企（事）业法人、其他经济组织及其担保人的资产状况、生产经营状况和市场情况进行调查，分析信贷需求和还款方案，测评信用等级。

客户经理要深入客户及其担保人单位，查阅其资产负债表、损益表、现金流量表等账表，对客户的资产、负债、所有者权益、收入、成本、利润等情况进行分析，并进行"账账、账表、账实"等核对。

调查客户及其担保人生产经营是否合法、正常，是否超出规定的经营范围，重点调查分析生产经营的主要产品的技术含量、市场占有率及市场趋势等情况。查验商品交易的真实性，分析商品交易的必要性。

调查分析信贷需求的原因、信贷用途的合法性、还款来源和还款时间。

对自然人信贷业务，客户经理还应调查分析个人客户及其家庭的经济收入是否真实，各项收入来源是否稳定，是否具有持续偿还贷款本息的能力；提供担保的，还要对担保人的经济收入是否真实，各项收入来源是否稳定等

情况进行调查。对中长期项目贷款由有权审批行按规定程序和要求组织评估，或委托社会有资质的专业评估公司评估。

客户经理要根据客户信用等级评定办法测定或复测客户的信用等级；或将调查核实的相关信息数据资料输入信贷管理系统，进行客户信用等级测评或复测，填制或打印客户信用等级测评表。根据客户信用等级评定结果及其他要素，依据客户统一授信管理办法测算或复测客户最高综合授信额度，填制客户最高综合授信额度测算表。同时判断客户本次申请信贷业务是否超过客户最高综合授信额度。依据担保管理办法，对客户提供的担保资料进行分析，判断客户提供的担保是否符合担保条件，并确定其担保能力。

3. 认真评估客户的财务报表

客户经理应认真评估客户的财务报表，对影响客户财务状况的各项因素进行分析评价，预测客户未来的财务和经营情况。必要时应进行利率、汇率等敏感度分析。

（1）收集财务信息。财务信息包括企业的资产负债表、损益表、现金流量表等财务报表，财务报表附注，企业的财务报告、审计报告等。

（2）对企业财务报表进行审查与调整。客户经理对客户进行的财务分析，是根据客户以财务报告为主的历史资料，做出的对客户未来偿债能力的判断。如果这种分析依据的原始资料不真实或含有虚假的成分，无论客户经理具有多高的分析水平、运用何种先进的分析方法，所做出的判断都会是错误的，并且肯定会误导银行的信贷决策，造成新的不良资产或损失。

由于会计技术上的局限和可能存在的客户的粉饰与造假行为，由于少数注册会计师的执业水准还不能完全令人满意，由于企业的财务报告是为了满足"公共需要"编制的，而银行进行贷款客户分析时对会计信息又有特殊的要求，因此，客户经理对客户提交的财务报告必须先进行必要的审查和相应的调整，然后才能据此进行下一步的财务分析。

① 常规性的分析审查。主要包括报表编制是否符合规定的手续和程序；各种报表如主表、附表、附注及财务情况说明书的编制是否齐全；报表的截止日期是否适当、资料来源是否可靠；报表内容是否完整；各项目数据如期

初数、期末数及小计、合计、总计是否正确，对主要报表应逐一核对，其他报表一般可先核对总数，发现差错的可疑问题再进行具体核对，对发现差错和不平衡的现象必须查明原因，找到出处。

② 报表钩稽关系的分析审查。报表之间存在着一定的钩稽关系，包括主表与附表，前期报表与本期报表，报表与账簿之间等。对报表钩稽关系的审查，可以进一步验证报表的正确性，研究企业资金运作的联系和趋势。

③ 资产负债表的审核与调整。客户经理要结合企业的有关总账、明细账和原始凭证，审核资产负债表，包括流动资产项目审查、长期投资项目的审核、固定资产的审查、无形资产的审核、递延资产及其他资产的审核；流动负债项目审核、长期负债项目的审核、所有者权益的审核。

客户经理在认真审核资产负债表、总账和明细账之后，可以根据审核情况，对资产负债表按照有效性、真实性和审慎性原则进行调整。

④ 损益表的审核与调整。包括销售收入、成本、费用、投资收益、营业外收支等内容。

(3) 对企业财务报表进行分析。企业的财务分析主要是根据企业财务报表中的数据，运用比率分析法来进行。这些财务比率涉及企业经营管理的各个方面，主要有四大类，即盈利能力比率、效率比率、杠杆比率和流动比率。

4. 客户经理应对客户的非财务因素进行分析评价

非财务因素分析风险类别主要包括：对客户的公司治理、管理层素质、履约记录、生产装备和技术能力、产品和市场、行业特点以及宏观经济环境等方面的风险进行识别。

非财务因素分析风险类别主要有：

（1）客户管理者。重点考核客户管理者的人品、诚信度、授信动机、盈利能力及其道德水准。对客户的管理者风险应关注：历史经营记录及其经验；经营者相对于所有者的独立性；品德与诚信度；影响其决策的相关人员的情况；决策过程；所有者关系、组织结构和法律结构；领导后备力量和中层主管人员的素质；管理的政策、计划、实施和控制。

（2）识别客户的产品风险应关注：产品定位、分散度与集中度、产品研发；

产品实际销售、潜在销售和库存变化；核心产品和非核心产品对市场变化的应变能力。

（3）识别客户生产过程的风险应关注：原材料来源，对供应商的依赖度；劳动密集型还是资本密集型；设备状况；技术状况。

（4）对客户的行业风险应关注：行业定位、竞争力和结构、行业特征、行业管制、行业成功的关键因素。

（5）对宏观经济环境的风险应关注：通货膨胀、社会购买力、汇率、货币供应量、税收、政府财政支出、价格控制、工资调整、贸易平衡、失业、GDP增长、外汇来源、外汇管制规定、利率、政府的其他管制。

5. 对贷款"三性"进行认定

（1）合法性认定。一是借款人合法性认定，二是担保人合法性的认定，三是抵押（质押）物合法性的认定。

（2）安全性认定。包括对借款人（出票人）、保证人近期的资产负债状况、经营业绩、信用状况和法定代表人的品德素质等情况进行认定，重点对借款人（出票人）上期的净现金流量，特别是经营活动的净现金流量进行分析和认定，即对第一还款来源和第一还款能力进行认定。

（3）效益性认定。包括调查认定借款人（出票人）以往经营效益情况，借款人拟实现的经济效益和社会效益；调查认定借款给银行收入、存款、中间业务等方面带来的综合效益，分析、预测资金归行情况；调查认定外币借款人的创汇能力等。

6. 提出信贷决策建议

客户经理应根据国家法律、法规、有关方针政策及本行信贷制度，对授信项目的技术、市场、财务等方面的可行性进行综合评价，提出信贷决策建议。

范文解读

[范例10. 公司客户流动资金贷款调查报告]

企业流动资金贷款调查报告撰写参考模板

××公司向本行申请办理××（金额）（币种）××（类别）的信贷业务，××客户部门（或支行）已经受理。根据对企业提供的相关材料，我们于××年××月××日至××年××月××日到公司进行了现场调查，现报告如下：

一、借款人概况及资格调查

（一）企业名称、成立时间、企业类型、注册地和经营地、注册资金（开办资金）、法定代表人（实际控制人）、经营范围、经营期限、必需的行业经营许可证等；客户当前在本行开户、信用等级评定和授信情况。

（二）企业股东与投资情况

1．股东名称、出资金额、出资比例、出资方式、股东之间关系、有无不良信用记录等。

2．关联公司及其之间的关系（此部分可以用图解的方式进行分析）。

（三）法定代表人（实际控制人）基本情况：法定代表人（实际控制人）的简历、经营历史、是否兼任其他企业职务、可抵（质）押家庭财产等。

（四）企业高管情况及亲缘关系。

（五）通过人行"征信中心"（企业与个人）和本行信贷管理系统查询的借款人信用状况：在金融机构信用构成与银行间分布、有无不良信用记录、是否存在欠息、涉诉情况及对外担保情况等；介绍企业目前与哪些银行保持往来，关系如何，结算量大小；借款人在我行存、贷款和贷款收回的历史情况及当前的用信情况。

通过人行"征信中心"和本行信贷管理系统查询的借款人的法人代表及主要股东的个人信用记录。

二、借款人经营情况分析

包括借款人经营历史沿革情况;从事的业务种类、主营业务、生产能力、营业规模和经营状况;在当地和同行业中的经济地位和影响等。

针对不同类型的企业,分析的重点也不同,可参考以下方面:

(一)生产型企业

1. 企业的地理位置、周边环境、占地面积、建筑面积、是租用还是自建、是否有产权证;是否产生污染,工作环境如何。

2. 主要生产设备的数量、价格、技术的先进性;主要工艺流程及工艺、技术的先进性;质量管理情况。

3. 工人的技术水平、人数、工资待遇、工人积极性等;生产的主要产品名称、用途、设计生产能力和实际生产能力、近三年的生产产量、价格、年产值、销售额(可列表说明)。

4. 生产用主要原材料的名称、主要供应商名称、近三年的使用量、价格、金额(可列表说明),分析原材料能源的供应是否正常,是否有稳定的供应商,预测会否因供应来源、价格、运输等因素造成供应困难、成本增加。

5. 产品的科技含量、技术水平、质量水平、生命周期、升级前景、生产方案、定价、产量等,选取市场上具有代表性的产品替代品进行对比分析。

6. 产、供、销是否衔接平衡,生产是否正常,车间管理制度是否健全有效,产品质量是否稳定,是否符合标准,生产成本控制是否良好。

7. 原辅材料、半成品、产成品的正常储备水平,是否积压严重。

8. 新产品开发能力如何。

9. 产品是否单一。

10. 其他需要说明的情况。

若该企业属于高新技术企业,则还需列明以下内容:

1. 整个生产过程的关键技术是否采用高新技术;采用高新技术是依靠企业自身研究开发成果,还是引进的科技成果。

2. 高新技术在行业、国内或国际的领先程度。

3. 高新技术是否已申请专利,是否能在产品衰退前保持技术领先地位。

4．企业目前获得的优惠政策，包括土地、人员、税收、贷款等。

5．企业的科技开发人员、管理人员、工人的人数与比例，科技人员的待遇如何，研究开发的积极性如何，企业对科技人员是否有凝聚力。

（二）商贸物流企业

1．是经营国内商贸还是经营进出口业务，或者两者兼而有之；如果经营进出口业务，是否有进出口经营权。

2．是专业化经营还是综合经营，是批发型商贸还是零售商贸，销售网点的主要分布和销售情况。

3．经营的主要商品名称及主要供货商名称、主要销货商（或销售对象）名称、结算方式、近三年来的年销售量、价格、销售额（可列表说明）。

4．分析销售网络是否健全、供货与销货渠道是否长期稳定、供货方和销货方信誉是否良好、货款是否被拖欠、贸易条件与结算方式是否有利、库存是否合理、是否有相应的防范风险措施等。

5．其他需要说明的情况。

（三）建筑安装企业

1．企业是否取得资质证书。

2．以往的业绩和市场形象。

3．工程技术装备、技术力量、素质。

4．目前工程项目明细及施工力量分布。

5．经营策略是稳健型还是超负荷运作，对施工项目垫资情况。

6．管理方式：如何实施项目管理，由项目施工队承包还是总公司统一管理。

7．有无分包、转包情况。

8．其他需要说明的情况。

（四）餐饮、娱乐等服务业

1．营业场所地理位置、营业面积、是租用（租期）或自有、是否具有产权证。

2．主要营业范围、装修状况、面向何阶层顾客、有何设备。

3．价格定位、在同行业中地位、社会影响及市场份额。

4．月（日）平均营业收入、与营业支出情况；近三年的年营业收入、管理费用、营业利润、现金流量状况；税收情况。

5．经营特色；经营是否具有明显的季节性等特点，对经营的影响程度。

6．其他需要说明的情况。

（五）综合型企业

1．企业各个经营领域发展状况，分析企业核心力量如何。

2．管理模式：集中还是分散、运作效率如何。

3．企业领导层管理综合型企业的实力和经营思想。

4．把企业主要经营领域按生产、商贸物流、建筑安装等类型，划分并按上述方法进行详细调查、了解和分析。

三、财务分析

（一）客户连续财务信息分析

至少包括最近三个会计年度（小微企业二个会计年度）和近期财务报表数据（将主要财务指标和比率通过表格形式列出）。

注明年度财务报表是否已经审计，审计报告的类型，如果是保留意见类型，应分析是否会对我行信贷资产产生重大不利影响。

对于报表前后发生较大变化的科目或某一个科目余额对财务报表有重大影响的做出进一步说明。

财务分析的方法主要有：趋势分析法、趋势决定走向、结构分析法、结构决定质量；比率分析法、比率决定水平、比较分析法、比较决定差异；因素分析法，因素决定原因。

（二）财务指标分析

1．偿债能力分析。通过对偿债能力的分析，可以考察企业持续经营的能力与风险，有助于对企业未来收益进行预测。反映偿债能力的财务指标主要有：流动比率、速动比率、现金流动负债比率、资产负债率、负债与权益比率、利息保障倍数。

2．营运能力分析。营运能力是指通过企业生产经营资金周转速度的有关指标所反映出来的企业资金利用的效率，它表明企业管理人员经营管理、运用资金的能力。营运能力分析的主要财务指标有：存货周转率、应收账款周转率、流动资产周转率、总资产周转率等。

3．盈利能力分析。盈利能力是指企业获取利润的能力。获取利润是企业内外各方都十分关心的中心问题，利润是投资者取得的投资收益、债权人收取本息的资金来源，是经营者经营业绩和管理效能的集中表现。反映获利能力的指标通常有：营业利润率、成本费用利润率、总资产报酬率、净资产收益率等。

4．发展能力分析。发展能力是企业在生存的基础上，扩大规模，壮大实力的潜在能力。反映发展能力的指标通常有：销售（营业）增长率、总资产增长率、资本积累率等。

5．现金流量分析。分析借款人的现金流量，首先要分析来自经营活动的现金流量是否足够偿还贷款本息。如果来自经营的净现金流量不充足，那么还要分析通过投资或筹资活动可以获得的现金是否足够偿还贷款本息。在分析现金流量的时候，对于不同类型的贷款，不同发展阶段的借款人，分析起点和考虑的角度是不同的。

（三）财务重点科目分析

根据借款人财务数据分析客户财务结构是否合理，主要对借款人的重点财务科目和现金流量进行具体分析，可参考的科目如下：

1．应收款项：各项应收款项的增减变化情况、账龄分析、预测可能发生的损失。

2．存货：存货构成、存货是否过大、增长过快或库存时间过长；存货是否因为积压严重或存放时间过长而大幅贬值，是否为适销对路的成品。

3．固定资产：产权是否清晰，有无抵押给他人，是否按规定提取了折旧。

4．长期投资：主要包括投资项目（企业）名称、投资金额、股权比例及其收益性，投向的合理性、有无投资损失等。

5．在建工程：在建项目的资金来源、总投资金额、已投入金额、资金缺口及其解决办法。

6. 负债：长、短期借款金额，应付票据金额，有无大额未交税金及欠税时间。

7. 所有者权益：资本金是否到位，历年利润分配是否真实，资产增值是否合法，是否按相关财务规定要求提取了有关公积金。

8. 销售收入：是否按规定进行结转，是否与成本相匹配，收入的稳定性。

9. 利润总额：利润来源的构成，包括营业利润、投资收益、营业外收入。

10. 现金流量：借款人经营活动的现金流量是否充足，即来自经营活动的现金流量是否足够偿还贷款本息；分析现金流量的来源（经营活动、投资活动和筹资活动），现金流量的构成是否合理。

（四）财务真假识别分析

不能按要求提供完整的财务报表；不能按要求及时提供财务信息；会计政策不连续等；年度间报表不衔接、同一年度报表钩稽关系错误等；注册会计师对财务报告具有保留意见。先看组织结构图，再看财务报表；甄别真假（行业平均水平，数量与金额匹配）；报表附注是原因，报表数据是结果；绝不能忽视结构变化；注意同期变化 ±5%～30%；财务报表只代表过去，不代表未来。

（五）对财务报表进行重置

对查出的虚假数据进行整理分类。一是编制调整分录，有两种情形：一种情形是对原本就没做会计处理的业务补做会计分录；另一种情形是对原会计处理错误的科目进行反方更正。一个会计科目涉及多笔调整分录，要按会计科目进行汇总，重新填制会计报表。二是编制调整会计报表。

调整会计报表格式

项（科）目	原数值	调增数	调减数	调整确认数
合　计				

四、信贷需求分析与融资方案评价

要认真分析客户的信贷需求,包括种类、金额、期限、利率等。同时通过客户资金来源与实际运用情况、项目总投资概算等情况,评价客户融资方案的可行性、合理性和真实性,并对未到位资金来源进行合理分析。

银行应根据借款人经营规模、业务特征及应收账款、存货、应付账款、资金循环周期等要素测算其营运资金需求,综合考虑借款人现金流、负债、还款能力、担保等因素,合理确定贷款结构,包括金额、期限、利率、担保和还款方式等。

五、贷款(授信)用途和还款来源分析

首先说明本次贷款(授信)的具体用途、额度、期限和还款来源,其次分别对其进行分析。

(一)贷款用途

借款人是否提供了相应的购销合同,购买商品的名称、单价、数量、规格、金额及付款方式,合同中有无不利条款等。流动资金贷款不得用于固定资产、股权等投资,不得用于国家禁止生产、经营的领域和用途。分析:是否铺底流动资金不足,需要靠借款垫付;是否因扩大生产,需要补充流动资金;是否因季节性原因造成临时流动资金不足;是否为了归还其他银行借款和其他债务;是否因为在进行对外股本、房地产、固定资产、股票、期货等投资造成流动资金不足。在分析资金紧缺的原因后,要进一步分析资金缺口的大小程度,与本次贷款(授信)金额与期限是否匹配。

(二)贷款支付方式

能否按银监会规定的贷款资金支付方式进行支付。

(三)还款来源

借款人有无足够的订单或销货合同;销售方式如何;销售的主要产品及其主要销货商或销货对象、销售渠道及结算方式;销售策略是否可行、有效;产品的竞争能力如何;产品的价格弹性如何;产品的积压是否严重;销售货款是否被拖欠及拖欠原因;预测市场供求情况。

（四）还款能力

通过对客户财务分析、担保分析，判别申请人信用偿还来源，预测在用信期限内的偿还能力。确保客户还款来源可靠性，确保客户分期还款可操作性，防止各家银行集中还款风险，防止其他债务影响还款。

六、担保分析

建议采用双重担保方式：股份制企业采用企业房地产抵押与股东连带责任担保，一般企业采用企业房地产抵押与企业实际控制人家庭房地产抵押。

首先说明本次贷款/授信的担保方式（保证、抵押、质押、信用），再按不同担保方式具体分析：

（一）保证担保

1. 保证人基本情况：法定代表人、股东构成、主要经营范围、主营产品（格式和内容可借鉴借款人基本情况），其中应当说明保证人与借款人是否为关联企业，是否有互相担保的情况。

2. 保证人是否具有法律和我行相关文件规定的保证人的主体资格，对外提供保证担保是否已经取得了保证人的有权决策机关的同意。

3. 财务情况（格式和内容同借款人财务状况分析）：应当说明担保人在金融机构的信用状况，特别是在我行的信用状况，包括授信、贷款、承兑、开证等情况，以及保证人已对外提供的担保（包括抵、质押和保证）的情况等。

4. 保证人担保能力的综合评价。

（二）抵押担保

1. 抵押物基本情况

（1）不动产抵押

① 土地使用权：应当说明土地使用权人、地理位置、土地等级、面积、土地性质、使用年限、出让金及其缴纳情况（出让方式取得）、是否已取得土地证、目前开发情况（是否为闲置土地）等，另外应说明该土地上有无在建工程且能否同时抵押，如果在建工程不能同时抵押的应说明原因及何时可以追加为抵押物。

② 房产：应当说明房屋所有人、是否已经取得产权证、房屋结构和用途、面积、坐落位置、落成的时间、是否已出租或准备出租、目前市场价格等。

（2）动产抵押（交通工具、机器设备等）

应当说明动产所有人名称、动产名称、型号、数量、用途及使用情况、购入价格、成新率等。

2. 抵押的合法性

说明抵押物是否为法律上可抵押的财产、抵押是否取得抵押物所有人的同意（抵押物为多人共同共有的是否取得全体共有人的同意）、能否进行抵押登记等。

3. 抵押物的评估和变现情况

（1）说明抵押物的评估价值、评估依据和变现值。

（2）根据不同的抵押物判断抵押率是否合理，是否符合我行的规定。

（3）结合抵押物或同种商品目前的市场情况，对抵押物的变现能力评价。

（4）抵押物的投保情况，保险期限是否长于贷款期限。

此外，对于第三方抵押还应说明抵押人基本情况（格式和内容可借鉴借款人基本情况）。

4. 抵押物的综合评价

（三）质押担保

1. 动产质押

可参照动产抵押，另外需写明质物如何交付我行占有，我行如何对质物进行管理及所需费用由谁承担。

2. 股权质押

该股权是否为依法可转让的股权、股权持有人、是哪个公司的股份，该公司是有限责任公司还是股份有限公司，如为有限责任公司，股权质押是否取得了全体股东过半数同意；如为股份有限公司，该股票是否已上市，股票为何种股票（国有股、法人股、社会公众股）。该股份的数量、原值、净值、目前市值、质押率及对未来变现情况的预测。

3. 事业法人的收费权质押

应说明收费权的内容，该法人是否符合收费权质押的准入条件，是否已经取得上级主管部门的书面同意；对借款人的授信额度是否在该事业法人预计信用期内的综合收入的50%或约定单项收入的70%之内。

4. 质押物的综合评价。

（四）信用方式

按本行规定的客户申请信用贷款必备的条件逐条对比说明是否达到相应要求。

七、市场分析

通过产业政策、所处行业阶段及特性、市场定位、产品供求、产品价格、竞争力等方面评价市场发展前景和产品竞争优势。特别要区分国际市场与国内市场、城市市场与农村市场、线下市场与线上市场。

八、综合效益评价

分析信贷业务所产生的综合收益情况，包括直接收益与间接收益，判断收益是否有效覆盖风险，能否达到规定标准或预期目标。

九、风险提示

总结信贷事项存在的风险点和不确定因素，具体评价时应根据客户的具体情况有所侧重和细分。主要包括市场、体制、经营管理、技术、行业、法律、政策、担保等风险分析。

十、调查结论

首先应当概述信贷事项的主要风险和优势，明确支持或否定的意见，对同意办理的信贷事项，提出信贷方案，同时针对信贷业务存在的主要风险提出切实可行的限制性条款和贷后管理要求。如不同意办理，应指出主要风险和理由。

可从贷款的安全性、流动性和效益性（经济效益和社会效益）等方面进行分析，对承贷主体、还款能力、发展前景做出总体判断，综合对该项信贷业务的利弊分析。可参考以下内容：

1．承贷主体是否具有贷款资格，贷款用途是否符合其经营范围，贷款投向是否符合本行信贷结构调整对产业、行业、区域和客户选择的政策要求。

2．贷款的准入是否符合本行有关信贷管理基本规定和单项业务管理规定。

3．该笔贷款的安全性、流动性、效益性如何。

4．担保是否合法、有效、足值，对于法律法规没有明确规定的，执行担保的可能性及不能完全执行会带来何种影响。

5．增加授信后资产负债率是否超过70%，是否属于特别授信范围。

十一、信贷方案设计

（一）设计信贷方案

对同意办理的信贷业务，应设计好信贷方案，主要包括信用主体、信贷业务的种类（贷款产品组合）、币种、金额、用途、期限、利率或费率（按定价模板确定利率）、支付方式、还款方式、担保方式等。

（二）设置限制性条款

如资本金到位、自筹资金到位、国家批复文件到位、抵押担保到位等。

（三）提出管理要求

如成立客户经理小组、资金账户管理、代理保险、重大情况报告等。

十二、结束语

在信贷调查报告的结尾部分要属明"本人对本调查报告的真实性负全面责任"等字样。

调查经办人签字：A角××、B角××

调查主责任人签字：××

××年××月××日

第四章

商业银行内部常用类文书
——超前预判，科学谋划

营销工作意见

文种特征

1. 概念

"营销工作意见"(简称"意见")是"适用于重要问题提出见解和处理办法"的公文。《国家行政机关公文处理办法》将该文种定为行政公文。"意见"这一文种在行政机关和企事业单位中一般作为通用公文应用。

2. 作用

"意见"既可用于向上行文,又可用于向下行文,既有报请性又有指挥性。"意见"作为上行文,类似于请示,可向上级汇报,提出对某个重要问题的见解和处理意见,如上级银行认可,则批复下发贯彻执行,但适用范围没有请示广泛,只限于对重要问题提出见解和处理办法。"意见"作为下行公文,类似于指示,可对下级银行布置工作,明确处理问题的办法。但指示只提出原则和要求,具有方向性,而"意见"要提出具体的处理办法,具有可操作性。"意见"的使用主要有三种情况:一是对重要事项提出指导性的见解,二是对一个阶段的工作提出原则性要求,三是对带有全局性的问题提出处理办法和政策性措施。

3. 特点

(1) 针对性。"意见"要针对银行营销工作提出见解和具体处理办法，不能笼统言之，泛泛而谈。因为只有针对性强，对问题有深刻的见解，所提出的处理办法才会有效。

(2) 指导性。"意见"既要符合党和国家的路线、方针、政策及上级行的文件精神，又要结合营销工作实际，理论和实际相结合。只有意见正确、办法合理，才能发挥指导工作的作用。

(3) 明确性。不管哪一种意见，都要非常明确，不能含糊其词。"意见"表述要严谨周全，不能有歧义，使人产生误解。

(4) 可操作性。"意见"中提出的办法，应有法可依，有据可查，界限清楚，并且具有较强的可操作性。"意见"中提出的要求，必须遵照执行，不能模棱两可。"意见"是上级行和本行领导对营销工作的重大问题所持的观点、见解，它体现的是对营销工作的指导作用，有很强的实施性。

结构模式

1. 种类

按其性质作用标准，"意见"可分为指示性意见、实施性意见、建议性意见三种类型。

(1) 指示性意见。指示性意见是指上级行和本行领导为开展营销工作，解决某个重要问题而提出的以指导思想、工作原则、执行要求为内容的"意见"。

(2) 实施性意见。实施性意见是指本行为贯彻落实上级行有关营销工作的指示、决定和通知精神，结合本行实际而提出的让下级单位贯彻执行的"意见"。

(3) 建议性意见。建议性意见是指下级行向上级行或上级行业务主管部门提出改进、推动营销工作或解决某个问题的思路、设想、建议，供上级行或主管部门决策时参考的"意见"。这种"意见"常由部门或部门联合向上级行上报，请求批转执行的情况比较常见，一般与"请示"结合起来使用。有的"意见"是发文单位受本单位职权所限，无权发通知或决定时使用的一个文种。

按其内容标准，可分为综合性工作意见和单项工作意见。

2. 结构

"意见"通常由标题、主送机关、正文、发文机关、发文日期组成。这与其他文书相类似。这里主要谈谈意见的三个主体部分：标题、主送机关、正文。

（1）标题。标题提示全文的中心思想，是行文的目的，具有固定的格式。一般由发文机关名称、事由、文种三部分组成。

（2）主送机关（受文单位）。呈报性意见的受文单位指受理意见的上级行，一般只写一个。指示性意见，受文单位可以多个，对于那些面向全国、全省，内容不属保密范围的意见，则没有必要一一开列受文单位。

（3）正文。这是"意见"这种文书的核心，是发文单位对重大问题提出意见和处理办法的所在，也是拟稿时考虑的重点。内容不同，写法各异，但在写法上也有共同之处。要虚实结合，既要务虚，又要务实。务虚部分要注意思想性、政策性，务实部分要办法具体、切实可行。"意见"正文一般由开头、主体、结尾三部分组成。

开头：一般说明行文缘由，多用简单的语句说明实际情况和存在的问题，或阐述解决问题的重要性、必要性；或引出上级行的决定指示精神，阐明处理办法的依据，同时概括地交代情况，说明行文目的。开头常用过渡语句，承上启下，转入主体文。

主体：这是"意见"的中心部分。主要提出解决营销问题的办法。既要认真贯彻上级行的指示、政策，遵守法律、法规，又要符合实际情况。态度要明确，语气要肯定，所提意见要中肯。"意见"的主体部分要表明观点、见解和态度，并提出处理办法。一般说来，文字量大，层次多，多用小标题指示问题、划分层次，分段、分条、列项叙述，分档使用序码。具体安排有两种形式：

A．分段式。用标题划分层次，分段式叙述，有的段中使用序码列项说明。

B．条连式。用标题划分层次，分条叙述，层断条连，以标题为目统领各条，按题旨分别表述。

结尾：提出要求、号召，强化、对应开头。一般分两种情况：呈报性意见的结尾写"以上意见如无不妥，建议批转各地贯彻执行"。指示性意见的结尾语，一般提出希望和要求，也可以不写结尾语。

写作指要

1. 政策性要强

"意见"的执笔人必须全面深刻地领会和掌握上级行和本行领导的指示精神，以此作为提出"意见"的指导思想，这是写好"意见"的基础。

2. 政策要连贯

营销文书政策的连贯一致，是说我们通过营销文书传递的政策规定、思想观点，在时间上要维系前前后后，保持"昨天—今天—明天"的持续，不能割断历史，风云突变，忽这忽那，动不动就是一个180度大转弯；在空间上要维系上下左右，保持上下之间、左右之间的一致性。对上级的营销政策规定不要自作主张，对同级的意见不要唯我是从。注意政策思想的连贯性，是我们一条重要的工作原则，要求我们看问题、办事情，既要瞻前又要顾后，不能割裂历史，切断事物发展的来龙去脉，这对于维护一级法人和本行的权威与集中统一、取信于民是非常重要的。不能节外生枝、另立炉灶，也应竭力防止文件之间相互"打架""撞车"与"顶牛"。

3. 注意"意见"的行文方向多角度

"意见"这个文种，既可以下级给上级，类似一种建议；又可以是上级发给下级，似同指示；也可以发给平级，所提意见供对方参考。显然，它是上、平、下三种行文方向兼而有之。

范文解读

[范例 11. 工作意见]

××商业银行××年个人金融工作意见

为全面落实××商业银行"建设国际一流商业银行"的战略部署,贯彻全行××年度工作会议精神,现就全行××年个人金融工作提出如下意见:

一、分析形势,确立个人金融发展的信心和重心

(一)金融转型大变化,必须实施零售业务优先发展战略

BCG(波士顿咨询公司)发布的《完美零售银行2020:人性、科技、转型、盈利》研究报告预测,2020年零售银行业务收入将占中国银行业整体收入的40%以上,零售银行发展的重要性将进一步凸显。零售业务在获取低成本、稳定的资金来源、平衡对公业务与同业业务风险方面具有不可忽视的重要性。站在新的发展阶段,我们必须更加重视零售业务,抓紧实施零售业务优先发展战略,全面提高零售业务价值创造能力。

(二)客户需求大变化,必须着力打造财富管理银行

客户金融需求强劲,但行为和预期已显著改变,呈现金融服务生活化、客户需求多元化、资产配置全球化趋势。抓住了财富客户、消费中产、养老一族和城镇新兴人口等个人财富客户群体,等于抓住了零售银行的未来。同时,金融产品日渐演变成生活和金融相结合的财富管理解决方案,银行必须着力打造财富管理银行,为客户提供全生命周期金融服务、全领域金融服务、全产业链金融服务、全家族金融服务、全方位金融服务等整体金融服务。

(三)金融渠道大变化,必须创新建设全渠道银行

各类客户都已经或正在多渠道化、全渠道化。电子银行、手机银行已非年轻人的专属,而是深深影响着所有客户的渠道使用习惯。新型技术应用化,移动技术、大数据技术改变金融实现方式,技术应用与客户需求的

对接，是主导未来下一阶段零售银行发展的深层次逻辑。2015年，中国网民规模达到6.88亿，互联网普及率50.3%，其中手机网民规模达6.2亿，占比达到90.1%，为电子银行业务发展提供了良好的客户基础。商业银行创新发展也需要以物联网为利器来改造服务模式和经营方式，重构以往主要基于线下渠道的金融服务链条，从而更好地顺应时代发展潮流和客户需求的变化趋势。

（四）金融竞争大变化，必须全面提升营销管理水平

银行在个人金融领域里的竞争远远不止于其他银行，支付、存款、贷款、投资、咨询等各项个人金融业务都面临来自金融机构和非金融机构的竞争，这种跨界竞争将进入常态化阶段。新竞争对手和竞争逻辑将动摇传统金融机构的竞争哲学，推动个人金融服务行业格局进一步改变，初步形成垂直化的专业分工。随着我国进入利率全面市场化阶段，商业银行市场竞争主流模式已由"拼酒量、拼价格、拼关系"的低层次竞争升华为"拼价值、拼管理、拼服务"的高层次竞争上来。营销管理水平提升对核心竞争力的提升促进作用更加明显。同业竞争模式的升级要求我们必须从精细化营销、客户营销服务质量提升、高附加值客户建设等方面入手，全面夯实零售业务发展基础，狠抓管理水平提升，促进零售业务快速、健康发展。

（五）金融监管大变化，必须全面推行依法合规经营

监管部门相继出台规范服务收费、规范理财产品、整治不规范经营与互联网金融、取消存贷比例限制等规定，监管力度将更大，监管覆盖将更广。同时，监管部门鼓励个人金融创新，零售银行须捕捉机遇。银行必须在强化合规营销和规范营销的基础上，抓转型、调思路、推创新，在监管新规和市场发展中积极找寻零售业务新增长极。

（六）宏观经济大变化，必须强化零售业务全面风险管理

一方面，"积极财政、稳健货币"的稳步实施，我国经济发展步入新常态。宏观经济政策为商业银行零售业务持续快速发展创造了有利条件，也为商业银行优化客户结构，改善经营品质提供了宝贵时机。另一方面，我国宏观经济进入经济增速换挡期、结构调整阵痛期和前期刺激政策消化期等"三期叠加"的新阶段，部分行业、客户、区域金融风险逐渐暴露，不良贷款已连续

十多个季度上升，银行业风险管理任务非常艰巨。必须强化零售业务全面风险管理、全行风险管理、全员风险管理和全流程风险管理。

二、明确方向，精准制定个人金融工作总体思路和目标

（一）总体工作思路

全面贯彻落实全行××年度工作会议精神，紧扣提高零售业务价值创造能力的战略目标，强抓重点业务发展，着力提升个人金融综合贡献度；认真组织客户关系管理主题营销活动，着力加强个人贵宾客户建设；强势推行网点转型工作，着力提高网点服务营销水平；大力推进个人金融业务精细化营销管理工程，着力夯实个人金融发展基础，全面推进个人金融品质经营发展战略，为打造一流商业银行做出积极贡献。

（二）基本工作目标

——业务总量目标。个人管理资产增加××亿元；个人存款日均净增××亿元；个人中间业务收入增加××亿元，其中对私结算收入××亿元，基金代销收入××万元，贵金属收入××万元，对私理财收入××万元。

——竞争能力目标。个人存款日均余额、日均增量、个人中间业务收入确保同业第一；基金代销、贵金属、对私理财等三项新兴个人中间业务收入占全行中间业务的比重稳步提升。

——客户结构目标。个人加权贵宾客户增加××万户，个人加权贵宾客户占比提升××个百分点。拓展私人银行客户××户；存量私人银行客户签约××户。个人产品交叉销售率提升××个百分点。

——风险控制目标。基础管理全面加强，无重大违规行为和重大案件。

三、紧扣建设提高零售业务价值创造能力战略目标，着力提升个人金融综合贡献度

（一）巩固、扩大市场垄断地位，大力提升个人存款对全行业务的综合贡献度

各级行要顺应金融竞争趋势，通过"创新思路、提高效率、优化机制"

等手段,确保全行个人存款余额、增量"市场双第一、系统当先进"。

1. 创新个人存款资金组织思路和方法

要改变行政推动的传统手段,通过多种手段创新资金组织思路和方法。一是产品牵引增存款。要积极"以贷管存",抓住"个贷"这项稀缺资源,管好贷款资金,确保客户销售资金率归行到位、客户自有资金到位、客户交易对手开户资金到位,强化个贷与存款的联动营销;"以汇(西联汇款)留存",实现币种改变,资金留存;"以道(渠道产品)锁存",强化银行卡、网银、电话银行等渠道类产品的载体引存作用,实现渠道类产品推广和增存齐抓并举;"以代牵存",通过代理收付款业务、代理信托等牵引存款。二是产品对接换存款。要抓好理财产品、基金代销、保险代理等市场资金的对接营销工作,做到一产品一方案,最大限度确保资金留存度,实现资金在银行内部转换。三是新产品推广挖存款。全面推广礼仪存款、整存整取加息智能转存、个人资金归集等新产品、新业务,挖掘客户和资金,实现增存。上述新产品的网点上线开办率要达到100%。四是结构优化增效益。要以优化成本结构为出发点,力抓活期存款增长,促定期存款向活期类低成本资金或理财产品类高附加值类资金转化。

2. 提高重大存款资金组织工作的推进效率

一是大力开展代发工资和代收代付等"两代"业务营销活动。对在我行开立基本账户、有贷款关系的对公客户进行梳理,针对未建立代发工资关系客户,要由支行班子成员带头实施名单式营销,新增法人客户必须签订代发工资协议,确保代发工资覆盖面达到××%。同时,要持续加大财政罚没、行政缴款、集中收付款的柜面支付和电子银行支付签约力度,确保上述品种签约覆盖率超过××%。二是做好寿险产品到期给付对接营销工作。分支行要对所有寿险客户实施名单式管理,按照"t-10"的原则,安排管户网点客户经理在寿险到期日前10个工作日进行对接营销,确保资金留存率达到100%。三是充分利用第三方存管单客户多银行服务推广契机,大力开展第三方存管客户专项营销活动。积极引导主资金账户在我行的客户将资金由辅助资金账户向主资金账户集中,促使辅助资金账户尽快升级为主资金账户客户。

3. 优化个人存款资金组织工作机制

建立大客户挽留机制。对大额资金转出，要建立"客户提前申请、客户经理沟通、支行行长挽留"的工作流程，积极做好客户资金留存工作。严格执行金卡、借记卡以上贵宾卡升降级、退出机制，探索建立白金信用卡信用额度与关联借记卡日均存款余额挂钩机制，促使客户金融资产留存或月末定期回流。

（二）实现 AUM 值倍增，全力提高个人管理资产对全行业务的综合贡献度

各级行要围绕"抓思路调整、抓重点产品营销、抓销量做大"主题，实现 AUM 值（客户综合贡献度）倍增，同步促进中高端客户维护拓展、中间业务创收，以及个人产品交叉销售率提升等指标的发展。

1. 调整个人管理资产工作思路

各级行要将管理资产工作思路由"做产品营销"调整为"做市场、抓客户、引资金、创效益"上来。由抓理财产品销售量向保有量转移；将基金业务发展重心由销量向保有量和基金定投客户发展转移；将强势发展西联汇款、留学宝等业务作为抓移民、留学、出国旅游等中高端客户的有力手段；实现黄金等贵金属营销取得突破。

2. 加大个人管理资产的重点产品营销

一是基金营销做"户"。各级行要落实基金营销"三抓"策略。抓好主题营销活动的落实，做大基金客户总量；开展"千元尝新"活动，培育客户基金理财意识；开展基金健诊活动，指导客户主动调整基金持仓结构；抓好重点基金客户关怀活动，认真落实基金核心客户群信息、情感、理财等全方位关怀工作。二是理财业务做"大"。要做好封闭产品滚动发售工作，做好客户理财资金到期对接营销工作，维护存量客户理财资金，滚动做大理财资金总量；同时，要探索针对单个行政部门、高档社区、大型企事业单位实施高收益理财产品定向发行。三是贵金属销售做"广"。将实物黄金网点由现有的××个增开至××个，覆盖全省××个县域支行；分批增开账户金网点，逐步将黄金业务拓展到所有营业网点；优化调整黄金网点布局，提高

单点辐射面和实物黄金运送的物流效率；抓实物黄金消费传统旺季，在元旦、春节等重要节假日期间大力开展实物黄金买卖业务促销活动。四是国债业务做"量"。要实行凭证、储蓄、记账"三债"齐发，重点抓好公开销售工作，将工作方式由分额度向抢额度、由预留销售向公开销售转变，提高国债销售量。五是外汇业务做"响"。各分行要集中力量办好 1—2 个西联汇款旗舰店，使其成为个人外汇业务发展的支柱，同时注重激活睡眠网点，提高地产网点，充分发挥西联汇款对个人贵宾客户、外币储蓄、人民币业务的牵引作用。要放大出国留学中心的辐射覆盖作用，以点带面做好留学宝的营销工作。

3. 挖掘个人管理资产销售潜力

一方面，着力于挖掘客户潜力。持续开展理财产品主题营销活动，从政府机关、社会团体、客户、媒体、网络等渠道获取客户信息，积极营销客户。农村行要把握"先入场"优势，抓住"送知识下乡"等产品和活动推广契机，将个人管理资产营销触角全面延伸至县域"蓝海"市场。另一方面，着力于目标管理来挖潜。各级行要将个人管理资产单项产品、人均、户均、点均、行均等指标每月发展目标细化到支行、到网点。对指标按月进行通报，实施分类督导。对单项产品营销较差的实施专项突击营销；对营销水平不高的个别员工，派遣零售业务培训师到网点实施"一对一"帮辅；对个人管理资产使用较差的客户由支行组建"营销攻坚团队"，支行主管行长任队长，广泛实施升级营销和重复营销；对总体销量较少的网点，支行通过绩效辅导、扣减绩效得分等方式进行全方位督导，确保个人管理资产规模出现一批××亿元以上高效网点，确保出现一批××亿元以上营销人员。

4. 挖创新 AUM 值营销流程

各个网点要全面建立瞄准目标（VIP 客户）、产品排查（单一产品客户）、指定专人（大堂经理、客户经理）、挖掘需求（潜在需求）、对接产品（营销话术）、交叉营销（营销技能）、跟进服务（客户维护）、锁定客户（黏性营销）、系统考核（智能管理）、奖励到人（激励机制）等 10 大工作流程。

（三）加大个人中间业务创利增收力度，提高个人中间业务对全行业务的综合贡献度。

各级行要重点围绕"定目标、定规范、定措施"等要求，认真做好个人中间业务增收工作。

1. 确立个人中间业务增收目标

一是传统个人结算收入稳增，实现收入××亿元；二是新兴中间业务收入要大增，代销基金、理财、贵金属销售等收入分别达到××万元、××万元、××万元，其中基金收入要在同业保第一，份额提高××个百分点以上，贵金属销售要比去年增长××倍以上。三是新产品收入要猛增，抓私人银行客户个人投资银行、委托贷款等新业务，创新增收。四是对私国际结算收入要多增，实现收入××万元。

2. 强化个人中间业务增收规范管理

一是细化到科目。各分行要将个人中间业务收入××类××个科目与相应的产品和业务对应上，测算出单项产品和业务的收入贡献，并制作《个人中间业务收入来源表》，支行、网点要对照《来源表》，按照"优先发展收入高的，突击发展潜力大的"的原则，认真做好个人中间业务增收工作。二是具体到渠道。各级行要实现个人中间业务增收任务物理渠道、电子渠道双下达。将物理渠道增收重心放在低柜上，将电子渠道的增收重心放在自助设备、网银、手机银行上。三是落实到时段。各级行要根据收入增长的季节分布特征确立不同时点、不同季节的增收重点。在年初主抓代发工资收入，在传统节假日抓贵金属收入，在旅游旺季抓个人结算收入和对私国际结算收入，在股市行情较好时抓代理投资产品销售收入，在行情不好时抓对私理财产品收入，实现抓个人中间业务收入"常年不松、重点突出"。四是规定到动作。各级行要认真落实分行《中间业务产品营销规定动作》，全力提高中间业务产品营销效率。五是督办到网点。各级行在年初要对辖属行个人中间业务收入增收缺口进行测算，对缺口较大的行要有针对性地制订补缺方案；要每月对任务完成情况进行总结，对任务完成较差的要采取开现场会、绩效辅导等方式进行及时督导。

3. 创新个人中间业务增收举措

各级行要在拓源上下功夫。着力提升单个客户中间业务收入创收水平。通过潜力客户升级、存量客户升级营销等策略持续做好客户营销，提高产品综合营销度，在单个客户身上充分挖掘增收潜力。要将内部员工作为个人中间业务创收的高附加值群体，广泛开展个人中间业务产品内部营销活动。通过加大奖励计价、挂钩考核评比等手段刺激内部员工主动买产品、用产品。管理层要做好产品购买和体验的表率。通过大力营销金融IC卡、纸黄金、黄金代理业务、私人银行客户个人投资银行等新产品和新业务，丰富创立增收渠道。同时，要在节流上下功夫。要积极落实客户、账户、项目三清理。对客户进行清理，在CRM系统中已发贵宾卡却长期达不到对应等级的要采取降级、退出等措施及时清理。对账户进行清理，严格按照监管部门和分行要求，做好"六类"账户基础信息清理工作，杜绝违规减免情况出现。

四、认真组织客户关系管理主题营销活动，着力加强个人贵宾客户建设

××年是"客户关系管理年"，各级行要按照《个人贵宾客户营销维护指引》相关要求，认真抓落实，确保个人贵宾客户管理水平上档次、上台阶。

（一）抓好四级分层营销维护组织体系的建设

××年，总行将在全辖范围内建设××家财富管理中心和××家品牌理财工作室，全面建立起个人贵宾客户四级分层营销维护组织体系。一是人员配备到位。财富管理中心、品牌理财工作室必须强制性配备××人、××人的工作人员。二是管理客户分解到位。分支行要将全辖白金客户、金卡客户、潜在贵宾客户收集起来，指定给财富管理中心、品牌理财工作室，指派给相关责任人进行维护和跟进营销。三是管理办法落实到位。分行已出台《财富管理中心管理办法》和《品牌理财工作室管理办法》，各级行要因地制宜，完善出台相应的制度和管理办法。四是机构建设定期到位。××月底前，××家财富管理中心和××家品牌理财工作室必须竣工开业；年底前，××家品牌理财工作室要全面开业。

（二）落实个人贵宾客户大建设、大发展的主要路径

各级行要按照"做实基础、做大分子、做优分母、做多产品、做高占比"五大路径，不断提高个人贵宾客户建设工作效率。一是进一步夯实贵宾客户建设基础。各级行要将个人贵宾客户日常维护和基础管理（系统运用、档案建设、客户保密等）流程化、规范化、模板化。要以支行为单位统一开展贵宾卡发放、零售业务产品销售、"四包"责任制落实情况的清理工作，××月底前必须全面完成。到年末，全行目标客户资料维护率要达到××%，金卡、白金卡以上客户发卡率要分别达到××%、××%。二是实现个人贵宾客户建设核心指标突破。各级行要将个人贵宾客户占比提升、个人产品交叉销售率等指标作为个人贵宾客户建设的核心指标来抓好，要将上述指标的建设任务细分到支行、到网点、到人、到时点，要按月对指标完成情况进行总结、通报，对完成较差的行要由上级行主管行长带队进行专项督导，相关人员要安排零售业务培训师或其他专业人员进行现场辅导。三是广泛实施个人贵宾客户综合营销。总行已出台《个人贵宾客户"1+15"重点产品交叉销售办法》，各级行要认真执行。深挖掘、多交叉、广覆盖，提升个人贵宾客户依存度和价值贡献度。实现三个带动：带动个人负债业务稳定增长，提高投入产出比；带动个人资产业务发展，提高关联产品（如贷记卡）销售；带动个人管理资产发展（如拓宽转账电话、网银等渠道销售个人理财产品，增加信托、私募股权等高端产品销量）。

（三）运用营销"六法"促进贵宾客户营销效率提升

各级行要广泛开展网点大堂营销、活动批发营销、公私联动营销、重点营销、综合理财服务方案营销、牵引营销等营销"六法"，全面提高营销维护工作效率。各级行要明确"六法"的主要目标。要积极运用网点大堂营销法对网点存量贵宾客户、潜力客户进行识别、挖掘、营销；运用活动批发营销法，针对网点周边高档社区、高档商圈和专业市场的高端客户进行新客户拓展营销；运用公私联动营销法，针对集团性、系统性法人客户的高端客户进行升级、拓展营销；运用重点营销法，对辖内新兴城区、新政务商务区的潜力客户等进行抢挖型营销；运用综合理财服务方案营销法，针对白金卡以

上客户进行锁定、升级营销；运用牵引营销法进行其客户升级和新客户拓展营销。同时，要落实"六法"营销开展责任。大堂经理、低柜柜员为网点大堂营销的主要责任人，要实时执行大堂营销法；支行个人金融业务部负责人、网点主任为活动批发营销、公私联动营销、重点营销的主要责任人，要按季组织开展，确保执行到位；网点主任、客户经理为综合理财服务方案营销、牵引营销的主要责任人，做到"一户一案，实时牵引"。

五、强势推行网点软转工作，着力提高网点服务营销水平

××年，是全行网点转型"务求突破、务见实效"的关键年，各级行要在稳步推进装修改造和布局调整等硬转工作的基础上，着重抓好服务营销升级等软转工作，确保所有网点全面完成转型任务。

（一）**转变思想，将网点软转工作列入重要工作日程**

一是要明确软转推进工作任务。各行要按照总行下达《网点软转任务督办单》相关要求，将软转工作逐一抓落实。同时要比照总行逐个支行、网点下达软转任务督办单，确保限期落实到位。二是要实现网点软转的整体推动。总行将成立由人事、计财、运营等7个部门组成的跨部门网点转型团队，分头负责、共同协作，强势推进网点转型。各级行要比照分行，在××月底前成立跨部门网点转型团队，实现网点转型，尤其是软转整体推动的系统合力。三是强化软转工作的督办。各级行领导班子成员要积极参与到网点软转工作中来，每月至少确保参加1次网点晨会，至少有1天时间在网点现场办公。总行要每月对辖内支行、网点软转推进情况进行总结、通报，对推进不力的支行、网点负责人要进行绩效辅导，或到支行、网点去开现场督办会。四是软转配套措施要及时跟进。总行要对照设施设备配备标准，对网点配备情况进行一次全面摸底，按照"差什么配什么"的原则尽快配全、配齐。

（二）**把握核心，狠抓网点软转关键工作的落实**

各行要利用网点软转型导入推广契机，严格按照《网点软转型工作手册》要求，将网点软转核心工作逐一落到实处。

1. 抓文明标准服务固化，促网点服务营销质量提升

总行已制定下发《"神秘人"检查考核管理办法》，将"神秘人"检查得分结果与各行个人金融条线考核、网点建设资源分配、年底评先评优资格等实现"三挂钩"，并按照"神秘人"检查得分"80 分以上一律得分，80 分以下得 0 分"进行评分。各级行要比照制定相应考核办法，认真落实《强力固化提升网点文明标准服务办法》相关要求，着力提高网点营销服务水平。一是发掘问题。至少每月进行一次神秘人检查，全年网点检查覆盖面要达到 100%。同时，要强制配齐专职零售业务培训师，在××月底前组建起网点转型巡诊团。按照分行主管行长每季一次，支行行长、主管行长每月一次，网点主任每半月一次的频率，开展网点转型"十查十看"诊断工作，有的放矢地推进网点软转工作。要在经管网开辟"服务品质检测平台"，对发现的问题进行挂网曝光。二是分层整改。二级分行要对检查发现的问题进行梳理、分层，属于上级行原因的要及时报告，属于本层级原因的要将整改责任细化到部门、时间、责任人，属于支行或网点的要开具整改通知书，要求限期整改到位。三是强化督导。按照"管理层加强管理，一般员工加强辅导"的原则，对服务营销工作开展不力的经营行领导班子、网点负责人进行问责、处罚、扣分、绩效辅导，对一般员工加强标准的整改、学习和辅导。

2. 抓功能分区利用，促网点服务营销效率提高

一是用好宣传区。"四屏"、宣传栏、展示柜、产品架等设施设备要正常运行，宣传碟片、折页、资料要做到"常有常新"。二是用好低柜业务区。分行已修订《非现金服务区业务管理办法》，各级行要认真执行，切实将低柜打造成产品营销、客户咨询、非现金业务办理、配套服务提供的综合营销平台。三是用好理财室，重点围绕"丰富、严格、开放"三个词做文章。丰富，即增加理财室非现金业务直接办理功能，精品以上网点必须在××月底前设置到位；严格，即严格把控贵宾客户准入；开放，即确保理财室节假日对外开放。四是用好智能服务区，所有网点要做到专人引导、专业指导、功能全面、服务实时，即大堂引导员引导，大堂经理、产品经理、个人客户经理、理财经理指导使用智能设备，存、取、查询、理财、宣传功能全具备，全天

候开放,并将设备故障率压缩到最低,不断提高网点电子渠道分流率。五是用好电子银行体验区,做到"演、教、销、甄"四位一体运营,大堂经理、个人客户经理要通过演示教育客户、销售产品,提高渠道类产品动户率和激活率,同时进行潜在客户和贵宾客户识别。

3. 抓网点人岗匹配,促网点服务营销功能全面发挥

一是营销队伍配备到位。分支行要通过增机减柜、机关下基层、新员工直达、网点间合理调配等方法,做好网点营销人员配备和人岗匹配工作。二是岗位角色清分到位。网点负责人负责网点全面管理及对公客户、高端个人贵宾客户的营销、维护,确保每天有50%的时间在大堂从事现场管理;大堂经理为网点零售业务团队负责人,负责网点零售业务人员的管理,并组织做好网点零售业务营销;运营主管为网点运营团队负责人,在负责对临柜业务运行进行管理、组织监督的同时,负责柜面营销服务质量监督。客户经理、理财经理、低柜柜员可实现角色融合,主要职责是管理客户关系、销售产品、办理非现金业务,在工作摆布上实现"3个1/3",即1/3时间在低柜从事产品销售,1/3从事户外营销,1/3负责客户维护。高柜柜员要强化客户转推荐职责和渠道产品、简单产品营销职责。三是职责履行要到位。通过完善网点岗位绩效考核体系,达到督促履职的作用,即引入关键业绩指标(KPI)和关键行为指标(KCI)相结合的考核体系。在关键业绩指标(KPI)设置上,网点负责人、营业经理、运营主管、大堂经理、大堂引导员、高柜柜员要分别侧重于网点总体业务完成、零售业务完成、内控水平、识别转推介、分流率、业务办理笔数等指标,低柜柜员、个人客户经理和理财经理要侧重于中高端客户维护与拓展。在关键行为指标(KCI)设置上,网点负责人、大堂经理、运营主管要分别突出厅堂管理、柜台外区域服务营销监督、柜台内服务营销监督等考核指标,其余岗位要重点考核文明标准服务和营销技能固化提升情况。分支行要利用巡诊、业务检查等机会对网点岗位履职情况进行检查,对执行不到位或有偏差的,要现场帮辅或下达整改通知书限期整改到位。

4. 抓后台流程优化,促网点服务营销支撑强化

各行要借力"三大集中",充分发挥后台流程优化对营销服务的促进作用。

一是对工作流程进行调整。总行将按照平均办理时长划分为简单业务和复杂业务两类,各级行要通过修改高低柜柜员业务办理范围和系统屏蔽等方法,实现简单业务高柜一站式办理,复杂业务低柜办理。二是对工作模式进行调整。大力推广弹性排班制,在网点内,要根据业务量、客流量的时点性分布特征,客户业务办理时间偏好特点,制定每日弹性排班制,在客流量较少时,合理安排员工晚上班、早下班或到大厅充当大堂经理;根据业务量、客流量的季节性分布特征制定每旬弹性排班制,在业务淡季时减少每天上班员工总数;制定网点间的弹性排班制,实现节假日轮休、旺季人员互补。三是对工作职能进一步优化。分支行要在××月底前全面组建物业管理中心,实行物业集中管理和物资集中配送,减轻营业网点非业务管理压力,有效节约资源,实现网点管理规范化和标准化。

5. 抓网点软转型导入,促网点转型整体推进水平升级

各行要按照总行网点软转型导入工作部署,按照"搞好培训宣传、积极创建样板、制定落地方案、注重效果评估、全面开展导入、跟踪固化提升"等六大路径,大力推进网点软转型导入工作。培训宣传阶段,各行要由行长主持召开网点转型落地实施动员大会;要采取集中培训和巡诊团宣讲培训相结合的方式进行广泛培训,培训覆盖面要达到100%。样板创建阶段,分支行要全程参与,要积极向分行推荐硬件和软件条件最好的网点作为候选网点;要每周对样板网点导入进展、效果情况进行总结、评估,及时反馈样板网点导入改进建议。全面导入阶段,各分行要组建一支导入团队和一支帮辅团队,导入团队根据软转型导入推进总体部署全面进行推广导入,帮辅团队要在导入完成后用1个月时间进行跟踪固化帮辅,确保导入全面落地。

(三)注重实效,全力提高网点产能水平

各行要按照网点产能提升意见,持续做好产能提升工作,在产能提升上"出实招、破难题"。一是明确目标。××年,全行要确保高产能、中产能、达标产能分别增加××个、××个、××个,低产能网点压降××个的产能提升目标完成。各行要对照目标,认真研究本行提高网点产能工作,尽快制定提高网点产能的工作规划和措施,并将总行下达的网点产能提档目标

落实到部门、到支行、到网点。二是查找短板。要对照目标实时分析网点产能现状,按月逐区域、指标、行、点查找网点产能提升的薄弱环节,分析问题和不足。要定期召开会议,对前期网点产能提升的经验和不足进行认真总结,认真分析降档、丢分的根本原因,认真研究切实可行的产能提升方法。三是强化组织。要通过机制刺激,对产能提升较快的、提档明显的支行或网点,对网点产能提升做出重大贡献的个人要给予一定的奖励;通过典型带动,着力在全省范围内打造××个转型较好、产能水平较高的转型示范网点,积极开展转型先进网点帮辅提升行动,促使网点产能水平的大幅提升,进而达到"以点带面"抓产能提升的目的;通过督导推进,对产能提升不力的支行、网点,要按季集中召开负责人辅导班,进行绩效辅导,对产能不进反退的,要对网点负责人、支行分管行长进行问责。

六、全面推进个人金融业务精细化营销管理工程,着力夯实个人金融发展基础

(一)推行精准营销管理

1. 精准确立市场定位

全面开展网点金融生态图绘制工作,不仅要绘制好,更要用好。一是绘制到位。各行必须在××月底前全面完成金融生态地图、客户路线图、营销攻坚图、网点诊断图4张地图的绘制工作,由分行集中后统一报分行。二是利用充分。经营行、网点要根据金融生态图的绘制结果,制定出短、中、长期客户拓展目标、营销方向和营销策略。要对所有网点金融生态地图进行集中统筹,找准辖内的新专业市场、新政务商务区、新高档小区、新写字楼等新兴市场和区域,并将其作为营销的重点攻坚区域。三是督导及时。分行要成立生态图帮辅队,到支行、网点去指导其进行重点业务发展、重要客户拓展和重大活动制定;要安排支行每半年对金融生态图进行更新。

2. 精确找准目标客户群体

各级行要在××月底前全面建立起所有零售业务产品销售的核心客户群体。一方面,在存量客户匹配上做文章。支行要与网点一起,从客户资料、CRM系统、生产流水、业务流水中,全面提取、梳理存量客户的风险

偏好、购买习惯、潜在购买需求等情况,与相应产品进行匹配。另一方面,在新客户信息获取上做文章。各级行要积极从政府、社会团体、客户、媒体、网络、对公部门等渠道主动、积极地找寻、获取产品营销潜在客户群体,支行要按月汇总潜在客户名单,将拓展营销职责细化到网点、到人,确保维护拓展到位。

3. 精细实施目标客户群体营销

经营行、网点要在找准客户的基础上,全面实施商机管理,实现客户营销过程、结果全管控。要将营销过程全面细化、抓实。营销人员必须落实"一户两案",针对客户的基本情况、风险偏好、收入状况、产品使用等情况详尽制定客户金融服务解决方案,针对性强地开展空白使用产品"填空营销"和重点产品"重复营销"。同时,制定内部用的项目营销策划方案,明确营销路径、目标,以及前、中、后的规定动作,突发应对预案等,将营销工作做实。要对产品营销效果进行定期评估,对客户满意度不高、使用率不高的产品要重点查找根本原因,通过开展客户解释、实施客户教育等方法进行售后跟进。

(二)推行规范营销管理

1. 规范零售业务营销"模板"

各行要尽快将《零售业务精细化营销管理工程》、"个人金融套餐营销模板"、文明标准服务导入手册印制成工作手册,发放至支行、网点,确保支行前台营销部门和网点员工人手一册。通过抓学、抓用、抓督办,全面推行零售业务营销"模板"运用。抓学,要求网点必须利用晨夕会、业余时间,采取培训、测试、经验交流等方式督促网点员工对上述"模板"进行系统、重复学习,确保固化成营销工作模式。抓用,要求网点负责人、个人客户经理等主要营销人员带头使用"模板"进行营销,示范"模板"的正确使用方法,对网点内其他同事的使用情况进行实时检查、实时提醒、示范帮辅。抓督办,要求各级行将"模板"的落地实施情况纳入各级行合规、尽职监督、巡诊等内部检查范畴中,做到现场检查、现场帮辅、现场整改,确保执行到位不走样。

2. 规范零售业务营销活动

各级行要按照"突出重点、持续推进、创新开展、项目管理"的工作思路，认真做好个人金融活动营销工作，实现个人金融的集约、快速发展。一是突出做好综合营销活动。各级行要将"开门红营销活动"视为全年存款资金组织的重大活动来抓好，确保一季度完成全年增储计划的××%以上。各级行要由"一把手"挂帅亲自抓组织、抓督办。要按旬下达个人存款增长计划，每旬一小结，每月一总结。对增长不明显或起伏较大的经营行与网点，要开现场会诊断、督办，确保稳增。同时，认真做好其他季度性综合营销活动的组织工作。二是要实现零售业务营销活动的持续化推进。在深入开展"三进三扫""1+15"综合营销等营销活动的基础上，结合自身优势和短板、客户群体特征、业务经营特点，组织个人金融综合或专项营销活动，确保活动持续不断。三是要实现活动内容的创新化开展。各行要将活动组织的载体由网点、市场等实体环境延伸至网络、电话等虚拟环境中去，广泛借助卡、网银、微信银行、手机银行，开展综合营销活动。四是要实现零售业务营销活动的项目化管理。分行、支行要探索组建个人金融业务直销团队，配备××人左右的营销精英，以辖内拆迁、物流、城市开发、房地产等项目，以及其他规模大、影响大、品牌响的开发项目为主要营销对象，大力实施项目营销。各行要在营销活动开展周期内定期进行活动效果评估，对业务发展不理想、贵宾客户数量增加效果欠佳的营销活动要分析问题根源，及时调整战略或战术，确保最终取得较好的营销效果。

3. 规范科技系统的使用

各级行要高度重视CRM等科技系统的推广和使用。一是领导带头使用到位。各分行要针对辖属支行零售业务主管行长、个人金融部负责人、网点主任召开系统使用专项培训，定期对上述管理层人员进行系统使用上机测试，同时按月对管理层系统动户情况进行通报，对系统使用不佳的管理层人员集中进行辅导，确保会使用、善使用。二是"普及"培训到位。各二级分行要安排零售业务培训师，或组建系统使用巡讲团队，通过现场演示、上机操作、强化日常工作的"传帮带"等方式，切实加强系统深度运用培训。三是强化督导到位。分行要将系统使用情况纳入执行力考核和巡诊工作范畴，对系统使用较差的经营行要扣减相应考核分值，同时，在检查中做到必查系统使用，全面督导基层行使用系统。

（三）推行穿透式营销管理

1. 抓工作发起"从网点来"

各行所有工作的发起、制度的拟定都要"源于网点、用于网点"，制度、文件定稿前，要转发至网点，充分征求网点的修改建议；全面推广前，要找部分网点、支行进行推广实施试点，及时发现落实过程中存在的问题和不足，并及时进行修改；推广后，要定期到网点调研各项制度的执行、落实情况，详尽查找制度的不完善面和不正确性，及时修订，对阻碍网点业务发展的制度和文件要及时废止。

2. 抓工作执行"到网点去"

一是重大活动开展督导到网点。营销活动开展过程中，分支行要建立活动开展帮辅小组，由领导班子带队到基层行、网点去指导、规范活动的开展。二是重大工作执行督办到网点。各行要认真按照《网点转型巡诊方案》和《网点转型巡诊现场检查工作指引》要求，持续开展好网点转型巡诊工作，对巡诊发现的问题要"零容忍，100%整改"，对营销效率不高、规定动作不到位的要现场指出、现场帮辅、现场整改到位，对服务营销效率严重低下的网点要立刻安排重新导入。分支行行长、个人金融部负责人要带头进行巡诊，定期到网点去督导重大工作执行，实现营销服务的全面督办。三是"赛马机制"落脚到网点。在各项活动、工作的开展过程中，各级行都要定期进行网点大排名和大比武，对落后网点进行通报，对其负责人进行绩效辅导。

3. 抓风险管控穿透到网点

强化合规经营的理念，"违规就是风险、安全就是效益"。全行上下要进一步加强制度学习与执行，落实营销规范化管理，确保存款、理财、借记卡、客户信息等各项业务风险管理制度、政策和流程实现无缝衔接，认真开展尽职监督检查和案件风险排查活动，落实非现场监控、定期风险提示，通过现场管控和非现场管控相结合，确保风险防控督办到支行、到网点。

（四）强化营销队伍素质培养

按照分行的统一安排部署，切实加强员工培训，全面提高零售业务条线队伍素质。一是培训对象全员化。在突出管理层、营销人员培训的基础上，将对象延伸至所有网点员工。二是培训内容职业化。逐步推行大堂经理、客户经理、理财经理准入管理，实行持证上岗。加大理财师资格认证培训力度。三是培训效果实用化。针对管理层，突出经营理念、团队管理、情绪管理、企业文化等管理类知识的培训，针对营销人员，突出营销技能、服务标准、产品知识等方面的培训。四是培训方式多元化。分行要广泛推行网络、视频、座谈会等方式的培训。同时，认真开展示范巡讲培训，即将辖内营销状元、精英客户经理集中起来，组建一支销售精英巡讲团，到辖内支行网点，现身说法其营销经验、心得和方法。

（五）推行制度化营销管理

1. 完善业务管理制度

要在执行中不断完善。在制度和文件的落地过程中，要从根本上改变粗放模式，将各项制度、文件、要求做细、做精、做实。做细，要求各级行进一步细化现行服务营销制度，将制度要求"一分为三"，有机分解为执行前、中、后三个阶段，将各阶段工作要求细化为各层级、各部门、各岗位客户服务营销规定动作。做精，要求各级行将文件要求精炼成执行要点、标准模板、示范片、经验材料等，与对应文件同步下发，用以指导、规范下级行服务营销工作。做实，要求各级行在制度执行的过程中，要结合自身特点，及时总结、不断完善、合理调整，确保制度、文件落地，执行到位不走样。同时，要定期进行清理完善。各级行要每半年对现行制度进行一次清理，要对各项制度、文件的执行、落实、开展情况进行逐一总结，对基层行普遍存在执行有难度、容易出现偏差的制度和文件，要详尽查找问题产生的根本原因，及时进行完善和修补，对明显不适应市场和业务发展规律的文件，要及时废止。

2. 制度化安排资源配置

对零售业务发展的固定资产、战略费用、战略工资等，各行要在年初进行一次性统筹安排，并形成制度化。零售业务资源配备只能强于上级行，不得弱化。对大型营销活动，贵宾卡发卡、理财产品销售等重点产品营销，网点建设固定资产和费用等各类用于零售业务发展下划的专项费用、奖励工资要明确科目下划，确保专款专用。

3. 科学制定绩效考核办法

各级行要全面对接上级行考核导向，对零售业务发展相关考核，只能强化，不能削弱。要积极推行分类考核，鼓励经营行发挥优势，做强特色。要根据经济发展状况和客户需求差异，积极探索不同网点以及零售业务与对公业务的分类考核模式。要根据网点分类分级的不同进行分类考核。

4. 合理调整计价模式

重点做好三项工作：一是对接好员工计价与单位绩效，产生互补效应，防止个人利益与单位利益发生冲突。将一定比例的产品计价收入切块出来与岗位绩效考核体系挂钩，考核不达标的不发放计价。二是确定好各项产品计价标准，兼顾考虑数量与质量、规模与创利，及时调整计价标准，避免部分产品计价过高发生挤出效应。探索建立转推介客户计价分成长期受益机制，即在对转推介客户营销计价时，不仅要在第一次对转推介人计价，还要在一段时间内坚持计价，激发柜员、大堂经理转推介客户积极性。三是解决好计价到人与计价分成问题，实现产品计价收入在前后台间、在岗位间进行合理分配，防止计价截留、分配不合理。

营销工作计划

文种特征

1. 概念

营销工作计划（简称"计划"）是根据上级行指示精神和本单位营销工作的实际情况，预先规定的一定时间内的营销工作、学习的指导思想、具体任务和要达到的指标，以及完成指标的进度和措施。

2. 作用

(1) 计划是贯彻执行上级行政策措施的重要途径。制订计划,是为了更好地贯彻落实上级行的有关政策措施。因此。应根据本银行营销工作的实际情况,结合客观条件,积极主动地去完成。

(2) 计划是决策部门实现科学管理的重要手段。决策部门的领导者可以凭借计划统筹全局,纵横协调,综合平衡,理顺关系,合理安排营销工作的人力、物力、财力,以低消耗取得高效益,从而取得营销工作的主动权。

(3) 计划是建立正常营销秩序、提高营销效率的重要前提。古人云:"凡事预则立,不预则废。"这里的"预",就是指事前的计划和安排。做营销工作,一定要事先制订一个周密的计划,定出明确的目标和具体的措施、步骤,把大家的意志和行动统一起来,充分发挥各职能部门的积极性、创造力,有效地提高营销效率。

(4) 计划是领导指挥营销工作、检查工作进程的重要依据。计划制订之后,可以受到上级部门的检查,得到上级部门的帮助,在人力、物力、财力等方面得到有关部门的支持、配合;可以根据计划的实施情况,及时对营销工作安排加以调整;还可以根据信息反馈,随时修订营销计划,以减少失误。

3. 特点

(1) 目的明确。制定营销工作计划必须目的明确。要根据本单位、本部门营销工作的实际情况,针对形势发展和上级行要求,制订出切实可行并能产生实效的计划。

(2) 预见性强。工作必须以计划为先导,而制订计划又是在工作尚未进行之前,故而计划有很强的预见性;必须站得高、看得远,对将会出现的形势和问题充分估计,并进行正确的分析,这样才能保证完成预定目标或工作任务。

(3) 措施具体。所谓"具体"包括两个含义:一是不空洞,二是可行。如果措施只求冠冕堂皇,订出的计划空洞无物,无法实施,那就不能起到计划的作用,是形式主义。

(4) 有约束力。营销工作计划书属非正式公文,一经法定会议批准或用公文正式印发，在其认定的范围内就具有相应的约束力，且有一定的权威性。

结构模式

1. 种类

按时间划分为：年度计划、季度计划、月度计划等。

按内容划分为：工作计划、学习计划、活动计划等。

按性质划分为：综合计划、单项计划、专题计划等。

按范围划分为：全行计划、部门计划等。

按效力划分为：指令性计划、指导性计划、一般性计划等。

按形式划分为：图表式计划、条文式计划、混合式计划、叙述式计划等。

按名称划分为：计划、要点、方案、打算、安排、设想等。

2. 结构

营销工作计划的写作格式一般包括标题、正文、结尾三部分。

（1）标题。计划标题一般由制订计划的单位名称、计划内容和计划名称三个要素组成。如属个人计划，标题只需计划内容加计划名称即可。如计划不成熟，或者还没有正式通过，一般要在标题后面用括号注明"草案""讨论稿""征求意见稿"等字样。

（2）正文。计划的正文一般包括：

基本情况：就是叙述前一段的工作，指明取得的成绩和存在的问题，要明确简要地反映出过去一段时间工作的经验教训。因为，一份切实的计划总是在总结过去基础上制订出来的。当然，这一部分内容还应当包括编制计划的目的、指导思想、总任务等，这些内容一般要写在具体的计划内容之前。

任务要求：这是计划的中心内容，说明计划达到的目标或指标。任务要求明确具体，表明要做什么。一般分条目来写，用小标题或段头括号的形式加以表现。

方法步骤：也就是具体措施。要表明怎样去做，做的分寸、程度、完成时间、要求步骤、先后次序等。

（3）结尾。属上制订计划单位的名称和制订的时间。标题上已有计划单位名称的，后面可以省略，写明时间即可。

写作指要

制订营销工作计划应把握以下要点：

1. 要坚持原则

制订计划要坚持三项原则：一是政策原则。无论做什么计划，都要有明确的指导思想，就是要坚持上级行的政策措施，体现一级法人意志。二是群众性原则。任何计划的制订与实施，没有员工的广泛参与都是不可能的，因而相信员工、发动员工、团结员工、依靠员工，充分调动和发挥员工积极性与创造性是制订计划的重要原则。三是可操作性原则。制订计划的目的不是为了应付上级检查，而是为了提高效率，顺利完成任务。因此计划中的任务要明确，措施要得力、可行，具有可操作性。

2. 要吃透"两头"

作为一个下级单位和部门，在制订营销工作计划以前，要认真学习研究上级有关文件精神，深刻领会上级领导意图，以使计划的总体要求与上级协调一致。同时，要认真调查市场行情和下情，结合本银行的实际制订计划，使计划更有针对性。

3. 要切实把握计划主体的内在逻辑要求

营销工作计划这一文书写作的主要结构包括三大部分：工作基础；目标、任务；办法、措施。也可以用其他形式写作。无论哪种结构形式，计划的主体部分都必须体现出"做什么"与"怎样做"的逻辑关系。所谓"做什么"，即工作的目标、任务，并且要量化，同时要写明完成的时限。所谓"怎样做"，即完成工作任务的办法、措施，要具体可行。

范文解读

[范例12. 营销工作计划]

上市公司限售股解禁股东投资理财咨询服务营销工作计划
××商业银行

为加强对上市公司高管群体的拓展,进一步做好全辖上市公司限售股解禁股东营销工作,并使之尽快成为我行维护和拓展高净值客户的重要抓手和特色品牌,我行推出了专门针对上市公司限售股解禁股东的投资理财咨询服务,现制订以下工作计划:

一、限售股解禁股东投资理财咨询服务营销工作的重要意义

所谓限售股,是指已上市但限制流通的上市公司股份,可分为国有股和个人股。国有股以股权分置改革后上市流通的国有法人股为主体,俗称"大小非";个人股以上市民营企业IPO后限制流通的个人原始股为主体,俗称"大小限",也称首发限售股。本"计划"所指的解禁营销工作,是指为持有已上市公司非流通股的个人股东提供的、针对股票解禁的一揽子金融服务方案。

(一)响应顶端客户需求,顺应市场变化

做好限售股解禁股东营销工作是响应顶端客户需求、顺应市场变化的客观要求。限售股股东多为上市公司高管,经历了公司IPO前后的洗礼,由默默无闻地艰苦创业、上市辅导的艰难取舍、上市前紧张冲刺,最终成功上市后带来亿万身家,股份解禁后套现和收回利益成了他们的第一选择。而现行政策对此做了一定的时间限制和税收限制,一是公司大股东股份上市3年后方可全部解禁流通,二是对套现增值部分征收20%的个人所得税,这就造成了限售股股东们的一系列困扰:眼看着股票增值却无法变现享用,煎熬几年后套现又要被缴20%的税,剩余的大部分现金也亟须稳定可靠的投资渠道。因此我们必须顺应资本市场的趋势变化,重视限售股解禁股东这类顶端客户

群体,加快业务创新,把握发展机遇,抢占市场,主动出击。

(二)增强服务能力,提升发展品质

做好限售股解禁股东营销工作是增强服务能力、提升发展品质的迫切需要。过去银行推出的各类个人贵宾服务方案,主要是各类单项银行产品的整合,更多侧重于满足客户结算和融资类的需要。对于限售股解禁股东这类顶端客户群体,传统产品导向的服务模式难以满足需求,客户需要个性化、综合化的一揽子解决方案。私人银行的服务模式主要是顾问咨询,通过顾问服务解决的不仅仅是客户资产配置问题,还有很多金融和非金融的服务,而限售股解禁的具体策略当中,涉及很多税务及法律方面的相关问题,正是私人银行顾问咨询服务体现价值之处。通过与第三方机构的合作,借鉴其专业能力和市场经验,做好限售股解禁营销工作,有助于进一步增强我行服务高端客户的能力,提升零售业务的发展品质。

(三)竞争优质客户、巩固客户关系、提高客户忠诚度

做好限售股解禁股东营销工作是竞争优质客户、巩固客户关系、提高客户忠诚度的有效途径。对于优质上市公司,不论其公司业务还是高管的个人业务,都是各家银行争抢的目标。不少解禁股东会面临着何时抛售股票、如何进行纳税筹划、如何面对膨胀后的财富及解禁后的资产配置、投资策略等方面的困惑。如果能为个人贵宾客户解决这些实际问题,就可以在营销中占得先机,把个人贵宾客户纳入银行的金融业务链条中,不仅能通过提供一揽子解决方案,提高客户的满意度和忠诚度,还可以通过以私带公,带动公司板块的金融业务介入、关联客户的资源挖掘以及产品和服务体系的完善。

(四)提升银行创新能力、组织能力

做好限售股解禁股东营销工作是对银行创新能力、组织能力的重要检验。限售股解禁是一种典型的"金融服务与非金融服务"相结合的综合解决方案,很好地诠释了"需求与定制"这一私人银行的核心理念,它体现的是个性化、综合性的服务能力,是突破"同质化"竞争的一个重要尝试,是改变"产品导向"服务模式的一项重要创新。限售股解禁股东营销工作既需要行内的公私联动,又需要与市场上专业机构的密切合作,可以实现资源整合、跨界融合、资源互换、资金转换。作为一种新的服务领域,没有过往的经验可做指导,

缺少成熟的项目引为借鉴，是对银行创新能力、组织能力的重要检验，需要我们团队强化执行、互为借鉴，在相互学习和磨合的过程中将这项工作不断推向深入。

二、限售股解禁股东投资理财咨询服务营销工作的总体思路和主要目标

基于以上分析，当前及今后一段时间，全行限售股解禁股东营销工作的总体思路是：以私人银行部为支撑，以分行为主体，以顾问咨询服务为抓手，以公私联动为策略，为限售股解禁股东提供一揽子解决方案，增强我行在客户解禁前、解禁中和解禁后的跟踪与介入能力，促进客户关系的深入发展和各项业务的全面展开，提升我行服务顶端客户的市场竞争能力。

××年××月至××年××月是全行限售股解禁股东营销工作的集中营销期，围绕上述总体思路，××年的具体工作目标是：

（一）客户发展目标

全行累计通过限售股解禁营销服务增加私人银行客户××户。省会城市行营销××家以上有限售股解禁股东金融服务需求的上市公司，地市行营销××家上市地市公司，确保100%营销成功率。

（二）管理资产增加目标

通过提供限售股解禁股东金融服务，增加个人金融管理资产××亿元。

（三）公私联动目标

通过提供限售股解禁股东金融服务，联动营销××户未在我行开户的上市公司客户，增加对公存款××亿元。

（四）市场推广目标

举办××场专题推介活动，拜访辖内所有目标上市公司的持股高管人员，建立与保荐机构、专业咨询机构、券商等第三方的合作关系。

（五）综合营销目标

对于选择我行限售股解禁服务并成功实施的客户，做到"四个一"：签署一份私人银行客户协议、提供一个投资理财咨询服务方案、开立一个公司结算账户、给予一个个人综合授信。

三、限售股解禁股东投资理财咨询服务营销工作的服务内容和运作模式

（一）服务内容

制定《限售股股东解禁投资理财咨询服务指引》，我行目前限售股解禁营销主要包括以下三个方面的内容：

（1）限售股解禁策略建议。包括减持时机的选择、税务筹划方案、减持过程中的市值管理等。

（2）理财规划和资产配置建议。主要是根据每个客户不同的年龄阶段、理财观念、生活要求，提出在资金规划和资产配置方面的合理化建议。

（3）融资服务。直接认定解禁高管的私人银行客户身份，充分运用私人银行客户专享信贷方案，在贷款利率、授信额度、用信方式、贷款规模等方面均给予最优惠政策，让客户提前享受股票升值所带来的财富。对于部分高端客户，可根据客户承诺，将其潜在金融资产（包括其持有的已上市公司A股流通股、1年内即将解禁的A股限售股、1年内确定转让的非上市公司股权）纳入私人银行专享信贷服务信用贷款计算数据。

（4）为上市公司提供再融资、资产重组、兼并收购等专项顾问服务。

（二）运作模式

在组织形式上，采用建立项目团队的方式，上下联动，形成团队合力，开展综合营销；在人员构成上，省、市、区（县）三级行及第三方合作机构、个金板块和公司板块共同派员参加，通过上下联动和公私联动，使服务层次和服务内容都能满足客户的需求，从而在个人业务和公司业务的营销上都取得明显效果。

项目团队人员构成。团队负责人：二级分行主管副行长。一级分行营销支持人员：私人银行部财富顾问、公司业务部客户经理。二级分行参与人员：个人金融部负责人、理财经理；个贷中心负责人、产品经理；公司业务部负责人、客户经理。经营行参与人员：支行行长、管户客户经理。

四、限售股解禁股东投资理财咨询服务营销工作的重点

（一）落实工作分工，规范业务流程，快速响应客户需求

经营行的前台部门负责跟踪客户需求、寻找营销机会，捕捉到可操作的营销信息及时上报；二级分行负责提出业务需求和营销方案，制定工作进度表；一级分行负责业务支持和资源协调，会同经营行主动上门服务，同时做好第三方合作机构的协调工作。券商、咨询公司合作机构等主要负责具体的技术支持和策略建议，为客户提供优质、专业的咨询服务。限售股解禁股东多是优质公司的高管，更是银行的顶级目标客户，各级行要重视每一个岗位、每一类渠道、每一次与目标客户的往来，注重客户服务体验，对客户需求及时做出反馈。

（二）找准服务对象，跟踪客户需求，紧抓营销机会

目前全辖共有××多家上市企业，从前期调研和反馈的信息来看，涉及个人限售股的约有××家上市公司。一方面，各行要根据当地实际情况，迅速组织学习此项新业务，尤其是要让对公条线的客户经理知道我们有这样的服务功能和项目团队；另一方面，各行要迅速安排市场排查和客户走访，向目标客户推介我行的这项特色服务。对于有初步意向的客户，私人银行部可邀约专业咨询机构上门进行路演，当面了解客户需求，根据自身情况提出解禁策略建议和营销方案。需要路演的各行可向私人银行部报送《路演需求申请表》。

（三）加强过程管理，通过持续营销提升限售股解禁服务品质

限售股解禁营销不像购买某个理财产品或者办理一笔贷款，有单一的对象和框架，往往是一个复杂且持续的过程，具有长期性的特点。在此期间，管户客户经理和财富顾问应关注和提醒客户留意资本市场趋势、税务政策变动等影响因素；不仅引得来，还要留得住，为客户提供终身的优质金融服务，不仅使客户对资产收益和服务品质感到满意，也要增强我行对其公司金融的介入能力，夯实客户基础，提高综合收益。

五、限售股解禁股东投资理财咨询服务营销工作的保障措施

(一)制定业务拓展初期的专项奖励计价,调动专项营销的积极性

在限售股解禁股东投资理财咨询服务营销工作的集中营销期,一级分行将对成功实施限售股减持的项目组给予重奖。各相关行要制定专项奖励与计价办法,对项目营销有功人员给予重奖。

(二)密切信息沟通与反馈,相互配合,共同拓展解禁业务

随着上市公司越来越多,这个群体将越来越大,只有早一步关注他们、研究他们,才能尽早赢得他们的信任。各行要迅速搜集当地上市公司资料,包括上市公司招股说明书、股东名册、解禁时间表等,并落实解禁营销工作的责任人和营销人员,于××月底前上报一级分行私人银行部。

(三)上下联动、公私联动,制订逐户营销方案

限售股股东通常都是上市公司的高管,通过总行、分行、支行的联动,客户能感觉到自己受到重视,服务层次和内容都更能令客户满意。通过公私联动,客户在我行的公司业务也将取得明显提升。因此各行要以项目组为平台,加强行际间、部门间业务联系,发挥我行系统优势,制订并上报逐户营销方案,形成时间表和流程图,发挥营销合力、提高营销效率。

(四)加强基础管理,做好客户信息保密工作

一是在业务开展过程中,各级行要注重与客户联系和沟通的技巧,为客户提供私密、安全、尊享的专业服务;严格控制客户信息知晓范围,注重客户信息加密传递,明确各层级、各环节客户信息管理责任人。二是在业务处理与档案管理中要制定严格的保密制度,对所有涉及客户的信息资料、档案材料、公文文件、报表合同、管理办法、营销方案及个人办公资料实施严格保密措施;尤其要注意在内部邮件发送中,凡是含有客户信息的邮件,只能按照客户属地分别发送给相关管辖机构,禁止群发。三是对于违反私人银行客户保密制度的机构和个人,应按私人银行保密制度及相关保密制度予以处罚,情节严重的要追究相关法律责任。

(五)提高市场敏感度,切实加强风险管理

一方面,近年来的资本市场都处于大幅波动的格局,社会上对于高管套

现的质疑声不断，减持的社会影响不好，会给股价带来压力；另一方面，限售股解禁的具体策略涉及法律、税务、会计等多个方面的内容，并且有客户、银行、中介机构等多个主体的参与。因此，各级行应切实加强风险管理工作，尤其注重防范限售股股东解禁营销工作中面临的声誉风险、操作风险和合规风险；要密切关注资本市场、监管制度、税务制度、外部环境出现的调整与重大变化，及时进行风险预警和信息沟通。

六、限售股解禁股东投资理财咨询服务集中营销活动计划安排

限售股解禁股东投资理财咨询服务集中营销活动行动计划表

活动名称： 　　　　填表人： 　　　　日期：

NO	步骤		计划完成日期	实际完成日期	负责人
1	开展市场排查	以二级分行为单位，对有限售股解禁股东金融服务需求的上市公司进行全面市场排查，建立目标客户档案			
2	成立项目团队	成立项目团队，确定负责人、团队成员及分工			
3	制定活动方案	1.定营销活动对象（目标客户）			
		2.定营销活动目标			
		3.定营销活动策略			
		4.定营销活动措施			
		5.定营销活动费用与奖惩			
4	客户营销沟通	1.客户需求调研			
		2.客户需求沟通			
		3.客户需求确认			
5	制定提交金融服务方案并路演	1.制定金融服务方案			
		2.提交金融服务方案			
		3.进行金融服务方案路演			

续表

6	联系第三方合作机构	1.联系第三方合作机构			
		2.请第三方合作机构,如券商、咨询公司合作机构等提出技术支持和策略建议			
		3.与客户协商确定第三方合作机构			
7	项目实施	限售股解禁及资产配置到位			
8	项目总结	1.召开团队会议,对活动营销情况进行总结			
		2.总结营销活动的亮点、不足及跟进措施,形成书面报告归档,便于下次操作借鉴			
9	项目跟踪	1.对项目客户进行回访			
		2.对项目客户进行持续跟踪营销			
		3.请项目客户转推介客户			

营销工作报告

文种特征

1. 概念

营销工作报告,是指下级行向上级行汇报营销工作、反映情况、提出建议而使用的文书。是一种陈述性的上行文。它只能用于下级行与有隶属关系的上级行之间。工作报告是上级行制定方针、政策,指导工作的重要依据之一,也是下级行及时取得上级对工作的支持、指导的重要途径,是国家的行政公文之一。

2. 作用

《国家行政机关公文处理办法》规定:"向上级机关汇报工作、反映情况、提出建议,用'报告'。"报告的基本作用就在于汇报工作、反映问题、提出建议、抄报文件,以及答复查询等。这些作用均有助于上级行或业务主管部门更及时、更全面、更深入、更具体、更准确地了解下情,掌握全局,指挥工作。因此,定期或不定期地制发工作报告,是下级行的重要责任之一。

3. 特点

(1)具有鲜明的汇报性。一般来说,营销工作报告多为事后才行文。凡正在进行的或已进行完毕的营销工作,为了让上级行或业务主管部门及时掌握工作进程和工作结果,下级行均可制发工作报告,以便使上级更准确地了解下情,更有效地进行指导。从这种意义上讲,汇报性是工作报告最显著的特性,也是工作报告的生命线。

(2)具有特定的陈述性。既然汇报性是工作报告的本质特点,所以,凡是营销工作报告均要向上级行或业务主管部门具体陈述正做着什么或已经做了什么,还要陈述清楚是怎样做的,遇到怎样的情况,有何经验教训,存在何问题,有何设想等。这种特定的汇报内容,决定了工作报告的行文必须侧重于陈述。

结构模式

1. 种类

营销工作报告的种类多种多样,可以从不同的角度将之划分为不同类型。常见的报告主要有:

按内容划分,有综合报告和专题报告。综合报告,即为了使上级行全面了解一定时期内工作进展等方面情况所做的汇报,是内容复杂、反映问题较多、篇幅较长的一种报告。专题报告,即内容专一,集中汇报、反映某项工作、某一事件或某一问题的报告。

按行文目的划分,有呈报性报告和批转性报告。呈报性报告,即下级向上级报送文件、报告情况、汇报所交办事项进展程度与结果的报告。批转性报告,即向上级呈送报告,主动要求上级行批转有关部门的报告。

2. 结构

营销工作报告一般由标题、正文、落款与日期三部分组成。

（1）标题。工作报告的标题通常有三种写法：采用完全式公文标题，由发文机关、事由和文种三个要素组成；标题只有事由和文种两个要素；有些工作报告的内容比较紧急，就必须在标题中注明。

（2）正文。工作报告的正文，一般由以下三个部分组成。

第一部分：工作报告的缘由，写明制发报告的目的，要求开门见山、直截了当、集中概括。

第二部分：工作报告的内容，写明事实和问题，要求做到重点突出，既有概括性，又有具体性，语言精练，表达准确。

第三部分：工作报告结束语，是对正文的总结。要求根据所报告的内容，或提出几点建议和意见，供上级参考；或以"特此报告""妥否，请批示"等报告语结束。

（3）落款与日期。结尾处写上报告单位、个人的名称，在右下方写上年、月、日，并加盖印章。

写作指要

撰写营销工作报告应按照如下要求把握：

1. 必须遵循实事求是的原则

营销工作报告的内容要真实准确，不弄虚作假，不文过饰非，对有关事实和数据要核对准确无误，避免造成重大失误。

2. 观点要正确，上报要及时

工作报告要及时，要努力反映营销工作中的新情况、新问题。向上级报告情况，根据事实材料概括出的观点必须正确，并且要讲究时效和新意，要不失时机地反映上去，以提高营销效率，避免老调重弹。

3. 要紧紧围绕工作报告目的和主旨进行陈述

如果是汇报工作，则应先写明工作的基本情况；其次写明主要做法和成绩，包括采取的办法、措施及由此带来的直接效果等；最后写明还存在什么问题及今后的大体工作设想。如果是反映情况和问题，则应首先对反映的情况和问题进行概述，其次集中分析产生问题的原因（包括主客观原因），最后提出解决问题的意见和办法。

4. 要善于分析，条理清晰，详略得当，具有针对性和说服力

营销工作报告切忌写成不着边际、流水账式的报告，更不能只是简单罗列情况和问题，要有条理、有轻重、有主次地阐述清楚报告的有关内容，从而对上级指导下级的工作提供方便。

5. 篇幅要简短，用语要精练

工作报告的篇幅一定要简短，力求以少胜多。用语方面要精雕细琢，力求简练。

6. 不能将请示与工作报告的事项混在一起

在营销工作报告中，不可将请示事项写入其中，以免影响上级正常处理问题，因为这样一来就混淆了报告与请示之间的界限。

7. 要切实把握工作报告写作的通用规则

营销工作报告的内涵决定了它在写作上的通用规则，这就是人们常说的"三段式"。"三段式"的表现形态主要有：

情况—做法—问题（意见）；

情况（做法）—问题—今后意见；

情况—问题—今后意见；

情况—原因（责任）—下一步做法；

情况—原因—责任及处理意见；

情况—问题—建议。

范文解读

[范例13. 工作情况报告]

关于我行支持民营企业发展情况的报告

中国××银行××分行

(××年××月××日)

××人民政府:

近几年来,××银行进一步深化信贷管理体制改革,充分发挥网点及区域等优势,把对优良民营企业的信贷支持作为提高我行经营效益的重要举措,加大了对民营企业的信贷投入,极大地促进了我市民营经济的健康发展。现将有关情况报告如下:

一、我行支持民营企业的主要特点

(一)信贷投放的数量较大

近几年来,随着我行资金实力的不断增强,我行的资金和信贷规模出现了较大程度的宽松,对民营企业的信贷投放总量迅速加大,创造了历史新高。6月底,全行各项贷款余额为××亿元,比年初净投放××亿元,增幅为××%,同比多放××亿元。6月底我行民营企业信用余额为××亿元,其中贷款余额××亿元,比年初增加××亿元,增幅为××%,签发银行承兑汇票××亿元,其他信用××亿元。在民营企业的金融服务中,我行支持信用余额500万以上的民营企业共计××家,全部为生产经营正常、贷款正常的优质民营企业。在省经贸委下发的省级重点中小企业、民营企业名录中,我行支持的共计××家,占全部省级重点企业××家的××%,6月底我行对这××家重点民营企业信用余额达××亿元,其中贷款××亿元,承兑汇票××亿元,其他××亿元;企业下阶段发展的信用需求××亿元。

我行较好地支持了一大批地方民营企业的崛起,对地方经济发展起到了积极的促进作用。如××股份有限公司,我行长期将其作为重点扶持客户,在我行的支持下，该企业走过创业初期的困难阶段，实现初始资本积累，实力不断加强，逐步走上良性发展的轨道。××年实现销售收入××亿元，实现利润××万元，已发展成为一家颇具规模、管理规范、在同行业中占有较大份额的优质民营企业。

（二）信贷投放的领域较广

近年来我行调整信贷投向，在继续加大对大型优良客户和国家重点项目贷款投放的同时，将信贷投放延伸到各种类型的中小企业和民营企业。一是支持符合国家产业政策、生产工艺比较先进的化工、建材、纺织、制衣、食品、电子、汽车配件及设备制造等工业企业和具有一定规模的商贸、饮食服务业，为安排我省富裕劳动力做出了较大贡献。二是支持当地政府招商引资企业。我行从发展当地经济出发，积极与政府部门配合，全力支持招商引资。××、××等分行与当地政府签订了招商引资金融服务协议书，承诺对引入的企业提供信贷、结算等全方位的金融服务，为政府解决了后顾之忧，为引入企业创造了良好的融资环境。三是支持"公转民"改制企业。我行在积极维护落实原有债权的基础上，对建立了现代企业制度，没有逃废银行债务，发展前景看好的改制企业进行一如既往的信贷支持，为这类企业的进一步发展提供了资金保障。

（三）信贷投放的金融产品较多

近年以来，我行在支持民营企业金融产品的使用上进行了大胆的突破、创新。在贷款上将仅发放短期流动资金贷款和贴现贷款扩大到流动资金周转贷款、中长期技术改造贷款、设备贷款和基本建设贷款，支持企业改善生产条件、生产工艺、采用先进的生产技术，提高产品质量和科技含量；将仅发放人民币贷款扩大到出口押汇、进口押汇、打包贷款、买入外汇票据、现汇贷款、出口买方信贷、进口买方信贷等国际业务贷款，支持企业出口创汇。在其他信用产品上，将仅签发银行承兑汇票扩大到签发信用证、保函、贷款证明、贷款承诺函、贷款意向书等，与大型集团性、系统性企业一视同仁。

（四）信贷投放的方式先进

近年来，我行为了营销大型集团性、系统性客户，创新了很多方便大客户用信的授信方式，但一直没有对中小企业和民营企业使用。如公开统一授信方式，是各商业银行对客户信用的最高评价，信用一旦授出，客户就可以根据生产经营需要自主安排用信。去年以来，我行打破这一限制，将对民营企业进行单一的内部授信扩大到进行公开统一授信、可循环使用信用等所有的授信方式，给予中小企业和民营企业真正的"国民"待遇。××年，我行对××集团、××公司、××公司等民营企业进行了公开统一授信，授信额达××亿元，较好地满足了他们的资金需要，他们成了各地的重点利税大户和重要的出口创汇企业。

二、我行支持民营企业的主要做法

近年来，特别是今年以来，我行支持民营企业发展的信贷投放是前所未有的，不仅投放量大，而且投放的领域十分广阔，这主要是我行对我省民营企业的发展进行了深入细致的调查研究，及时掌握了民营企业发展的新情况、新趋势，因势利导，适时采取了支持民营企业发展的几项重大举措。

（一）统一思想认识，克服"惧贷"心

民营企业的发展，成为我市国民经济保持快速、高效增长的重要支撑已是不争的事实。但由于历史的原因，各基层行、特别是一线的客户经理，对信贷支持民营企业发展存在着顾虑，信心不足，认为民营企业的发展是暂时的、不长久的，贷款的风险很大，自己要承担很大责任。我行针对这一情况，多次召开二级分行行长会议，专题研究、讨论支持民营企业的发展问题，明确提出要用新眼光、新思维看待民营企业，不能"一朝被蛇咬、十年怕井绳"，要与时俱进、勇于开拓，经济环境变了，对民营企业发展的认识也要跟着变。规定不论企业大小，姓公姓民，凡是符合国家产业政策、符合我行优良客户条件的企业，均是我行信贷支持的对象。从而统一了全行上下的思想认识，从根本上解决了民营企业的身份、地位及规模大小问题，打消了基层行的思想顾虑，使一线客户经理克服了"惧贷"心理。

（二）扩大基层行贷款审批权，调动支持民营企业的积极性

我行是实行授权经营的一级法人管理体制，总行对各一级分行授权，各

一级分行对各基层行进行转授权。为了调动各基层行支持民营企业的积极性，根据民营企业发展的实际情况，分行适时调整了转授权限，在总行授权的范围内，扩大了各二级分行对优良民营企业的贷款审批权限。

（三）简化贷款审批程序，提高放贷效率

我行信贷基本制度规定，一切信贷行为必须经过贷款审查委员会审议。××年，我行实行的是多级贷审会制度，凡是超过授权（转授权）范围的信贷行为必须从支行到总行一级级召开贷审会，环节过多、时间过长，放贷效率很低。去年以来，我行将多级贷审会制度改为两级贷审会制度，一笔信贷业务从受理到发放只要经过受理行和有权审批行两级贷审会就完成了整个审批程序，减少了审批环节，缩短了审批时间，提高了放贷效率，极大地方便了那些资金需求量小、时间要求急的民营企业向我行申请贷款，受到民营企业的广泛欢迎。

三、我行进一步支持民营企业的意见

我行在支持民营企业中，体会到民营企业的发展有如下特点：一是民营企业正处于蓬勃发展的历史机遇期，民营企业的地位在不断提高；二是民营企业面临更加公平的法律环境；三是人们对民营企业的认识发生了较大的转变；四是民营企业的规模在不断扩大；五是对民营企业的各种限制和歧视正在逐渐消失；六是民营企业在资本市场上将得到更多机会。为此，我行将进一步做好对民营企业的金融服务工作。

（一）政策导向

在金融服务的政策导向上，将中小企业、民营企业纳入我行客户体系，与大型公司客户一视同仁地提供金融服务。在客户选择上，我行将不认身份、不讲大小，只讲一个条件：符合我行优良客户标准，即符合国家产业政策，发展前景良好，产权明晰，经营状况和信誉良好，资产负债率在70%以下，总资产报酬率在8%以上，现金净流量为正值，信用等级在AA以上的盈利客户。

（二）内容与方式

在金融服务的内容与方式上，我行将提供综合化、多元化、个性化的金融服务，包括综合服务、分类服务、分层服务、特色服务。

（三）服务手段

在金融服务的手段上，充分发挥我行网络优势，为中小企业、民营企业提供企业银行系统、网上银行、电子商务、电话银行等现代化的金融服务手段。

（四）资源配置

在金融服务的资源配置上，核定专门的信贷规模，简化手续，提高服务效率。

（五）环境治理

在金融服务的环境治理上，与政府、企业、人民银行、银监局做好协调配合工作，为中小企业、民营企业创造一个良好的信用环境。

四、我行对改善民营企业融资环境的几点建议

我行在支持民营企业的发展中也感到民营企业的融资环境亟待改进，主要存在以下问题：一是民营企业的素质问题，主要表现在：建立完善的现代企业制度滞后；高素质的民营企业家群体小；资本实力较弱；产品研发能力弱，产品科技含量不高、附加值低；现代化作业程度不高，手工作坊式生产还占有相当比例；部分企业诚信度不高、行为不规范；管理体制上的"家族式"和"亲缘化"特征仍很突出，生命力不强；忽视企业文化建设；产品知名品牌较少。二是民营企业信用担保问题，主要存在担保人担保意愿不强、担保人担保能力较弱、担保物不足值变现能力较差等问题。三是民营企业经营环境问题，主要有税收政策、收费及各种摊派、行政干预、不健全的财务制度等问题，需要进一步研究解决。

针对以上问题，我行对改善民营经济融资环境提出如下建议：

（一）健全民营企业信用担保机制

近年来民营企业发展势头强劲，资金需求日趋增多，但民营企业尤其是中小企业从银行获得信用仍然十分困难。这既有企业自身经营管理上存在的

问题，如企业规模小、抗风险能力弱、信誉差等，财务管理情况也比较混乱，财务制度不健全，财务信息披露随意性大、透明度低；也有商业银行审批权限上收、客户准入标准高等原因。融资难、贷款难、担保难一直困扰着民营企业的发展。因此，迫切需要健全民营企业信用担保机制。

（二）健全民营企业资信信息系统

很多民营企业在对外宣传上不愿意做较大投入，有的甚至不做任何对外宣传，银行对其资信情况了解的渠道比较狭窄。

（三）健全民营企业发展的法律保障体系

目前，民营经济的地位问题已经解决，一些地方政府也出台了一些有利于民营经济发展的暂行管理条例及暂行规定，但总体上仍没有一个像保护国有大中型企业那样的正式法规、条文出现，民营企业的"国民待遇"问题仍没有得到彻底解决。

营销工作总结

文种特征

1. 概念

营销工作总结是一个单位和个人对某一项工作或任务完成后所进行的回顾、检查，肯定成绩和经验，找出不足和教训，并从中归纳出某些规律性的东西，以促进和推动本单位的营销工作而形成的书面文件。

总结是人们对自身实践活动的本质概括，是对前一段工作的认真回顾和理性认识。它要求从全局出发，围绕本单位或个人自身的实践活动进行总结。"向后看是为了向前干"，此言道出了总结写作的真谛。

2. 作用

（1）总结是推动营销工作前进的重要环节。任何一项营销工作，不管是银行或客户经理都需要多次反复操作、辛勤劳动才能完成。一次具体的营销实践，都有成绩与失误、经验与教训。及时总结，就会及时取得经验教训，提高认识和营销技能。不断总结，那么人们对客观事物的认识也就越来越深刻，知识越来越广，智慧越来越高，所进行的营销事业通过总结才会不断发展、前进。

（2）总结是寻找营销工作规律的重要手段。任何一种事物，都存在着内在联系、外部制约，都有它自身的发展、运动规律。遵循这些规律办事就能顺利达到预期的目的，否则就会受到违背规律的惩罚，招致失败。而要找寻、发现客观规律的途径就需要总结。

（3）总结是培养、提高营销工作能力的重要途径。一个人的工作能力是指他能否承担某项工作、执行某项任务的能力。具体表现在两个方面：一是专业知识水平，二是解决、处理实际工作中的问题的能力。在实践中二者常常是糅合在一起的，相得益彰。运用所学的知识，处理实际工作中的问题，并不断总结经验的过程，就是工作能力不断提高的过程。因此，总结是提高营销能力的重要手段。

（4）总结是团结客户经理、争取领导支持的好渠道。一项营销工作任务完成之后，必须进行总结，对工作进行全面、深入地回顾、检查，对成绩与不足、成功与失败、经验与教训，实事求是地做出正确的评价，使大家认识统一。这样的总结能让客户经理心服口服，能把客户经理最大限度地团结起来。同时，通过总结把成绩、经验、问题和今后的努力方向等向领导部门汇报，能引起领导的重视，争取领导的支持、指导。

3. 特点

（1）政策性。对某一时期的全面工作或某一方面的工作的总结过程，实际上就是检验、鉴定某一政策措施的执行情况及其成败得失。指出成绩，看到不足，找出原因，为今后的工作提供有益的借鉴。政策决定着工作的开展方向，工作体现着政策的运行轨道。

（2）指导性。总结是对以往实际工作中的一种理性认识，是对实践的本质概括，用以指导今后的工作顺利开展。回顾过去，面对现实，展望未来，推进工作,这既是总结的出发点,又是总结的最终目的。因此,指导性是总结的生命。

(3)专业性。随着社会的发展,分工越来越细,各个部门和单位都担负着各自不同的特定任务。专业不同,工作内容、性质不同,每一种工作都具有其独特个性。总结作为各行各业实践活动的反映形式,专业性必须鲜明而突出,这是由工作本身的性质对总结内容的规定决定的。因此,撰写人必须既具备该项工作的专业知识,又参加过该项工作的实践,同时,又具有较强的写作能力。

(4)真实性。真实性是总结的灵魂。因为总结要指导营销工作实践,它的内容必须真实确凿,客观地反映实际情况,有材料、有观点、不溢美、不掩恶,说明问题,解决问题。写入总结中的一切事例和数据必须完全真实,确凿无误,绝不允许弄虚作假,生编乱造,要能够经得起实践的检验。

结构模式

1. 种类

按内容可分为综合性总结和专题性总结;按性质分为学习总结、工作总结、思想总结、劳动总结、会议总结等;按工作涉及参与人的范畴可分为个人总结、集体总结(如单位、部门等);按工作时限可分为月度总结、季度总结和年度总结等。

在一般情况下,总结主要分为全面总结和专题总结两类:

(1)全面总结。全面总结是一个单位对在一定时限内的各项工作的全面回顾、概括,其内容丰富、篇幅较长,它反映出该单位各方面的情况和问题,真实地勾画出单位工作的全貌。撰写这种总结,通常有三种用途:向上级或领导汇报工作,作为向本单位员工所做的工作总结报告,作为与外单位交流经验时的材料。

(2)专题总结。专题总结内容比较单一,即对在一定时间内的某项工作或某个问题所做的专门总结。个人总结、学习总结、某项业务或某个项目总结等即属这一类。其特点是内容单一、针对性强、篇幅短。因而要求对情况反映较为清楚,分析比较透彻,尽可能突出成绩,反映典型经验。撰写这类总结,一般是为了总结典型经验,以便推广。

2. 结构

营销工作总结一般由标题、正文、署名和日期三部分构成:

(1)标题。总结的标题要求简明、准确、新颖,充分突出内容。常见的标题形式有两种:一是由单位名称、时间、事由和文种构成,类似于公文标题,也可以省略单位名称,如《2016年全行公司业务工作总结》;另一种标题形式比较灵活,没有固定格式,类似新闻标题,只要切中总结的内容或观点即可。

(2)正文。正文一般由五个部分构成。

开头部分:根据写作目的,简要地介绍总结的基本情况,包括时间、地点、过程、依据、主要成绩、体会或重大失误等,为下文的写作奠定基础。

成绩部分:要根据写作需要,做到详略得当,有所侧重地概括出所做工作的进展情况、成绩或效果。总结工作成绩要突出重点,不要面面俱到。

问题部分:这部分不能缺少。任何工作都不可能尽善尽美,它总是受各种内外因素的制约而存在不足。找出不足,正是为了今后有效地整改。实践证明,那种对存在的问题采取回避的态度是十分有害的。

体会及经验教训部分:体会和经验教训要写出特色来,具有新意,给人以启迪。

结尾部分:简要写出今后的打算、设想或努力方向,以及改进措施、意见和建议等。

有的作者将成绩、体会、经验及教训融合在一起进行总结,也是可行的。

(3)署名和日期。署名写在结尾的右下方,在署名下面写明总结的年月日。如为突出单位,也可把单位名称写在标题下面。

写作指要

为了更加全面、客观地写好营销工作总结,在写作中要注意以下几个方面:

1. 认真调研，收集材料。

这是写好总结的前提。写总结之前，要全面、系统地调查、了解、回顾以往的情况，对过去的营销工作要有一个清醒的认识、正确的估价。正确认识优势、长处，善于发现劣势、缺点。

2. 研究材料，找出规律

这是写好总结的关键。要把感性认识提高到理性认识上来，总结出带有规律性的、具有指导意义、行之有效的经验教训，并在提出问题、分析问题的基础上，明确提出解决问题的办法。

3. 围绕中心，突出重点

这是写好总结的根本方法。必须围绕中心，选择典型事例，突出重点问题，切忌罗列材料，记流水账。

4. 实事求是，一分为二

这是写好总结的基础。要提倡实事求是、一分为二的观点，反对片面、有意夸大成绩、回避不足。要提倡内容的真实，用事实和数字说话，反对内容空虚，只讲大道理或笼统叙事。

5. 叙议结合，语言简朴

这是写好总结的要求。总结的结构和文字，要提倡简洁、流畅，用词质朴，表达准确，反对用词花哨，或是废话连篇、冗长。既要用叙述的方式摆情况、谈成绩、讲做法，又要用议论的方式分析原因、谈出体会，做到叙议结合。

范文解读

[范例14．工作总结]

××商业银行××分行年度个人金融工作总结

××商业银行分行个人金融部

××年，个人金融部认真贯彻总行零售业务工作会议，紧扣"建设国际一流商业银行"战略目标，强力实施营销创新，大力开展客户建设，深入推进网点转型，稳步提升管理水平，个人金融业务持续快速发展。

对全行业务发展有新贡献。对总量扩大有贡献。××年末，个人存款余额、日均余额分别达到××亿元、××亿元，对全行存款余额贡献度分别达到××%、××%，比年初分别提高了××个百分点、××个百分点；个人中间业务收入××亿元，占全行中间业务收入的××%，其中个人新兴中间业务收入××亿元，占比高达××%；个人管理资产××亿元，占比稳步提升。对增量发展有贡献，个人存款增量、日均增量分别为××亿元、××亿元，同比多增长××亿元、××亿元，对全行存款增长贡献度分别达到××%、××%。对计划完成有贡献，个人金融各项业务全面超计划完成，个人存款增量完成总行计划××%，日均增量完成分行下达计划的××%；个人管理资产计划完成率高达××%，年度增幅达到××%。

市场领先优势有新提升。××年末，个人存款在连续××个季度保持余额、增量、日均余额、日均增量等"四项第一"的基础上，领先优势进一步扩大，个人存款余额和增量在四大行中市场份额比年初分别提高了××个百分点、××个百分点，分别达到××%、××%。借记卡市场份额、管理资产、个人中间业务收入市场份额保持同业第一优势。

个人贵宾客户营销维护有新成果。××年末，全行个人贵宾客户加权户数××万户，增加××万户，完成总行下达计划的××%；占比达到××%，比年初提高了××个百分点。个人贵宾客户产品交叉销售率××%，比年初提升××个百分点，完成全年提升计划。签约私人银行客户

××户，跨境业务客户数××户，户均金融资产××万元，比年初增长××万，增幅达××%，达标客户签约率完成计划××%。

网点转型有新进展。网点布局结构得到进一步优化，全年新设网点、自助银行分别为××个、××个，迁址网点××个。标准化改造全面升级。全年累计新装修改造网点××个，完成标准化功能分区网点数达到××个，覆盖率××%。营销服务水平稳步提升。完成了文明标准服务固化和营销技能导入的"全覆盖"，"神秘人"得分持续提升。网点效能水平不断提升。点均存款、贷款、中间业务收入、贵宾客户数、电子渠道分流率分别比年初增加了××万元、××万元、××万元、××户、××个百分点。

基础管理有新突破。团队建设有突破。营销人员数量、占比达到××人、××%，比年初分别增加了××人、××个百分点，营销人员数量是3年前的××倍；创办全国首家个人金融学院，累计组织培训××场次，培训受众超过××人，团队综合素质大幅度提升。管理方式有突破，强化精细化管理、穿透式管理，大力实施精细化管理工程，将服务、管理、支撑穿透到网点，个人金融业务工作全年运行平稳，效率明显提升。系统建设有突破，与信息技术管理部共同创新研发了员工业绩考核系统，并推广上线；持续抓好了客户关系系统、金融理财系统等系统的应用。

品牌建设出新形象。内部形象持续提升，在总行个人金融条线前四季度考评中均居前10位，首获总行考核第一名，荣获总行零售业务综合营销先进集体××项大奖，其中个人金融条线获得零售业务综合营销先进集体、零售业务营销示范分行、理财杰出奖分行、优秀营销组织奖、创意项目奖等××项大奖。总行简报刊发、推广介绍我行网点硬转、资金组织、中间业务产品营销等工作经验××次，××次发来贺信肯定我行个人存款工作、理财业务、贵金属和基金销售为全行做出的突出贡献。外部评比屡创佳绩，荣获××省"最佳零售银行"称号；连续××年获得××金融博览会"十佳理财团队"称号；××支行营业室等3个网点荣获中银协××年"文明规范服务千佳示范单位"称号，为获得此荣誉的××省金融机构中最多的一家。

××年，主要做了以下工作：

一、抓重点业务发展，提升个人金融业务贡献度

按照"扬优势、攻短板、抢市场"的总体思路，全年持续发力，抓好了重点业务的发展。

（一）着力于巩固、扩大市场垄断优势，实现个人存款同业"四项第一"

重点突破"个人存款高位增长压力巨大"的难题，制定"活动推动，产品牵引，方法指引"的增储、稳存策略，实现个人存款高位领跑。一是活动推动。通过"综合＋专项"相结合，大力开展"开门红"等四大综合营销活动，以及"个人存款集中营销""代发工资营销"等专题营销活动，确保"活动不断、主题常新"。抓住一季度资金旺季，放大"开门红"活动集聚的品牌效应和市场效应，打好全年资金组织"揭幕战"，一季度个人存款净增××亿元，占全年净增额的×××%，赢得全年主动。针对二、三季度存款与理财资金"换肩"频繁的特征，以个人中间业务产品销售为突破点，狠抓客户资金挖掘，开展"夏"和"秋"综合营销活动，存款资金和理财资金的"双锁定""跷跷板"现象明显弱化。制定《代发工资业务营销指引》，筛选代发工资客户目录，"扫户式"开展代发工资客户营销活动，全年锁定存款资金××亿元。二是产品牵引。全面推广礼仪存款、整存整取加息智能转存、个人资金归集等新产品，大力挖掘客户资金潜力；做好理财产品、基金等资金对接，寿险到期给付、第三方存管主资金账户升级营销等工作，对上述产品客户实施名单式跟踪管理，提前10天进行对接营销，最大限度确保资金留存度，实现了资金科目的内部转换，全年锁定资金超过××亿元。三是方法指引。制定个人存款组织"抓大头、抓源头"方针，重点抓好个人消费类、生产经营类、理财投资类、薪酬奖金类、建设项目类、知识产权类等六大类个人贵客客户资金组织工作。同时，积极应对同业竞争，做好重点时段、重点客户、重点资金的维护、锁定工作。

（二）着力于突破新兴中间业务产品营销，实现个人中间业务销量和收入"双增长"

根据市场发展新趋势，及时制定出台了《关于突破新兴个人中间业务产品营销的意见》，按照"抓来源落实、抓对策出台、抓宣传到位、抓项目储备"

的"四抓"举措,做好了中间业务营销工作。一是抓来源落实。认真分析个人中间业务优势产品、弱势产品和新产品,明确了××类××个收入重点科目,以及具体增收渠道、网点营销拓展任务。二是抓对策出台。抓《个人理财产品核心客户群建设管理办法》的进一步落实,全行在分层分类建好基金、黄金、理财产品等核心客户群的基础上,根据产品特征,差异化开展产品营销。基金营销做"户"。通过持续开展基金定投"星火行动"、"千元尝新"活动、基金健诊和重点客户关怀活动,促使基金定投客户数大幅增长,在系统内排名第××位。理财业务做"大"。通过抓理财产品滚动发售,定期向网点下发《在售投资产品周报》,通报营销进度实施营销辅导,全年销售个人理财产品××亿元,比去年增长××%,促使个人管理资产销售上新台阶,总额达到××亿元;通过向个人贵宾客户定制高收益理财产品××期,锁定个人贵宾客户××户,留存存款××亿元。贵金属销售做"广"。将实物黄金开办网点增加到××家,抢占县域蓝海市场。上线存金通、实物白银等新产品,抓住元旦和春节贵金属消费旺季,开展系列优惠活动和现场营销活动××场次,成效显著,贵金属销售收入系统排名比年初提升了××位。外汇业务做"响"。强化西联汇款、留学金融、私人银行跨境金融服务产品营销,全面做响个人外汇业务品牌,全年跨境金融服务新开户达到××户。三是抓宣传到位。加大贵宾卡、黄金、理财产品等畅销产品媒体宣传力度,仅《××都市报》,刊登硬广告和软文宣传××次。网点利用好"四屏"、展架、宣传栏等工具,充分利用音频、视频、海报、折页、产品清单等工具,在网点营造了良好宣传氛围。四是抓项目储备。在9月底及时出台了《个人金融11大项目储备营销方案》,全面开展贵金属、个人理财产品等项目的储备工作,为下一年个人中间业务营销强劲增长蓄足后劲。

(三)着力于强化个人贵宾客户建设,实现个人贵宾客户"量质同升"

认真执行总行客户关系管理年相关工作要求,结合我行个人贵宾客户特征,制定出台了《贵宾客户营销管理指引》《提高个人贵宾客户重要指标26法》等制度、办法,实现个人贵宾客户建设"四项升级"。一是存量客户维护升级。全面推行个人贵宾客户"分户到人";强化个人贵宾核心客户群、管户名单制和四包责任制等"一群两制"工作的落实;细化存量客户维护规定动作,出台了以定期维护"赠送手册、推介服务"等"十必须"和日常维护"周沟通、月联系"等"八到位"为核心的"10+8"维护模板。促使员工主动签约,定期维护,实现升级,××年末,达标贵宾客户管户率达到××%,资料维护率达到××%。二是大堂营销手段升级。制定了《大堂营销管理办法》,将大堂商机管理模式有机融入"全员转介、专人营销"中;进一步完善潜在客户转推介表、大堂经理日志、客户经理日志等营销工具,大幅度提高营销的规范性和高效性;制定下发《"1+15"个人金融产品交叉营销指导意见》《重点产品交叉营销指引》等文件,明确产品重点和营销策略,对存量客户用好《征求意见函》实行"填空式"营销,对新客户用好开户申请书,实行"一揽子"营销,实现交叉销售广覆盖、多交叉、深渗透的目标。××年末,全行个人贵宾客户交叉销售率为××%,比年初增长了××个百分点。三是行外拓展效率升级。对源头型、垄断型、资源型大户,深入开展"三进""六优"等外拓营销活动,"走出去"大力挖掘贵宾客户和新贵宾客户。牵头组织商会示范营销,开展省会城市圈商会"三送三优"专享营销服务活动,新拓展高端贵宾客户××个,营销零售业务产品××人次,金融资产增加××亿元。针对集团性、系统性法人客户持续开展了"法人客户高管营销活动",累计签约发展新贵宾客户近××万户。四是私人银行客户营销升级。针对上市公司限售股股东,先后拜访了上市公司董事长、财务总监等高管××余位,积极开展的限售股解禁专项营销活动,成功营销××集团股东限售股解禁项目,拓展白金卡以上客户××户,营销限售股股东解禁后金融资产××亿元;积极开展跨境金融服务,形成跨境服务能力,签订跨境金融服务意向表××份;强化私人银行客户维护,举办了迎春祈福联谊答谢客户活动和女性高端形象管理沙龙等高端客户专享活动,参与客户超过××人次,活动营销新拓展私人银行客户××户。

二、抓网点转型深化,提升个人金融业务竞争力

围绕硬转、软转、产能等三项重点工作,重点抓好了网点转型的纵深推进。

（一）加快网点布局优化和建设，确保网点硬转工作升级

一是细规划。通过专班力量，历时3个月，在金融生态图的指导下，对网点布局规划进行分析研究，并编制三年全行网点布规划。二是重调整。在全面开工建设××个网点和新立项建设网点××个的基础上，把网点建设的重点逐步转到优化网点布局上来，大力开展网点选址工作，储备网点和离行式自助银行物理地址××处。全年迁址网点××个，新设网点××个，建成离行式自助银行××个。三是争资源。积极争取总行网点建设政策与资源支持，网点建设立项额度和固定资产指标始终保持全国前列。四是强管理。实行网点建设全过程、全流程管理，集中审核网点平面设计方案，全程加强网点施工现场管控，多部门联合进行网点竣工验收。同时，坚决实行网点建设合作单位优胜劣汰。

（二）推进营销服务成果固化，确保网点转型基础打牢

通过"顶层抓、活动推、典型引、精细做、强力固"五项措施，抓好网点营销服务固化提升工作。一是顶层抓。分行在一季度末即成立了由主管行长任组长，个金、人事、运营、计财等7个部门为成员的跨部门转型团队，下设转型推进、资源保障、系统支撑3个工作小组，"分工负责、合力推进"网点转型工作。二是活动推。在全行开展了"网点营销服务基础提升专项活动"，提出"分段推进、按月排名、按季通报、专项辅导"强势推进措施，确保网点营销服务水平的强势增长。三是典型引。在全行打造了××家"转型示范网点"，培育了××支行营业室等3家"中国银行业文明规范服务千佳示范单位"，组织开展了"青春风采录"活动，在全行确立了××名营销服务模范人物，在全行掀起了"学典型、做规范"的新高潮。四是精细做。在营销网点人员配备、岗位清分、功能分区利用、非营销职能剥离等工作上下功夫。抓好网点营销人员配备，增配网点营销人员××名，达到××名，营销人员占比达到了××%。抓好岗位职责清分，认真落实《调整优化支行内设机构和岗位设置的通知》规定，强化了大堂经理大堂营销与服务管理职责，个人客户经理、理财经理在低柜区客户咨询、专业营销、配套服务提供等职能。抓好功能分区利用，修订完善了《非现金服务区业务管理办法》，

重点丰富了营销、客户咨询、配套服务提供等营销功能；指导各级行围绕"丰富、严格、开放"等关键词用好理财室；按照"专人引导、专业指导、综合营销"的思路强化了自助服务区、电子银行体验区的使用。抓非营销职能剥离，全面落实总行《物业集中管理办法》，按照分步推进策略，逐步将大型设施、设备、区域保养维修及凭证物资配送集中到管理行，目前已有××家二级分行完成了物业集中管理。五是强力固。通过内部巡诊和外部"神秘人"检查相结合，强化网点营销服务问题发现和整改。在细化落实《网点巡诊现场工作指引》的基础上，提出"十查十看"的方法，组建网点转型巡诊队，集中开展转型巡诊××次，对××个网点进行了现场诊断和帮辅，解决各类问题××个，对××个问题较严重的网点实行文明标准服务和营销技能再导入。同时，制定了《"神秘人"检查考核管理办法》，强化问题的查处。将"神秘人"检查由"按季抽查"调整为"按月全覆盖"检查，对得分低于全行平均水平的××家二级分行进行了绩效辅导，督促各级行对"神秘人"提升不理想的支行主管行长、网点负责人等管理人员进行"严惩"。

（三）强化网点产能建设，确保网点转型见实效、出成果

一方面，强化当期网点产能建设的组织推动。制定出台了《网点产能建设管理办法》，设定存款、贷款、中间业务收入、个人贵宾客户、理财产品销售量、电子渠道分流率等六项指标，按照省会城市、地市城区、县域一级支行营业部、县域城区、乡镇等5个类别划分4个档次，对全行网点进行大排名、大PK，按季对各行薄弱指标、薄弱区域、薄弱网点进行督导，半年进行通报，全面刺激网点提档升级。另一方面，谋划、设计中长期网点产能建设工程。针对我行当前网点转型及效能建设中存在的问题，我们系统地提出了为期3年的网点产能建设提升工程，详尽设计了以"网点落地模块、市场拓展模块、管理行支持模块"等"三大模块15个子模块"为核心的工程规范，着力实现"对公与零售间、前台与后台间、管理行与网点间、浅层次动作与深层次机制间、转型各模块间、硬转与软转间"等"六方面同转"。目前已形成工程规范在全行大力推广。

三、抓经营管理改进，提升个人金融业务发展品质

（一）狠抓四级分层营销服务体系的建设和完善

大力建设并逐步完善"以私人银行为龙头、二级分行财富管理中心为骨干、支行品牌工作室为主体、网点贵宾理财室为基础"的四级贵宾服务体系。一是完善组织架构。在完成私人银行部建设的基础上，批复并启动了××家二级分行财富管理中心建设，对××家支行品牌理财工作室进行授牌并已开始运营，对贵宾室、理财室的开放、使用按月督办，确保所有网点理财室均已对外开放。二是完善运营机制。在参照私人银行运营管理办法的基础上，制定出台了财富管理中心、品牌理财工作室的管理办法，对"管理行＋网点"协同做好个人贵宾客户营销维护工作进行了详尽界定。三是强化体系营销作用发挥。指导××财富管理中心、××理财工作室等筹备前期营销宣传方案策划；与基层行共同开展营销活动超过××场次，确保营销服务体系不仅能建起来，更能发挥作用。

（二）狠抓个人金融营销团队综合素质提升

通过创办个人金融学院，在全行建立起"个人金融学院为主要平台，各级行集中培训为重要辅助"的专业零售业务培训体系，使全行零售业务团队建设跨上了一个新台阶，总体概括为"四化"。一是实现了培训工作的常态化。通过××期超过××人次在个人金融学院的培训，以及各级行所开展的各类培训，使各级行零售业务工作人员在××年平均参加零售业务培训达到××次，培训已成为一项定期、常态开展的工作。二是实现了培训内容职业化。在安排课程时注重三个"对接"，即：与全行发展战略对接，××年对接品质经营提升举办网点主任培训班，重点培训网点转型、贵宾客户营销、团队与文化建设；与员工需求相对接，在强化产品、业务培训的基础上，突出了营销、管理、合规等方面技能的培训；与市场变化相对接，加入了外部经济学专家、营销专家的现场讲授环节，广泛"借智""借脑"。三是实现了培训效果实用化。根据培训对象层级不同、岗位不同、基础不同、培训目的不同，将培训工作分为操作实用型、技能提升型、资格认证型和高端成长型四类，有针对性地开展培训工作。四是培训方式多元化。在持续做好现场讲

授、晨夕会示范以及网络培训、员工自学等方式的基础上，创新组织体验式、拓展式培训和视频、卡通示范培训等。

（三）狠抓个人金融业务精细化营销管理

通过推行"精准营销管理、规范营销管理、穿透营销管理、自律监管管理"等"四项管理"举措，大幅度提升了全行个人金融业务营销管理的精细化水平。一是推行精准营销管理。通过开展《网点金融生态图》绘制工作，逐点完成网点金融生态图、客户路线图、营销攻坚图和网点诊断图四个图谱的绘制与应用工作，摸清网点周边市场及资源情况，提升对周边市场营销的精准度和成功率。二是推行规范营销管理。通过抓学、抓用、抓督办，持续抓好了《零售业务精细化管理工程》"六优方案""套餐营销模板"、个人中间业务产品销售规定动作、文明标准服务和营销技能两个手册等规范性制度、模板的"现学、现用"；同时，进一步将相关工作制度"规范化、模板化、操作化"，先后下发了"最大最强最优零售银行方案"背景解析、网点转型、文明标准服务、客户关系管理和金融理财系统使用操作、公私联动营销等××余份，进一步提高营销管理工作效率。三是推行穿透营销管理。抓工作发起"从网点来"，强化基层调研和意见征集。做到了制度定稿发文前必须征集基层行意见，并先后就存款资金趋势、网点纵深转型、三大系统推广应用、民营企业家群体拓展营销、效能提升项目模块制定等多项工作的专题调研超过××次。抓工作辅导"到网点中"，对个人贵宾客户产品交叉销售率、潜力客户升级营销、理财产品销售等业务基础数据分析按月打包下发至网点，为基层行营销管理提供强力支撑。抓工作执行"到网点去"，对网点效能提升情况、个人贵宾客户拓展维护、"神秘人"得分等重点工作定期督办、排名到网点。四是强化自律监管管理。重点抓业务绩效辅导和合规风险防范工作。先后对××家行就个人存款、基金销售、理财产品营销、文明标准服务等多项工作开展绩效辅导会××次；全面完成了自律监管任务，认真开展不规范经营管理、尽职监督检查和案件风险排查活动，配合做好"平安e行"、合规示范网点创建等活动，下达督导书、整改意见××余份，进一步提高了合规定力。

（四）狠抓科技系统创新和应用

一是推研发。与信息技术管理部共同研发上线了员工业绩考核系统，实现了电子业绩台账、协同式营销支持、多维度业绩报表、分层次业绩排名等四大功能的自动化、电子化、系统化办理，对提升营销管理效率、实施科学绩效管理、细化团队业绩分成、强化网点协同营销等发挥了积极作用。二是抓优化。对客户关系与金融理财系统使用存在的问题进行广泛调研，进行系统修改完善。根据新升级三大系统特性，及时行文下发了《三大系统运行管理办法》和《关于进一步明确贵宾卡发卡有关问题的通知》等系列制度办法，确保基层员工尽快上手操作。三是抓使用。省市县三级行均组织了多种方式、多频次反复培训，包括集中培训、现场辅导、上机演练、测试过关等。同时，突出加强了对管理层的系统培训，组织开展三大系统的集中培训××场，培训××人次，覆盖所有个金条线管理层和各级专管人员，组织三大系统全省巡回现场培训××余场，覆盖所有二级分行和大部分支行、网点。将上述科技系统的推广、应用纳入网点转型巡诊工作中，做到逢查必检；成立三大系统使用专家小组，不定期到二级分行就系统使用进行培训、帮辅。

虽然××年全行个人金融业务发展取得较好成绩，但仍然存在一些问题和不足，如个人贵宾客户占比、网点软转成效固化、个人信贷资产质量水平等均存在进一步提升的空间，需要我们认真研究解决。

营销工作经验材料

文种特征

1. 概念

营销工作经验材料又称典型材料或先进事迹材料，是如实记载和反映在营销工作和学习过程中涌现出来的先进单位、先进人物的先进事迹的书面文字材料。

2. 作用

营销工作经验材料的作用在于弘扬先进、树立典型、推广经验,使广大营销工作人员有所效仿、见贤思齐,从而尽心竭力地做好本职工作。

3. 特点

经验材料作为一种常用的事务公文文种,具有如下特点:

(1)真实性。这是经验材料的生命所在,写入文中的事实必须真实可信,包括有关情节、细节、人物语言等;必须确凿无误,不能掺杂任何虚构或粉饰的成分。

(2)经验性,即理论性。它要求总结出来的经验能够抓住事物的本质,反映事物的规律,具有一定的理论高度。那种就事论事的方法是写不出好的经验材料的。

(3)典型性,即代表性。是指对有关材料的运用,必须做到既能真实地反映单位或个人的特点,即个性,又能达到高度概括,即共性,总结出来的经验具有普遍的意义,能够指导面上的工作。个性特征越鲜明、生动,所提示问题的本质愈深刻,个性与共性越统一,典型性就愈强。材料不在多少,关键在于能否反映出单位或个人的特征,并能提出人们普遍关心的问题。

(4)充实性。即指所用材料要充实,要用具体的、典型的、有充分说服力的材料来显示先进单位或先进人物"先进性、经验性"的特性,让人感到血肉丰满,富有表现力。

(5)统一性。即观点和材料统一。它不仅要求观点正确、突出,材料真实、具体,而且要求观点统率材料,材料反映观点。

结构模式

1. 种类

从实际情况来看,营销工作经验材料既有单位或部门的经验材料,又有个人的经验材料,它们在实践中的使用频率都很高。

2. 结构

营销工作经验材料的结构通常由标题、导语、正文、结尾四部分组成。现分述如下：

（1）标题。标题是经验材料的"眉目"，要写得简明扼要。如《单位经验材料》《××同志的事迹材料》等。也可以用新闻标题。

（2）导语。这部分是全文内容的概括，一般写明三项内容：一是基本情况介绍；二是先进经验和事迹概述，要写得高度概括，不可冗长；三是过去已经受过的表彰奖励。如果没有，则此项内容省略。

（3）正文。这部分是经验材料的主体和核心，要写得完整、准确、具体，在导语所述内容的基础上进行拓展和加深，介绍先进事迹和经验的具体内容。要详尽反映出先进单位或者先进人物的感人事迹，其所取得的主要成绩（即工作的收获和效果）和具体表现，要善于运用典型事例加以说明。选材务求真实，切忌人为地拔高甚至随意编造，以免事与愿违。此外，对先进单位、先进人物的思想来源，先进形成的过程、成长基础等，也应加以反映，以增加材料的可信度和真实感。

（4）结尾。经验材料结尾，一般有两种写法：一是阐明先进事例的意义，进行总体评价；二是提出向先进学习的要求。也有的省略这部分内容，正文写完后，行文即告结束。

写作指要

1. 要站在时代的高度，放眼全局

写作经验材料的宗旨就在于以典型事例推动当前工作的深入开展。因此，撰写时必须站在时代的高度，紧紧围绕当前全行营销的中心工作，做出正确反映。

2. 要实事求是，不搞"笔下生花"

撰写经验材料贵在"实"，最忌虚妄，必须深入实际进行认真的调查研究，切实掌握第一手材料，以便对先进事迹做出恰如其分的反映。不能搞"笔下

生花",将原本并非突出的一般性表现无限上"纲"。这样即使先进典型"树"起来,也难以令人信服,并且经不起实践检验,甚至还会严重损害本单位的声誉,造成不良影响。

3. 合理安排和使用材料,做到条明理晰,重点突出

撰写经验材料,所涉及的内容很多,但文章篇幅是有限的,不可能面面俱到,这就要求合理安排和使用材料,做到条理分明、重点突出。切忌贪多求全、主次不分,否则就会严重损害文书的质量和效用。

范文解读

[范例15. 单位经验材料]

抓机制、抓客户、抓账户

强力推进存款(管理资产)业务经营转型

××银行××分行

今年以来,我行认真贯彻落实总行工作会议精神,在打造一流商业银行目标引领下,更加注重抓基础、抓根本,深化经营转型取得新进展,经营绩效持续提升。××年,我行存款增量、存款余额、实体贷款、中间业务、拨备后利润等五项主要指标排名同业第一。其中:存款日均余额增加××亿元,在四行中的市场份额达到××%,比年初提高××个百分点;实现中间业务收入××亿元,同比增加一倍多,市场份额××%,比年初提高××个百分点;实现拨备后利润××亿元,超计划××个百分点。在存款(管理资产,下同)业务上,我们主要是围绕稳定性,抓了四个方面的工作。

一、以机制改进为保障,激发稳定增存动力

为提高存款质量,今年我们在存款业务考核上做了两方面较大改进。一

是考核重点转移。重点考核日均存款和账户、客户的营销；要稳定性和基础性，对月末、季末、年末，以稳住市场份额作为经营底线。二是资源和政策挂钩有力。对存款指标完成情况实行"三挂钩"：与工资费用挂钩，多劳多得；与信贷规模分配挂钩，在符合信贷准入条件的前提下，多存多贷；与开放资金市场业务挂钩，对增存好有资金的行，优先准许其办理经总行授权同意的高收益的资金市场业务。

由于导向明确、挂钩有力，今年我行存款增长出现了两个显著特点：一是持续稳定增长，全年日均存款增加××亿元，占四行增加总量的一半以上，同时也印证了有日均不愁月末、季末、年末的规律；二是适应经济发展新常态、金融改革新变化，我行的存款资金与证券资金、存款资金与保险资金、存款资金与信托资金、存款资金与代理资金、个人存款资金与对公存款资金相互转换，相互对接，形成大资管、大资金、大存款的新型负债格局。

二、以目标客户为重点，确保个人存款稳居同业第一

为提高吸存的有效性，全行进一步细分客户，明确导向，并结合客户特点增强存款业务工作的针对性，重点抓了七类客户。一是高端客户。推行优质个人客户营销策划、项目方案和客户金融服务解决方案模板管理，扎实做好存量客户维护工作，针对四个不同级别的贵宾客户，建立包营销、包建档、包维护、包增值的"四包"责任维护制度。全年个人贵宾客户新增××万户，增加金融资产××亿元。二是代发工资户。按照主贷公司客户代发工资渗透率100%、基本账户公司客户代发工资渗透率100%、战略公司客户代发工资渗透率80%、一般公司客户代发工资渗透率60%的目标要求，全面开展公私联动，将代发工资营销任务落实到部门、到网点、到项目、到团队、到目标、到时间段、到考核、到奖惩，对代发工资客户目录开展"扫户式"营销，以公带私、以私带私，引导个人资金体内循环、快速回流。全年通过代发工资增加个人存款××亿元。三是第三方存管户。深挖潜在客户，控住资金源头。新增第三方存管客户××万户，客户总量××万户，存管资金××亿元。在此基础上，利用资本市场间歇机会，大力营销个人理财等吸存能力强的产品，做好客户资金流转稳存工作。销售理财产品××亿元，稳存××亿元。

四是代理保险户。专门制定代理保险满期给付客户对接金融服务方案,提前做好兑付工作,稳住资金,转换存款。全年累计兑付××亿元,资金留存率达××%。五是代理信托户。充分利用我行的金融资源,优选代理××家公司发行信托计划,一方面锁定对公存款,另一方面信托计划到期又转换为个人存款。六是专业市场户。充分利用资产业务的撬动作用和渠道产品的牵引作用,深入开展"进市场"活动,进驻并锁定××个专业市场,稳定客户流转资金,组织资金××亿元。七是农村外出创业户。发挥我行连接城乡的优势,城市行积极做好进城务工人员对接服务,农村行利用春节务工人员集中返乡机会,全力争夺外出务工人员返乡存款。一季度通过柜台和电子渠道流转我行的资金达××亿元。一季度,全行个人存款日均净增××亿元,同比多增××亿元,稳居同业首位。

三、以账户营销为切入点,推进对公存款业务转型

账户是对公存款营销的基础,基础不牢,地动山摇。以贷引存、单一营销的对公存款组织模式已经过时。我们努力将筹资方式转移到以账户营销锁定客户、以代理业务产品牵引客户、以系统合作网罗客户、以活动竞赛吸引客户和以优质服务渗透客户上来。全年对公存款增加××亿元,市场份额达到××%,由上年第2位上升到第1位。一是一般账户抓提升。推出信贷客户"四率"管理和量化考核,确保信贷类客户存款结算账户开户率、或有资产和担保业务保证金到账率、新建项目自有资金到账率及交易对手账户开户率达到100%,企业销售资金归行率不低于我行贷款市场份额。开展"一户三案"(即一个公司客户制定银行营销策划方案、客户金融服务方案、信贷风险控制方案),实施交叉营销,拓展大型商场、连锁超市、商贸物流、专业市场等优良客户和金融同业中的存款大户,积极开辟新的增存市场。与集团性、系统性客户及产业链客户构建一对一资金结算网络。同时,充分发挥信贷杠杆作用、代理业务以流量换存量的作用及其他优势产品以少引多、以短引长作用,多途径引存增存。二是系统账户抓突破。针对政府行政机关账户,专门制定了政府机关账户营销活动方案和目录指引,以××个账

户为重点开展专项营销。成功营销××户,增加流量资金××亿元,稳存××亿元,并延伸锁定关联账户××户。同时,开展与电信、电力、烟草等行业系统的全面合作,引入行业系统账户资金××亿元;在全行组织案例推广会、现场会,推动基层行大力营销政府采购资金、县级行政服务中心结算资金等系统性管理资金项目。××和××两家分行通过为当地政府提供土地交易结算平台,增加存款××亿元。三是专特账户抓拓展。成功营销××部队客户,开立基本账户××个,并通过军人保障卡、公务卡、代发工资等产品,撬动了相关市场,开立军队账户××户,共增加特种存款××亿元。紧盯中央专项资金,在做好农村义务教育、家电下乡补贴等中央专项资金营销的同时,采取强有力的措施,争取移民安置资金和移民扶持资金账户。××等分行取得移民资金代理权,引存专项资金××亿元。四是新增账户抓竞赛。对新增账户,全面开展"四高"高效账户营销竞赛活动,即开立账户级别高(客户行政级别,如省级、市级、县级账户;账户级别,特别是基本账户;公司级别,特别是总公司、集团性公司总部)、账户存款额度高(日均10万元为有效账户、日均100万元为高效账户、日均1000万为特级账户、日均10000万为顶级账户)、账户产品渗透率高(小微客户1+5,公司客户1+25)、贷款客户信用等级高。全年共新增对公账户××户,比上年增加3.7倍,新增对公存款××亿元,其中高效账户××户,新增对公存款××亿元,特级账户××户,新增对公存款××亿元。

××年××月

通知

文种特征

1. 概念

通知是国家的行政公文之一，也是营销活动中使用最广泛的一种文书。是指通过传达使人知道并办理各类事项的意思。作为公文的通知，主要用于批转下级银行的公文，转发上级银行和不相隶属单位的公文，传达、告知、要求下级银行办理和执行的事宜的一种文书。

2. 作用

通知使用的范围极其广泛，包括的类型也很多，具体概括有如下作用：

（1）具有传达作用，即可用于传达上级行指示，传达对下级行的有关事项要求。

（2）具有承转作用，即可用于批转下级的公文，转发上级、同级单位或不相隶属单位的公文。

（3）具有指令作用，即可用于颁布有关行政法规，从而起着指令性作用。

（4）具有决定作用，即可用于决定有关具体事项，从而具有决定的作用。

（5）具有知照作用，即可用于临时性事务的知照，如节假日通知等。

总之，在营销活动中，通知有助于加强各种信息交流，有助于提高指挥、管理、协调、控制等效能，因而其实际作用很重要，是多效能、广泛的。

3. 特点

（1）广泛性。在银行的营销活动中，通知的使用范围十分广泛。这是因为：其一，通知不受发文单位级别高低的限制，一切单位、部门都可以运用；其二，通知不受行文内容的限制，无论是重大决策，还是日常事务，都可以用它来部署和知照；其三，通知行文关系限制不严，它主要用于下行文，平行单位、不相隶属的单位之间，也可以用它来知照有关事项。

（2）指导性。通知往往是对受文对象的要求，提出需要办理或执行的事项，且具体细致。因此，通知有一定的指挥作用和指导性。

（3）中转性。指用于批转下级行的公文，转发上级行和不相隶属单位的公文。具体分为三种情况：一是"上转下"，即将某一下级行的公文批转给所属下级行；二是"下转上"，即将上级行的来文转发给所属下级行；三是"平转下"，即将平级单位或不相隶属单位的来文转发给所属下级单位。其中"上转下"，称为"批转性通知"，"下转上"和"平转下"称为"转发性通知"。

（3）时效性。通知的事项一般要求在规定的时间内办理、执行或知照，不容拖延。否则，事过境迁，就会失去价值。

结构模式

1. 种类

通知的类型多种多样，可以按不同的标准进行划分，主要有：

（1）按制发单位划分，有单一通知和联合通知。单一通知，即由一个单位制发的通知；联合通知，即由两个或两个以上单位共同签发的通知。

（2）按时间要求划分，有普通通知和紧急通知。普通通知，即没有提出特定时限或紧急要求的通知；紧急通知，即对受文对象提出时间比较紧迫、在规定时间内必须周知或办理的通知。

（3）按性质和内容划分，大体有知照性通知、批示性通知、发布性通知、任免通知等。知照性通知，即告知下级、同级或有关人员应知应办的事项；批示性通知，即用于批转下级有关公文，或用于转发上级、同级、不相隶属相关单位来文，指导下级具体工作的通知；发布性通知，即用于传达有关方针政策，发布行政法规和规章的通知；任免通知，即用于宣布有关人员任免事宜的通知。

（4）按通知之间的关系划分，有原发通知和补充通知。原发通知，是指最初发出的传达告知或布置有关事宜的那份通知；补充通知，是对原发通知的内容加以修正、补充或具体解释的通知。以正式文件下发的原发通知和补充通知，也属原发文件和补充文件。

2. 结构

一般性通知通常由三部分构成，即标题、正文和签署。

（1）标题。由发文单位、事由、文种三要素组成。使人一目了然，十分醒目。对于内容比较简单的通知，可只写"通知"两字即可。而对于所通知的事项需要被通知对象尽快知道，或通知的内容是十分重要的事项，可在标题中直接写明"紧急通知"或"重要通知"。

（2）正文。开头通常写明受文单位，再写通知内容。它是通知的主体，即通知的内容。一般性通知，只要写清什么事情，什么时间、地点，如何办理即可。通知的正文一般都要求写出发文缘由、具体事项和执行要求，但不同性质的通知写法还是有一定差异的。比较典型的是指示性通知和会议通知：指示性通知的正文一般包括通知缘由、通知事项、执行要求三部分。会议通知正文一般包括会议缘由、会议内容、具体要求三部分。

（3）签署。有两种情况：一种是在标题里已写明发文机关，在正文后面就不再写发文机关了；另一种是在标题里没有写明发文机关，标题下面也没有写明发文时间，应在正文右下方写上发通知的机关名称和年、月、日，并加盖单位公章。

写作指要

在撰写通知时应把握好以下要点：

1. 撰写通知必须严肃认真

由于通知是一种使用频率极高的公文，对营销工作有着重大而广泛的影响。所以在撰写时，特别是撰写重要通知时，必须首先"吃透"有关法律法规及方针政策，还必须"吃透"有关实际情况，使所撰写的内容富有针对性和可行性，便于贯彻执行。

2. 要认真区分不同类型通知的不同性能以及语言、语气等方面的差异

要根据具体内容来确定表达形式，在符合公文特定程式的前提下，通知

的谋篇布局、行文方式、表达技法、遣词造句等，均应力求灵活简便，实用性强，严忌呆板陈腐及形式主义。

3. 通知的抬头，必须清楚准确

受文单位可以是一个，也可以是若干个，务必一一写出，严忌错漏。如果是普发性通知，其抬头应写规范性的统称。

4. "通知导言"，简洁清楚，具有概括性

"通知主文"，务求明确具体，具有"可行性"。如果在"导言"末尾已经写出了"特作以下通知"之类的承启语，那么在正文末尾处不宜再用"特此通知"之类的惯用语作"结语"，以免重复。

5. 通知的表述方式必须以理性化的直述为主

语言文字要突出"单一性"，要质朴精确，即使采用评述性的议论，也应力求做到"画龙点睛"，点到为止，严忌出现文学性的夸饰、含蓄、细腻或鲜明的形象感。

范文解读

[范例16. 工作事项通知]

关于做好××年末公司客户访问工作的通知

各二级分行、各支行公司业务部：

为进一步推行和落实"人户合一"的客户维护制度，为公司客户提供以资产业务为核心的资产、负债、中间业务一体化营销服务，努力实现客户信用风险最低化和关系价值最大化，省分行要求所有管户客户经理（包括省分行和二级分行重点客户管户经理）对本人所管公司客户进行一次年度访问工作。现就有关事项通知如下：

一、访问目的

进一步与客户建立融洽的合作关系;及时掌握客户新需求、新变化,为客户量身定做个性化的金融产品,研究和完善对现有优良客户的深度开发;对××年度客户动态情况进行一次全面年审,分析客户价值,预警客户风险,强化贷后管理,总结客户维护的经验教训,研究对劣质客户的退出对策。

二、访问对象

××年××月底在我行信用余额××万元以上的公司客户(不合"四专"清收)。省分行和二级分行的访问对象为属本级行管理的重点公司客户。

三、访问要求

(一)客户经理必须对本人分管的公司客户进行全面访问,并参照省分行下发的访问报告样本,撰写访问报告,同时认真填写访问报告表(附件,略)。

(二)访问报告作为客户维护和贷后管理的重要内容,必须纳入客户档案管理,并报本级行客户部门和有关领导。对信用余额××万元以上客户的访问报告要同时上报管辖二级分行公司业务部和省分行公司业务部。

(三)省分行将组织专家小组,对上报的访问报告进行评比,对评比优秀的客户经理给予奖励。

(四)需上报省分行的访问报告,以支行为单位,务必于××年××月××日前将访问报告通过电子邮件或邮寄到省分行公司业务部。

地址:××;邮政编码:××;联系人:××;联系电话:××;信箱收件人:××。

(五)省分行将把各单位的访问报告上报工作纳入基础管理的内容进行考核,对未按要求上报的各单位及客户经理予以通报批评。

(六)各行接此通知后,应迅速发至有关客户经理,以便及时开展访问工作,各二级分行和支行公司业务部要加强对访问工作的组织领导,加强督办检查,确保按时按质完成客户访问任务。

××银行××省分行公司业务部

××年××月××日

通报

文种特征

1. 概念

通报是国家行政公文之一,是指上级行用以表彰先进,惩戒错误,或向下级行及有关人员传达重要营销工作情况的周知性文书,是一种常用的营销文书。

2. 作用

(1)表扬先进,弘扬正气,以利于人们借鉴先进经验,获得有益启发,调动积极性和创造性,从而更有效地推动营销工作。

(2)批评错误,严禁邪气,以利于人们吸取有关教训,接受反面教育,消除不利因素,从而更有效地投身于营销工作。

(3)知照重要情况,交流重大信息,以利于人们认清方向,统观全局,正确掌握特定情况的动态以及相应的政策措施,从而更有效地开展营销工作。

3. 特点

通报在营销工作中的用途较广,其特点是通过正反两方面的典型事例,吸取经验教训,做好今后的工作。

(1)通报的事项具有较强的典型性、针对性。通报事项观点明确,具有十分明显的针对性。

(2)通报的内容具有准确性、真实性的特点。它是正式的公文,它所涉及的事项往往具有普遍的指导和教育意义,所以通报必须准确无误、真实可靠,绝不能有虚构和夸张的成分。

(3)通报具有较强的时效性。它是针对当前营销工作的实际情况及问题进行通报,以推动或改进营销工作。时过境迁,将失去应有的作用和意义。

(4)用词严谨,文字朴实。因通报涉及的大都是有关人和事的具体问题,所以用词要严谨,注重写实,富有分寸。

结构模式

1. 种类

按通报的来源分为:直接通报、转发通报。

按通报的内容分为:综合通报、专题通报。

按通报的性质分为:表扬通报、批评通报和情况通报。

2. 结构

通报一般由标题、正文和签署三部分组成。

(1)标题。通报的标题一般常用发文单位名称、事由和文种三要素依次相加构成。有时也可采用仅写事由、文种或直接写"情况通报"的形式。

(2)正文。通报正文的写法比较灵活,主要介绍通报的事件和人物,一般要把通报情况的缘由、时间、地点、经过、结果、要求等交代清楚,并分析阐明所陈述内容的性质、意义或提出引以为戒,值得注意的事项,结尾时写明做出的决定或指示性意见,提出有关要求或发出号召等。

(3)签署。即日期、落款。在通报正文的右下方落款处写明发文单位名称及发文年、月、日。发文单位名称如在标题中已经注明,结尾也可不签。如发文日期已在标题下行的居中位置注明,结尾就可略去不写。

写作指要

通报是一种周知性文书,是管理行或部门为传达重要营销工作情况使用的一种公文。因此,在写作中要注意以下几个方面的问题:

1. 要迅速及时

通报的一个突出特点就是时间性极强。无论是哪种类型的通报,都要求迅速及时地编写印发,否则,拖拖拉拉,时过境迁,就失去了指导和教育作用。

2. 要选择典型

通报中的内容必须是经过严格选择的典型事例,表彰性、批评性通报尤其如此。这就要求写作之前,一定要做好调查研究工作,对所提出的问题,以及选用的事例和数据,都要核实,力求收到"以一当十"的效果,起到以"点"代"面"的作用,促进工作的顺利进行。

3. 要实事求是

无论是表彰性通报、批评性通报,还是情况通报,事件必须准确真实,不得有任何浮夸或失实。对先进不能随意拔高,对错误不能任意夸大,分析评论要恰如其分、入情入理。

范文解读

[范例17. 情况通报]

关于××年××商业银行一季度对公业务发展情况的通报

××年一季度,全行对公业务条线按照全行总体部署,积极应对国家宏观调控影响,积极对接全行业务转型战略、绩效考评和资源配置政策的调整,深入推进经营转型,持续开展营销创新。一季度,全行对公业务发展呈现业务发展提速、市场份额提升、同业排名进位的良好态势。现将有关情况通报如下:

一、一季度全行对公业务发展情况与特点

（一）总体情况

对公板块三大主体业务经营情况统计表　　　　单位：亿元

业务种类	本期余额	比年初净增	日均余额	日均增量	比同期	增量系统排名	增量同业排名	均衡计划完成率	年度计划完成率
公司类存款									
公司类贷款									
中间业务收入									

（二）对公业务条线主要考核指标完成情况

截至3月末，全行对公条线七项主要考核指标均完成了均衡计划，其中完成情况较好的主要有人民币存款（含同业）日均增量、外币存款（含同业）日均增量、对公中间业务收入等指标，但对公理财业务收入等指标计划完成尚不够理想。

对公板块各项业务指标完成情况分析表　　　　单位：万元

项目	年度计划	本期	均衡计划完成率	年度计划完成率
人民币存款（含同业）日均增量（万元）				
外币存款（含同业）日均增量				
法人存款加权有效客户占比				
法人贷款加权优质客户占比				
对公产品交叉销售率提升				
中间业务收入（万元）				
1.公司类中间业务收入				

续表

项目	年度计划	本期	均衡计划完成率	年度计划完成率
对公理财业务收入				
投资银行业务收入				
国内保理业务收入				
2. 机构类中间业务收入				
代理保险业务收入				
托管业务收入				
3. 国际类中间业务收入				
交易类中间业务收入				
对公国际业务收入				
对公国际结算收入				
4. 结算类中间业务收入				
人民币对公结算				

（三）一季度对公业务运行特点

1. 对公存款增势强劲，各业务条线贡献突出

（1）从对公存款总体及条线完成情况看，截至3月末，对公存款余额（含同业，下同）××亿元，比年初增加××亿元，日均增量××亿。新增对公存款在四大行同业市场位居第一，份额占比达××%。同业及系统内排名分别比去年同期提升××位和××位，呈现超计划、超同业、超同期的"三超"发展态势。其中：

全行公司类对公存款3月末余额为××亿元，占全行对公存款余额的×××%；比年初增加××亿元，占全行对公存款增量××亿元的××%，与去年同期基本持平。从增存客户看，主要集中在××公司（+××亿元）、××集团股份（+××亿元）和中国××公司（+××亿元）等系统性、行业性客户。

全行机构类对公存款3月末余额××亿元，占全行对公存款余额的××%；比年初增加××亿元，占全行对公存款增量××亿元的××%，比同期多增××亿元。从增存板块看，主要集中在保险公司存款（+××亿元）、事业单位存款（+××亿元）、机关团体存款（+××亿元）、农村义务教育中央专项资金存款（+××亿元）等四大板块。

对公外汇存款（含同业）3月末余额××万美元，比年初增加××万美元，较去年同期增长××倍。其中对公外汇存款余额××万美元，比年初增加××万美元，同业外汇存款余额××万美元，比年初增长××万美元，主要是今年3月成功营销××银行××亿、××银行××亿美元同业定期存款和××银行××万美元一年期存款；对公外汇存款（含同业）余额、增量四大行市场份额分别为××%、××%，均居第1位，比年初上升××位。对公外汇存款（含同业）日均净增××万美元，完成年度计划的××%。

按城乡两个市场统计划分，城市公司类存款余额××亿元，比年初增加××亿元，县域行对公存款余额××亿元，比年初增加××亿元。从全省来看，城市行与县域行公司类存款增量大致相当，城乡联动、协调发展呈现良好格局。与去年同期城市对公净增××亿元、县域对公净增××亿元相比，支撑作用发生较大变化。从行际间的发展情况看，除××、××分行外，其余××个行均完成了均衡计划，××等××个行完成了年度对公存款日均净增计划。具体情况见下表：

××年1-3月公司存款（含同业）经营情况统计表　　单位：亿元

地区	公司类存款		个人类存款		城市行公司类存款		县域行公司类存款	
	余额	比年初	余额	比年初	余额	比年初	余额	比年初
全省合计								

（2）从同业份额排名看，全省公司类存款余额排名第××，与去年末保持不变，××个分支机构排名第一位的有××家，排名第二位的有××家。增量份额全省排名第一，较上年末提升××位，××个分支机构中排

名第一的有××家,排名第二位的有××家。

对公存款同业比较情况统计表　　单位:亿元

地区	××行				××行		××行		××行	
	余额	余额排名	净增	增量排名	余额	净增	余额	净增	余额	净增
全省										

（3）从对公存款大户增减幅度排名看,增量排名前10位客户合计增加存款××亿元,主要集中在机构系统类客户(××户,余额××亿元,较年初增加××亿元)、公司类行业性、集团性客户(××户,余额××亿元,较年初增加××亿元),其中增量前三名分别为××(+××亿元)、××集团股份(+××亿元)和中国××(+××亿元)。减量排名前10位客户合计减少××亿元,主要集中在少数机构客户、集团客户和投资开发类客户,其中减量前三名分别为××(-××亿元)、××(-××亿元)和××(-××亿元),与宏观政策、平台客户调控相吻合,大户存款波动在某些层面反映了社会资金的变化。

增量排名前10位客户统计表　　单位:亿元

名次	客户名称	主办行名	3月末余额	比上年末净增

减量排名前10位客户统计表　　单位:亿元

名次	客户名称	主办行名	3月末余额	比上年末净减

2.对公贷款结构趋于优化,价值创造能力增强

（1）贷款结构优化

××年一季度,公司类贷款余额××亿元,占全行贷款余额份额的

××。公司类贷款增量××亿元，占全行贷款增量的×××％，增量份额略低于存量份额。

从城乡对比看，全行以城市行对公业务带动县域行贷款增长的战略作用初显。××年一季度，城市行公司类贷款××亿元，县域行公司类贷款××亿元。县域行公司类贷款投放超过城市行公司类贷款，主要是××集团公司等优质客户贷款实现了城乡联动和辐射。

对公贷款经营情况统计表　　　单位：亿元

地区	公司类贷款		个人类贷款		城市行公司类贷款		县域行公司类贷款	
	余额	比年初	余额	比年初	余额	比年初	余额	比年初
全省合计								

从产行业角度看，贷款结构明显优化。贷款重点投向优势行业及实体经济客户，房地产等客户贷款减少。对公贷款增长前三位的行业分别是电力行业增加××亿元、商业行业增加××亿元、金属制品业增加××亿元，三行业贷款增量占全部对公贷款增量的×××％。排名前三位行业都是现金流稳定及经济活跃度较高的优势行业及实体经济客户。贷款减少前三位的行业分别是房地产、平台、属于"两高一剩"的化学原料及化学制品制造行业等宏观调控目标行业，其中房地产行业减少××亿元、平台类基础设施行业减少××亿元、化学原料及化学制品制造行业减少××亿元。信贷结构调整和优化在产／行业政策上已初见成效。

信贷投放增长前10名行业情况统计表　　　单位：亿元

行业	余额	本期发放金额	本期收回金额	本期发放净额

（2）贷款定价提高

一季度，全行法人贷款利率逐月提升。1—3月，全行新投放法人客户贷款××亿元，新放贷款加权平均利率为××%，比去年末提高××个百分点。

新放法人客户贷款分月利率执行情况表　　单位：%

月份	产品	笔数	发生额	占比	加权基准	加权利率	浮动幅度	下浮占比	基准占比	上浮占比
1月	法人贷款									
2月	法人贷款									
3月	法人贷款									
合计	法人贷款									
剔除保理等因素后合计	法人贷款									

3. 中间业务实现了客户对接与产品综合营销的协同效应

对公条线主要中间业务发展势头向好。截至月末，全行对公条线实现中间业务收入××亿元，占全行中间业务收入××亿元的××%，完成年度计划的××%，其中公司类、机构类、结算与现金管理类、外汇类等中间业务分别实现收入××亿元、××亿元、××亿元、××亿元，完成年度计划的××%、××%、××%、××%。

（1）公司部门新型中间业务收入增收较快。截至3月末，全省公司条线共实现中间业务收入××亿元。其中公司条线"新兴中间业务"类的国内贸易融资业务创收××亿元；对公理财业务创收××亿元；高端投行业务创收××亿元。我行主承销了××城投××亿元中票、××集团××亿元中票；委托债权融资、融资租赁、黄金租赁等一批创新型中间业务项目已经开始启动。

（2）同业机构合作成果突出，代付与托管业务助稳同业领先地位。截至3月末，全行实现代理金融机构手续费收入××亿元，同比多增××亿元。实现代理保险手续费收入××亿元，完成"开门红"计划的××%，市场份额达××%，实现代理保费额××亿元，市场份额达××%。辖内××家行代理保费收入和手续费收入四大行排名均居第一，新增托管业务收入××亿元，完成年度计划的××%。

（3）国际业务发展平稳。截至3月末，全行实现对公外汇中间业务收入

××亿元,同比增长××亿元,增幅××%,完成省行年度计划的××%,占四大行市场份额的××%,位居第1。中间业务收入的大幅增长主要来源于国际贸易融资和国内信用证项下融资手续费收入的增长,国际贸易融资手续费是去年同期的××倍,国内信用证收入同比增长了××万元。共办理国际贸易融资业务××亿元,同比增长××倍,贸易融资手续费收入××万元,同比增长××倍,实现了业务量和收入大幅增长。

二、一季度全行对公业务条线主要工作与存在的问题

(一)主要工作

1. 夯实基础,营销储备和产品创新初见成效

一是"三库"(客户、项目和产品库)建设针对性强。今年以来,对公业务条线继续加强了客户、项目和产品库建设。公司业务条线开展了三级核心客户、上市公司、民营企业、优质中小企业客户和高效账户"五个一百"营销活动,建立了"债券承销、上市财务顾问、对公理财、国内保理、融资租赁"五个新兴中间业务目标客户库。机构业务条线继续完善了机构业务十类核心客户群。制定了全行机构类负债业务营销指引和财政存款专项营销方案,明确了非税代收、地税代理、部队客户、财政四大业务的营销对象、产品和路径。国际业务条线下发了全省进出口重点客户营销名单,将全省××年进出口客户分类整理成册,并将进出口超过1000万美元的企业纳入重点营销客户目录,下发各分支行。随着客户库建设工作的推进,将进一步筑牢对公业务发展基础,对有效客户及账户拓展、产品覆盖提供直接支撑。二是在产品创新上做文章。在同业、代付、委债及信托业务发展上起步早、额度大、收益高;做大保理业务市场,一季度累计办理××笔××亿元保理融资,调结构和增收益得以实现;稳妥推进××城投、××股份等中票业务发行;积极营销××集团、××公司中短期债务融资产品,取得了主承销和联合承销两项资格。

2. 积极开展"开门红"竞赛活动

今年以来,对公业务紧密条线围绕全行"开门红"工作安排,积极开展主动营销。一是狠抓资产、负债及中间业务等主体业务整体推进。通过继续

深入开展"十类重点客户和重点业务"专项营销，以及注册资金、资本金账户、基本账户等高效账户营销，积极运用信托计划、委托债权融资等新兴产品加大了实体经济支持力度，积极利用同业存放及代付等资金交易手段提高业务创收渠道和综合收益，对公存款、贷款及中间业务等主体业务均保持同业及系统内领先地位，实现了对公业务"开门红"。二是紧紧抓住总行为核心客户实施战略资源配置的机遇，积极、主动向总行相关部门汇报××区域经济发展面临的良好形势和核心客户信贷需求，通过多方努力，今年以来，累计为总行在××省核心客户争得信贷规模资源配置××亿元，占我行基数配置的××%。战略资源抢占能力明显提升，既有效维护了核心客户，也有效支持了全行业务有序实施。

3. 积极实施经营转型和结构调整

今年以来，对公业务条线在抓好资产、负债、中间业务整体营销的同时，重点推进和实施了业务经营转型，一是在维护好大型央企和重点基础设施客户的基础上，将主要精力及资源转向符合产业调整方向和转型要求的实体经济上，客户营销及信贷投向主要是大中型实体经济及优质小微企业；二是在抓好综合营销的基础上，切合当前形势突出负债业务经营，如今年专门制定法人客户资金监管办法，通过规范账户及资金有效监管，提高了客户营运资金归行水平，并带来稳定客户、提升账户、挖掘储源、增加效益等多重效应。三是在对公业务条线全面传导价值核算和价值管理。在今年对公客户经理培训上，我们对高效账户营销、全额资金管理下定价策略及新经济资本计量方案等进行了集中辅导，同时配套制定了《资产类法人客户价值管理办法》和《对公客户经理业绩管理办法》，部署了表外信贷业务价值提升清理整顿活动，通过加强每一个法人客户或业务的价值管理，提升对公业务的价值创造能力。

4. 条线业务不断创新，成效明显

大客户营销大力实施贸易融资和表外融资"双驱动"。1至3月，为××电力公司办理月度内可循环流资贷款××亿元，累计办理保理业务××亿元，营销了××股份公司、××集团等××户大客户委托债权融资，金额××亿元。

机构业务做大资金文章，累计办理存放同业申请××亿元，批复××亿元，办理存放同业××亿元。为××、××银行等银行办理国内保理和国内信用证项下人民币代付业务××亿元，实现综合收益××亿元。与××信托等信托机构合作发行信托计划××亿元，既较好满足了优质客户融资需求，又满足了高端客户理财需求。新签约第三方存管客户××户，融资融券存管客户××户、银期转账客户××户，比去年同期多增××户。新增企业年金存款××亿元，完成全年计划的×××%；新增养老金规模××亿元，完成全年计划的×××%；新增托管业务收入××万元，完成年度计划的××%。

房地产业务牢牢把握"稳总量、优结构、强管理"工作主线，按时收回政府融资平台贷款××亿，房地产开发贷款较年初下降××亿元，控制在总行限额内。新放贷款集中投向总优客户以及高信用等级、高附加值客户，一季度新放贷款高于全行法人贷款平均利率××个百分点；前3个月共计实现中间业务收入××万元。

国际业务积极推进本外币一体化经营和联动营销。一季度共办理国际贸易融资业务××亿元，同比增长××倍，实现贸易融资手续费收入××万元，同比增长××倍；累计完成人民币跨境结算业务××亿元，办理国内信用证开证××亿元，国内信用证项下融资××亿元，国内信用证业务普及程度较上年大幅提高。通过狠抓外汇存款，一举扭转了我行连续多年外汇资金短缺的局面。

小企业业务发展提速增质。截至3月末，全行小微企业有贷客户××户，贷款余额××亿元，比年初增加××亿元，完成年度计划的×××%，完成率全国排名××位。小微企业贷款主要集中在制造业及"批发和零售业"两个行业，两个行业客户数共计××户，占全行小微企业客户数的比例××%。支持优质小微企业客户××户，占全行小微企业客户数比例××%，贷款余额××亿元，占全行小微企业贷款余额比例××%。采用抵押与股东连带责任担保双重保证、质押方式贷款共××亿元，占小微企业全部贷款的××%。加大拳头产品、竞争性产品运用，特色产品信贷投放比年初增加××亿元。制定下发了《小企业金融服务专营体系建设实施意见》，指导各行进一步完善小企业金融服务模式。

5. 积极关注经营风险,加大尽职监督检查力度

一是开展贷款风险排查,规范业务操作。房地产信贷部××月××日至××月××日组织开展了对全行城市房地产贷款项目风险排查和平台贷款整改回头看活动,重点对商品房开发、土地储备等当前时点潜在的市场风险、经营风险、合规风险、项目风险、信用风险进行了逐一排查。国际业务部制定下发了《关于进一步促进和规范国内信用证业务的通知》,严格规范国内信用证买方代付业务操作,加强风险警戒线控制。二是持续开展了流动性风险排查。公司业务部针对分行管理核心客户当前形势下可能出现的流动性风险,特别是基础设施建设项目建设期信用风险开展了专门调查,并对存在问题于××月中旬召开了专题协调会,对风险隐患下发了提示函,部署各经营行通过加强资金监管、增信等方式有效规避各类信贷风险的发生。

(二)存在问题

1. 不良贷款继续上升

截至3月末,全行公司条线不良贷款余额××亿元,比年初增加××亿元,不良贷款比率×××%,比年初增加××个百分点。不良贷款双增既有我国经济"三期叠加"的影响,也有内部信贷风险全流程管理不到位的原因。从行际间的发展情况看,××个分行不良贷款双增,××个分行不良贷款比重增加,××个分行不良贷款双减。目前,我们在信贷业务经营管理上面临着三种主要风险:一是政策风险,主要集中在平台和房地产贷款上;二是流动性风险,主要表现于在建、续建项目上,存在因断供而出现偿还贷款本息的信用风险和无法履行借款合同的违约风险;三是操作风险。三种风险相互交织,风险隐患日益突出,防控压力空前加大。

2. 对公存款稳定性不强,主要靠大户支撑

据统计,全行3月末对公存款余额1亿元以上的客户共计××户,余额××亿元,占对公总存款的××%。其中一季度增存××亿元,占一季度对公总存款增量的×××%。

3. 对公中间业务收入结构急需调整

截至 3 月末，在公司业务条线中间业务中，投行业务收入占比超过××%，一品独大，而国内担保承诺、对公理财、国内贸易融资等收入占比极低，收入结构急需调整。

三、关于下一阶段全行对公业务工作安排

（一）继续推进对公业务经营转型，加大价值管理辅导力度

对全行对公业务客户经理加强价值管理辅导，全面解读公司业务经营转型的路径、目标和措施。在对公业务条线全面推行《资产类法人客户价值管理办法》，开办所有业务必须符合经营转型及价值管理的要求，先算账再办业务。在营销活动中算好安全账、资本账、绩效账，引导客户部门和客户经理逐户评估客户及产品价值，并使之成为我行对公业务部门衡量营销工作的整体指标和营销基本动作。

（二）进一步调整优化信贷结构

发展资产业务主要以调整客户结构为目标，逐步退出收益低的大客户及基础设施、平台客户，调整结构用于中小企业及实体经济客户，提高客户价值创造能力，抓好信贷转型。一是调整资产结构，信贷资源向价值创造能力强的客户倾斜，逐步改变大客户、基础设施客户占比过高的局面，提高实体经济客户占比。二是抓产品覆盖，加强产品运用特别是非信贷类产品及理财产品的运用。三是维护存量客户与营销新客户。合理配置有限的信贷资源，对符合投放条件的存量客户，在提高收益率的同时稳定基础客户，新营销的客户主要从信用等级、收益率、担保方式以及产品应用、结构调整方向等方面综合权衡，逐步使对公资产客户符合信贷品质经营调整的导向。

（三）保持优势，继续做好对公存款稳存增存工作

虽然一季度我行对公存款发展态势较好，但我们仍要在筑牢客户基础、保持强力的营销态势的前提下，时刻关注同业的情况变化，保持对公存款的合理、合规、平衡和可持续增长。发展对公存款主要在抓好十大专项营销的同时，抓好账户营销、企业流动性管理、企业资金归行率及产品运用，做大

做强负债业务。一是加大各级行对市直机关、市属企业等"身边客户"的营销力度,既要扩大客户总量,又要同步调整客户结构。二是提升法人客户经理综合营销能力,全面实施"1+N"营销模式。营销客户,开立账户,监控流量(资金归行),关注存量,考核份额。三是"用产品锁定客户,用服务吸引客户",为客户创造价值。重点营销以代引存、现金管理、债项融资与托管、信托委托、贸易融资、资本募集与理财等产品,召开"重点客户名单、重要产品推介"对接营销活动。四是关注和培育区域产业链客户市场。

（四）强势推进对公中间业务营销工作

中间业务要严格按照国家新公布的收费项目及收费标准,以抓服务为重点,规范中间业务发展,大力发展符合条件的业务和产品。做好包含高端投行业务在内的新兴中间业务"五库"的规范实施；重点产品主要倚重于债券承销、融资租赁、并购重组、上市辅导以及"委托、信托、银团"三项贷款；委托债权融资、股权融资、融资理财类业务及黄金租赁业务等。

（五）加强贷后管理与风险防控

一是结合部门尽职监督工作要求,对所有重点法人客户开展经常性的贷后管理现场检查及非现场监测。二是充分利用内外监管检查的成果,对典型违规案例进行现场整改,并现场开展合规管理培训,进一步提高风险防控能力。三是密切关注和化解平台客户、基础设施项目贷款在流动性、合规性及监管方面的风险,提前做好还本支付协调,及时防范和化解在建、续建项目的融资风险。

请示

文种特征

1. 概念

请示,是下级行向上级行请求指示、批准问题或事项而使用的文书,是国家的行政公文之一。它是请求性的上行文，下级行对上级行使用。凡是下级行无权、无力解决并按规定应经上级行决断认定的问题，必须正式行文向上级行请示。

2. 作用

《国家行政机关公文处理办法》规定："向上级机关请求指示、批准，用'请示'。"可见，请示的基本作用就在于对上级的特定请求与祈使，以使上级明确而具体地指导下级的工作。这对沟通上下级联系和强化领导与被领导之间的关系，更好地贯彻执行有关营销工作的方针政策等，均具有重大作用。因此在商业银行的营销工作中，请示的使用范围较广，使用频率较高。

3. 特点

（1）请示必须是下级向上级行文，可以是直属上下级关系，也可以是下级部门与上级部门之间的关系。

（2）必须是在自己职权范围内，但属于自己无法解决、难以处理、需要变通、有待裁决、报请核准、要求答复或分配工作等情况时使用的文体。既不必请示自己有权处理的事，也不可超越职权范围请示一些与自己无关的事。

（3）请示的事项，都是要求上级明确表态、核准、解释和答复的，在没有得到应允之前，不能执行，因此，请示是事前行文。

结构模式

1. 种类

按请示的内容，可将请示分为以下四类：

（1）求示性请示。这是请求上级行对有关事宜做出明确指示的请示。所请示的事宜，多属影响较大、涉及面比较广泛的，因此请求上级行给予指示，如《关于调整客户经理交通费标准的请示》。

（2）求转性请示。这是请求上级行批转发有关文件的请示。所呈送的文件，或意义重大，或本身就是法规性文件，因此请求上级行批转或转发。如

《关于对全省性集团客户贷款进行联合管理的请示》。

（3）求答性请示。这是请求上级行对提出的问题给予明确回答的请示。所提出的问题，大都属于对营销工作的方针、政策、法令、条例、规定的理解和具体贯彻执行中的问题，因此请求上级行说明、解释或提供贯彻执行的具体方法。如《关于有关关联企业相互担保问题的请示》。

（4）求准性请示。这是请求上级行批准开展某项营销工作、采取某项措施或帮助解决营销工作中的实际问题的请示。所请示的内容，或是一项新工作、新业务、新领域，或是近期工作计划、规划方案，或是有关人员编制、经费、设备等具体问题。如《关于请求总行将××集团客户纳入总行重点客户营销目录的请示》。

2. 结构

请示一般由标题、正文、附件、签署和日期组成。

（1）标题。请示的标题有两种写法：一是采用完全式公文标题，由发文单位、事由、文种三要素组成。例如《××市分行关于对客户部推行事业部制的请示》。二是标题只有请示事由和文种，大多数请示者采用这种不完全标题。例如《关于增加重点客户营销费用的请示》。

（2）正文。请示的正文，一般包括三个部分：

请示缘由：即提出请示的原因或根据，这是请示事项的基础，也是能否得到满意批复的重要条件。力求做到文字既简洁凝练，理由又说得充分有力。多用"请示如下"之类的用语承启下文。

请示事项：即要求批准、答复或具体解决的问题和事情，这是正文中最主要的部分，一般要讲清楚问题和事情的基本情况，遇到的困难和问题，以及处理和解决的建议和设想。请示事项要写得简洁明了、条理清楚，提供的情况要真实完整、确凿可靠，提出的建议和设想要符合上级行的有关政策规定，要准确具体、切实可行。

请示要求：即请示的结语部分，要明确提出请示要求。一般均应另起一行写。请示的结尾，有一些常用的规范用语，例如"妥否，请指示""以上意见如无不妥，请批准""特此请示，恳请批复"等。

（3）附件。即附属于正文的材料。许多请示需要对正文进行补充说明时，往往在正文之后附有照片、图表、统计表及其他文字材料等。附件应顶格写在正文与落款之间，并注明附件名称和件数。

（4）签署和日期。在结尾处右下方署上请示单位的名称，然后在下面一行写明日期，并加盖公章。

写作指要

1. 请示非从属报告，也不等于函

请示是公文中一个独立的文种。报告的结尾虽也有"请指示"的用语，但毕竟是报告，不能与请示混用。请示是"向上级机关请求指示、批准"，这里的上级机关是指有隶属和指导关系的上级行。

2. 要把握请示的内在逻辑

一份请示不论文字长短，其内在逻辑均是由"为什么要请示"和"请示什么问题"两大层次组成。所谓"为什么要请示"，通常包括请示的背景和缘由；所谓"请示什么问题"，即要求上级行为我们解决什么问题及怎样来解决问题。其他文种的目的句，通常置于开头，唯独请示是在第二层次之首。

3. "香烧一股，敬佛一尊"

所谓"香烧一股"，是比喻请示要坚持一文一事。即一篇请示只能向上级行请示批准一个问题，以便上级行及时、专一地进行处理。所谓"敬佛一尊"，是比喻请示的主送单位只能是一个，不能多头请示。多头请示容易使主办与协办单位之间相互推诿、扯皮，延误批复时间，或者由于批复意见不一致，使下级难以适从。

4. 要让事实说话

向上级行请示工作，其目的是要办成一件实事。因此必须客观地反映情

况，用事实说话，让人信服。事实就是各种资料、数据、条件与问题。

范文解读

[范例 18．工作事项请示]

中国××银行××分行

关于中国××（集团）××公司作为现金管理业务

全国性客户上线的请示

总行：

　　中国××（集团）总公司××公司（以下简称××公司）是与我行金融业务合作非常密切的优良客户。近期，经我行强力营销，该客户向我行提出使用现金管理业务（跨省区）的需求。现将有关情况请示如下：

一、××公司基本情况及与我行合作情况

　　××公司成立于××年××月××日，属独立企业法人，注册资本金现为××万元，法人代表××。经过××多年的艰苦创业，××公司已发展成融设计、施工、科研于一体的工程施工总承包特级企业，还取得了港口与航道工程施工总承包壹级、市政公用工程施工总承包壹级、桥梁工程专业承包壹级和特种专业工程专业承包等多项资质。××公司总部设在××市，下设××个分公司、××项目部，分布在全国××省市。××年实现销售收入××亿元，利润××亿元。该公司连续两年被我行评为AAA级客户，经总行批准对其公开统一授信××亿元，现用信××亿元，日均存款××亿元，××年为我行综合创利××万元。

二、××公司资金管理模式

　　目前，××公司以及分支机构的资金管理实行的是混合模式，即结算中心模式、收支两条线模式和统一支付模式并行。××公司资金管理账户

设计方案如下：

（一）账户设立。分支机构按××公司的要求，在当地银行网点各开立一个收入户和支出户，或只开立一个账户。××公司对辖内单位账户管理关系只分两级，所有单位均直接对××公司。

（二）资金归集。××公司希望能够实现灵活设置对监管账户的资金归集关系，即对指定单位分别收入账户（或单账户）实行批量归集或资金上划。

（三）资金（费用）划拨。××公司要求将资金从其总账户实时汇划到收款单位支出账户（或单账户）中。对省域内单位拨付资金，由于我行网银和现金管理平台均可实现实时到账功能，××公司将对两种渠道的收费标准进行比较后，取最经济的方式。

（四）对外支付。××公司要求所有辖内单位对外经营项下的资金支付，必须由其代理统一结算。即：需求单位向××公司提出对外经营项下资金支付请求，经××公司审核后，××公司从其总账户中准备相应资金，并要求开户银行网点以付款申请单位的名义（通过付款单位开设的过渡账户）办理对外支付手续。

三、××公司现金管理业务需求

（一）业务覆盖面为全国各地，而且大部分在××省以外，主要涉及地区：××、××等省市。

（二）加入单位。××公司初步设想是将所辖单位分两个层次加入我行现金管理平台：一是分公司先加入；二是项目部陆续加入，而且今后要根据项目部变动灵活管理。

（三）对现金管理平台功能的需求。

1. 资金归集：对指定辖内单位银行收入户（或单账户）进行定期扫数资金批量归集；对不实行资金归集的单位也需要资金上划功能，所以也需要进行批量资金归集关系定义，其下限设为"0"，上限设为"××"。

2. 资金调拨：

（1）将未实行资金批量归集的单位银行收入户（或单账户）内现有资

金上划至自身总账户中。

（2）从自身总账户中，拨付相应资金到所辖单位支出户（或单账户）内。

3．到账通知：要求以联网方式实现。

4．异地通存：要求灵活设置。即根据今后经营情况的需求，随时在指定的所辖单位开展此项业务。

5．电子支付：

（1）××公司发起所辖单位在其开户行（××支行）开立过渡账户的对外支付。此需求为××公司非常重视的一项业务。

（2）××公司发起自身总账户对外支付。

6．账户查询。

7．收费业务：系统自动扣收。

（四）对使用现金管理平台的其他要求。

1．给予费用最优惠政策。

2．确保服务效率。一是有效解决主协办行的推诿和扯皮问题；二是构建银企沟通高效渠道，包括：双方指定固定联系人，规定问题处理方式、流程和时限等。

3．提高服务质量。一是希望在较短的时间（不超过1个月）内完成整个现金管理平台上线工作；二是由××公司负责集中办理辖内有关单位账户上线现金管理平台的手续，包括以后新增和调整的单位，尽量避免所辖单位到所在地银行办理手续。

四、我行的请示

由于××公司现金管理业务需求需要跨省区，特向总行请示，请总行将其作为全国性客户安排上线，并由总行公司业务部牵头做好相关省市分行金融服务的协调工作。

特此请示，请及时批复为盼！

中国××银行××分行
××年××月××日

批复

文种特征

1. 概念

批复是上级行批示和答复下级行请示事项时所用的一种公文。批复是一种与请示相对应的批答性的下行文件。

2. 作用

《国家行政机关公文处理办法》规定:"答复请示事项,用'批复'。"由此可见,批复的基本作用,是针对请示的事项或问题予以明确的批示与回答,从而有效地以现行方针、政策、法律、法规或有关职能权限、指挥意图来指导或规范下属的工作活动,以利于下属工作开展得更及时、更正确。

3. 特点

(1)从制发的情况来看,批复要以下级行呈送的请示为前提条件。因此,批复是上级行被动制发的下行公文。

(2)从发文单位来看,只有主管的上级行答复下级行的请示才用批复。如《关于××行客户部门设置和人员编制的批复》。其他单位回答问题,用"函复""复函"或"答复"。

(3)从内容来看,批复具有极强的针对性和明确性。要针对请示的内容做出明确的答复,既不能答非所问,也不能模棱两可。

(4)从性质来看,批复是上级行意志、权力的象征,是具有权威性的行政指挥公文,对批复对象有着行政约束力,下级行必须不折不扣地贯彻执行。

(5)从作用看,批复是上级行进行具体指挥的工具。下级行根据批复的意见,就能立即明白能否从事某项具体的营销活动,或者明白如何从事某项营销活动。因此,批复具有现实而又具体的指挥和指导作用。

结构模式

1. 种类

批复一般分为两种类型,即专发性批复和普发性批复。此外,根据请示内容和批复意见的不同,批复还可以分为答复性批复和表态性批复,以及签署性批复和批转、专发性批复等。

2. 结构

批复一般由标题、发文字号、正文、落款和日期四部分组成。

(1)标题。规范式标题的格式应为"发文单位+事由+批复"。根据批复对象的情况不同,也可采用"发文单位+事由+请示单位+批复"或直接由"事由+批复"的格式制发。

(2)发文字号。批复一般以正式发文形式下发,需记录存档。因此在标题下方必须注明发文字号,以备日后方便查找。

(3)正文。包括主送单位和批复内容两部分。

主送单位:写在正文之上,单独一行顶格写明主送单位的全称或规范化简称。

批复内容:分批复根据和批复意见两个层次。批复根据要以简单的文字,写明根据什么请示所做的答复,包括请示的标题、文号、发文日期等。批复意见则要求对请示的问题进行具体答复,语言准确,态度鲜明。表明"是"或"否",甚至应具体到"哪些是""哪些否"。对于不予批准或不同意内容,要简明说明理由。文字要简明准确,态度要明朗,以利于下级行理解和执行。

(4)落款和日期。写明发文单位和制发日期。如标题中写明发文单位的可省去落款。

写作指要

1. 针对性要强

凡批复都是针对下级行的请示而发,因此,批复的内容、语言必须与请示的内容紧紧相扣,直接回答下级行请示的问题。

2. 态度要明确

批复是对下级行来文表明态度,是可办,还是不可办,是好,还是不好,应直接予以说明。

3. 语言要准确

在批复文书写作中,模糊的词语是万万不可有的。至于那种又行又不行、自相矛盾的语言,比如"方向对头,仍需斟酌""基本不错,欠成熟""原则可以,问题尚有"等,理应杜绝。

范文解读

[范例19. 工作事项批复]

关于"××总公司及关联客户营销方案"的批复

××支行:

你行《关于上报"××总公司及关联客户营销方案"的请示》(××银发[××]××号)收悉。经研究,现批复如下:

一、原则同意该营销方案

(一)同意邀请××公司、××局、××分行相关人员在××市召开电费代收协调会。

(二)同意配置移动POS机,开发××旅游公司代收费项目。

(三)同意开展有利于我行对××总公司进行营销的各种沟通活动。

（四）专项配置××总公司及关联企业营销费用××万元。

（五）同意将××项目列入分行重点营销目录，进行高层营销，争取营销××项目贷款及相关金融产品。对于××项目金融需求，分行将以最快的速度予以办理及上报。

（六）由分行组织召开××、××等支行××项目金融服务协作会议。

（七）同意建立跨区域现金管理平台，批准开办××总公司法人账户透支业务。

二、成立××总公司金融服务领导小组

由分行××副行长为组长，分行公司业务部总经理××、信贷管理部总经理××、财务会计部总经理××、资产负债部总经理××、银行卡部总经理××、科技部总经理××、××分行行长××为主要组员。

分行相关部室具体联系人为：公司业务部××、银行卡部××、科技部××、财务会计部××、资产负债部××。

三、明确分行各部门职责，积极配合，共同做好营销工作

营销方案在具体实施过程中，分行各相关部门应明确责任、积极配合、密切协作，具体安排如下：

（一）××项目、××总公司公开统一授信、现金管理平台推广、贷款项目跟踪由分行公司业务部牵头，信贷管理部、财务部、科技部配合。

（二）××会议（代收电费）、××会议（结算）、延伸服务由分行公司业务部牵头，财会处、科技处配合。

（三）资金利率、债市通业务推广由分行资产负债部牵头负责。

（四）"公司卡"由分行银行卡部牵头，财务会计部、公司业务部配合。

（五）其他营销活动涉及的分行其他相关部门应积极配合。

四、加强信息反馈

你行要成立专门营销专班，加强对该客户的日常营销工作，及时收集相

关信息,并将有关情况及时上报分行。

中国××银行××分行
×年×月×日

函

文种特征

1. 概念

函,即信件。它是上下级、平行单位或不相隶属单位之间相互询问、答复问题和商洽工作时使用的一种文书。它是国家的行政公文之一。

2. 作用

函的使用范围广泛,使用频率很高,归纳起来,函主要有问答、商洽、联系和告知四种用途。

3. 特点

(1)使用范围广泛。既可以用于上下级行之间,也可以用于平行的或不相隶属的法人之间,任何单位之间都可以利用函联系公务事宜。

(2)内容一般不涉及机密事宜。所谈的多是工作中的事务性问题,在机密程度上多属普通公文。

(3)对受函单位来说,一般不具有法规性约束力或强制性指令作用。

(4)语气缓和、谦虚、礼貌、恳切,讲究互相尊重、平等协商。

(5)形式上简便灵活,使用方便,篇幅短小精悍,易于写作。

结构模式

1. 种类

根据内容可分为以下两种:

(1) 公函,即内容均为较为重要的正式公务事项,属正式公文,有完整的格式。

(2) 便函,即内容为不太重要的一般事务,但绝不是私人函件。它不属于正式公文,格式较随便,类似一般信件。用机关信笺撰写后,加盖印章即可。

根据行文往来,可分为以下两种:

(1) 去函,即主动发函询问、商洽或通知有关事项的函。

(2) 复函,即答复对方来函中有关事项的函。

2. 结构

函由标题、正文、署名和日期三部分构成。在写作时,区分为公函和便函两种,写作格式有所不同。

(1) 标题。公函的标题要求按照规范的格式来写,即"发函单位+事由+(复)函",有时也可省去"发函单位",直接用"事由+(复)函"。如××银行××分行给××集团公司发的《关于××银行××分行为××集团公司提供现金管理业务的函》。凡属重要内容的公函,均要加设发文字号。便函一般无标题,无发文字号。

(2) 正文。函的正文一般可分三个层次。

开头部分。简洁明确地写明发函的缘由,以及询问或答复的主要问题。

中间部分。是函的核心,应一一写出询问、商洽或答复的具体事项及要求,行文要具体明确,有针对性。

结尾部分。要根据内容要求和行文关系的不同分几种情况:如要求对方答复的,可写"请复函"之类的提示语;如批准下级机关来函的可写"特此复函""此复";如属于告知性的函件,可写"特此函告"等等。有些函最后还应加上主送、抄送单位。

(3) 署名和日期。写明发函单位和发函日期即可。

写作指要

函的写作要点有五个方面：

1. 问函内容要明确具体

凡是问函，均旨在商洽工作、提出事项、要求答复或征询意见。因此，有关缘由、情况、问题、事项、要求等，均需开门见山地直接陈述，力求明确具体、切实可行。切忌含混不清、抽象空泛，使受函方摸不着头脑，无法及时答复。

2. 复函内容要有针对性

凡是问函所提出的问题、事项和要求，均要逐一明确而具体地答复，不要有所错漏，更不要空发议论。严忌答非所问、复非所求或节外生枝。

3. 要严格遵循"一文一事"的原则

无论是问函还是复函，均应集中反映单一的内容，凡可有可无的内容应一概删除。

4. 议论说理应适度

函的基本任务在于商洽公务、处理问题，而不是务虚清谈或抒发感想。因此，议论说理的部分也必须切实可用。

5. 语言要朴实谦恭

鉴于处理公务需要严肃负责的态度，函的语言文字必须力求质朴、通俗、顺畅、清晰、诚恳。切忌语气生硬或虚伪寒暄，语言不宜文言化。

范文解读

[范例20．平行单位的函]

中国××银行××分行
关于为××有限责任公司提供优质金融服务的函

××有限责任公司：

　　为构建长期的战略合作伙伴关系，实现强强联合和银企共赢，本着平等互利、优势互补、资源互用、利益互享的原则，我行拟为贵公司提供统一授信、项目融资、资金结算、综合理财等各项优质金融服务。现将有关事项函告如下：

一、金融服务的内容

　　（一）提供全面信贷服务。我行拟为贵公司提供××亿元统一授信，主要用于贷款、票据贴现及对公存款账户透支等。其中对公存款账户透支控制在××万元以内。同时，为提高办贷效率，我行将把具体业务审批权限下放到××支行，以便××支行根据贵公司资金需要，随要随贷，灵活使用。贷款品种、金额由贵公司自由选择。

　　（二）提供高效理财服务。我行根据贵公司业务经营需要，优先为贵公司提供各类理财服务。一是提供协议存款服务。协议存款是通过与客户签订协议，将客户的结算账户同客户的一个协议账户相联系，在一定程度上增强单位结算能力的单位活期存款，通过为贵公司开办协议存款，能有效增加贵公司存款的获利能力。二是提供现金管理服务。现金管理业务是依托现金管理平台，以集团性客户为对象、以账户服务为核心、以多种产品组合为内容、以方便流动性管理为目的的银行综合服务。三是提供代理保险业务、财务顾问、债市通业务等其他理财业务。

　　（三）全面为贵公司员工提供优质个人金融服务。我行将充分运用我行丰富的个人金融业务品种和高效便捷的金融服务工具，简化贵公司员工的个人住房贷款手续，并优先向贵公司员工出售理财国债、基金、代办个人保险、代发工资及办理其他个人金融服务。

（四）全面订做金融新产品。根据贵公司业务特点及业务发展需要，为贵公司量身定做存款负债业务品种、代理收付款、支票托收、财务顾问、投资银行等各项金融新产品。

二、金融服务优惠政策

为适时、便捷、有效地满足贵公司的金融需求，我行将动用全行资源，以最优惠的方式为贵公司提供各种金融服务。

（一）关于贷款方式：对贵公司的贷款，我行将采用房地产抵押方式。

（二）关于贷款利率。我行将在人民银行规定的利率浮动范围内，给予一定优惠。

（三）关于贷款期限。根据贵公司需求，贷款期限由双方协商确定。

（四）关于银行承兑汇票保证金。我行将在人民银行规定的银行承兑汇票比例保证金限额的基础上，给予一定幅度的降低。

（五）将贵公司列为我行的VIP客户，并为贵公司提供具有"账户的零余额、资金的零在途、管理的零距离、控制的零风险"功能的现金管理服务。

三、金融服务保障措施及承诺

为保证对贵公司全面优质金融服务到位，并得到贵公司的满意和认同，我行将采取以下保障措施：

（一）成立以分行牵头的金融服务小组。为进一步提升对贵公司的金融服务层次，更好地为贵公司提供全面优质的金融服务。我行将成立以分行牵头、××支行为主办行的专门金融服务小组。金融服务小组由分行副行长××为组长，分行公司业务部总经理××、××支行行长××为副组长，分行公司业务部副总经理××、高级客户经理××和××支行副行长××、客户部经理××、××等成员组成。

（二）建立业务联络员制度。为便于及时交流有关情况，双方指派联络员，负责具体协调各方面的工作。

（三）定期与贵公司交换进一步改善我行金融服务的意见，并定期就我行对贵公司金融服务质量进行检查，发现问题及时纠正并严肃处理。同时，对贵公司做出如下服务承诺：

1. 在办理贵公司金融业务时，提供安全、快捷、高效的服务。

2. 热情、周到、优先办理贵公司员工个人金融业务。

3. 设立咨询投诉电话，对贵公司反映的各种金融服务质量问题，在二十四小时内做出实质性回复。

4. 在不违背有关政策的前提下，根据贵公司实际需要量身定做其他金融产品和服务。

中国××银行××分行
××年××月××日

会议纪要

文种特征

1. 概念

会议纪要，是一种具有纪实性和指导性的文书，它根据会议的指导思想和目的要求，以会议记录为底本而写成。它既可以上呈，用以汇报会议情况和结果；也可以下发或平发，用以传达会议精神和议定事项，要求有关单位或部门遵守、执行。会议纪要在营销工作中的适用范围比较广泛，银行召开重要会议都可以使用。

2. 作用

（1）记载作用。凡是召开重要会议，常用会议纪要来记载会议成果，反映会议的基本精神，记录议定的主要事项。

（2）传达作用。会议纪要可以通过传达会议所研究的工作、议定的事项、布置的任务和做出的决定，使有关单位和人员尽快知晓会议基本情况和主要精神，并以会议纪要作为开展工作的依据，这样就可以使受文单位更好地贯彻会议精神，落实会议所做出的决定。会议纪要还可以用来向上级行提供会议信息，汇报有关情况，以取得上级行的指导。

3. 特点

（1）具有纪实性。会议纪要的基本任务之一就在于如实地记载会议的主要实况和主要精神。因此，纪实撰写是会议纪要的基本原则。这就是说，会议纪要必须严格遵循特定的会议目的和指导思想，依据会议的实际情况、发言记录、结论性意见或问题来行文；凡与会议无关的或会议未涉及的问题，一概不写，绝不允许虚构掺假或横生枝叶。若失去纪实性，会议纪要则毫无存在的价值。

（2）具有系统性。会议纪要的内容不是特定会议实况的全部记录，而是对包括会议记录在内的全部会议材料进行深入分析、综合研究的结果。它远远超越了会议记录的自然形态和原始性质，它是会议全部情况的内在本质与逻辑思想的系统体现。

（3）具有述要性。如果说会议记录具有原始性，那么，会议纪要则具有述要性。也就是说，会议纪要绝不像会议记录那样有事必记，有闻必录，面面俱到，样样不漏；而是择其要而记之，求其质而录之，择其实而书之，尤其是经过必要的整理、精心的提炼、科学的概括、反复的加工，以求其"本"，提其"要"，取其"质"，把会议的重要材料、重要问题、重要决策、重要结论及本质精神等充分显示出来。如果说会议记录具有现象的真实性，它是会议自然情况的真实"再现"，那么会议纪要则具有本质的真实性，它是会议内在精神的概要"反映"。

结构模式

1. 种类

会议纪要的种类可以按以下标准区分：

（1）按会议纪要的作用区分：①指导性会议纪要。这类纪要的内容，对有关单位的工作都具有参考价值和指导意义。因此，一般由会议主办单位用批转性发文的形式印发，要求受文单位"贯彻执行"或"参照执行"。例如，××银行××分行印发的《全行公司业务重点项目营销会议纪要》就属于此类。②协作性会议纪要。是能够起到协作作用的纪要。这类纪要所记载的议定事项，是与会单位的代表经过协商一致通过的，是这些单位应当共同遵守和执行的。因此，一般以会议总结文件的形式印发。例如《××银行七省市分行重点项目联合营销会议纪要》就属于此类。③讨论性会议纪要。主要是对某一重大理论、实践课题进行研讨的会议所使用的纪要，它具有参考性，不具有指导性。

（2）按会议纪要叙述的问题区分：①综合性会议纪要，是叙述某一方面众多问题的纪要。例如，《全行营销工作会议纪要》，内容涉及营销工作中的一系列问题，是综合性会议纪要。②专题性会议纪要，是专谈一个问题的纪要。例如《关于客户经理分配制度改革会议纪要》，就是专谈××银行客户经理分配制度改革问题的专题会议纪要。这类纪要篇幅有长有短，数量居多。

2. 结构

会议纪要由标题、发文时间、正文、落款及日期组成。

（1）标题。会议纪要的标题一般用单标题，即标题直接写明何种会议纪要，让人一目了然，这种标题一般由会议名称和文种组成，例如：《全行房地产业务工作会议纪要》；有的会议纪要标题由事由和文种组成，例如《关于研究公司客户贷后管理问题的会议纪要》。

（2）发文时间。会议纪要的发文时间，一般放在标题下面，年、月、日要写全，并用圆括号括起来。

（3）正文。会议纪要的正文，一般包括三个部分。

第一部分：写会议的概况。依常规需有八个要素。会议动因，即概括介绍召开会议的背景原因，包括召开会议的理论根据、现实根据、批准根据、指示根据等；会议地点，即写清会议召开地址的全称；会议时间，即写明会期起止时间；会议名称，即写出会议主持、召开单位，会议全称；会议人员，即列述与会人员类别、人数；会议议程，即概述会议议程内容；会议进展，即略述会议进行情况；会议收获，即概略说明会议成果、收获及对它的评价。

这一部分内容的表达方式有两种：一种是叙述式，就是将各项内容，一气呵成，一线贯通；一种是条目式，就是分条列项地写出各项内容，一段写一条，一条写一个内容。这部分写完后，紧接着写诸如"会议讨论了以下问题"或"与会者提出了以下看法"的过渡句，然后写第二部分。

第二部分：写会议的主要精神。主要写会议讨论研究了哪些问题，做出了什么决议，提出了什么要求和任务，制定了什么措施等。这部分是会议纪要的核心部分，必须做到全面完整、条理清晰、准确明白。

第三部分：结尾。这部分的内容，一般包括：对会议的评价、对会后工作或下次会议的意见或建议、会议的倡议或号召、希望等等。但是，有的会议纪要不需要写结束性词语，要点记述完毕，纪要随即结束。因此，会议纪要如何结尾，应由会议的宗旨和实际需要来确定。

（4）落款及日期。如在标题中和标题下面没有注明发文单位和日期，应在文尾注明会议召集单位的名称，并注明日期，加盖公章。

写作指要

1. 明确会议宗旨，突出中心

一次工作会议，涉及的问题很多。在写会议纪要时，必须抓住会议集中解决的几个主要问题形成纪要，突出会议的中心和要点，反映会议的全貌。使人看后对会议能有一个重点、全面和完整的了解，便于领会精神，做到中心突出、详略得当，切忌事无巨细、面面俱到。

2. 忠实于会议精神，做好记录

要正确集中会议讨论的意见，忠实于会议的情况和内容。起草会议纪要时要认真研究各种意见，对于会议中同意的、反对的、需要商榷的或其他意见均要认真加以对待，凡取得多数人的共识的就应反映出来。为了更好地集中体现会议的意见，还可将纪要草稿交与会人员讨论修改，取得同意。对于讲话、报告、会议决定等，可以适当引用原文或原话，以便能更准确地反映会议内容，切不可借题发挥，添枝加叶，损害全文。

3.讲究用语，注意条理

要有严谨的结构、清晰的层次安排，记述文字要简练准确，富有条理。要对各种有关材料进行深入的分析，通过精心提炼，尽可能加以理论概括，鲜明地反映出会议的主旨和精神。对会议反映中心议题的正确意见，可采用"会议听取了""会议讨论了""会议研究了""会议认为""会议决定""会议强调指出"等词语，加以集中概括、简明扼要地反映出来。文风要朴实，观点要明确，具有逻辑性，切忌冗长、杂混，甚至就事论事。

范文解读

[范例21. 工作会议纪要]

全行公司客户贷后尽职管理工作会议纪要

（××年××月××日）

全行公司客户贷后尽职管理工作会议于××年××月××日在××市召开。各分行主管行长、公司业务部门负责人以及××户重点客户管户经理参加了会议。总行副行长××到会并且做了重要讲话。会议现场展评了各行重点客户贷后管理档案，总行与各分行签订了公司客户贷后尽职管理责任书，讨论修改了《公司客户贷后尽职管理十项规定动作》《公司客户经理贷后尽职管理标准化作业指导书》，分析了我行贷后尽职管理面临的新常态与新问题，研究布置了今后三年公司客户贷后尽职管理的重点与措施。现纪要如下：

一、会议肯定了近三年来我行公司客户贷后尽职管理工作取得的主要成绩

会议认为，近三年来各级行以贯彻落实总行信贷规则为契机，大力推进信贷规范化管理和信贷全流程风险管理，公司客户贷后尽职管理工作取得了明显进步：一是出台了一系列贷后尽职管理工作意见、办法。先后制定印发了《公司客户贷后管理办法》《公司客户贷后管理操作指南》等文件，为规范公司客户贷后尽职管理工作指明了方向。二是落实了"人户合一"的公司客户维护与贷后尽职管理制度。全行资产类公司客户全部落实到客户经理管理，并落实了管户责任，签订了管户责任书。对重点公司客户则由总行、分行与支行进行多重监控。三是探索了"一户三案"公司客户营销与管理的新模式。即一个公司客户要制定并实施营销策划方案、金融服务解决方案、营销与信贷风险管理方案，实现对每一个公司客户营销、维护和风险防控等全过程营销精细化管理，目的是实现客户价值挖掘最大化与金融风险控制最低化。四是加大了对潜在风险客户的退出力度。

会议指出，虽然近三年来各行通过规范和强化贷前尽职调查、贷款科学审批等贷前决策环节，"入口关"的风险得到了较好控制，但从总体来看，全流程风险管理，特别是贷后尽职管理工作明显滞后，全行不良贷款金额与比率连续××个季度上升，仍然是我行信贷管理工作最薄弱的环节。主要原因：一是各行在思想上对贷后尽职管理工作没有引起足够的重视；二是职责界定不清，贷后落实管理责任制没有完全到位；三是贷后管理工作措施不力；四是贷后管理工作精细化管理不够。

二、会议分析了目前商业银行公司客户贷后尽职管理工作面临的新常态与新问题

会议强调指出，经济波动时期，特别是经济下行时期是信贷风险暴露的高发期。目前，我国商业信贷风险管理出现了一系列新常态、新挑战与新问题。一是我国经济"三期叠加"带来的挑战。经济换挡期、结构调整的阵痛期与前期刺激政策的消化期。二是不良贷款连续大幅上升带来的挑战。我国商业银行不良贷款余额已连续17个季度上升。三是民间借贷混乱带来的挑战。许多公司客户涉足民间借贷，导致信贷风险增大。四是大量P2P公司崩盘、资金断裂、失联跑路带来的挑战。目前已有三分之一以上的P2P公司出现问题，涉及大量公司客户，直接或间接造成了商业银行信贷风险。五是利率全面市场化带来的挑战。商业银行的信贷收益如何有效覆盖风险，对银行信贷

定价、信贷风险管理提出了更高的要求。六是经济体制改革深化带来的挑战。客户加速裂变和战略性分化重组,其产权结构、组织架构与管理模式的多元化和市场份额、经营效益与经营质量的两极分化,迫切需要我们不断增强贷后管理和风险防范水平。七是全球经济一体化带来的挑战。八是国家产业政策调整带来的挑战。国家采取去产能、去库存、去杠杆、补短板的行业政策,一大部分"僵尸企业"将会关停。特别是银行对常用金属冶炼及压延加工、电解铝、水泥、平板玻璃、造船、航运、煤炭、炼焦、煤化工、光伏制造、工程机械、纺织化纤、造纸、基础化工、化肥生产、常用金属矿采选、炼铁、炼钢、钢贸、铁合金、电石、铜(含再生铜)冶炼、铅(含再生铅)冶炼、制革、印染、化纤、铅蓄电池(极板及组装)等工业行业采取信贷压缩政策,信贷风险将会集中暴露出来。九是新科技带来运用的挑战。十是担保管理无序带来的挑战。特别要警惕关联担保、客户互保、同行业担保、弱弱担保、第三方担保产生的信贷风险。十一是金融监管变化带来的挑战。十二是银行破产与存款保险制度带来的挑战。十三是金融风险管理变化带来的挑战。风险种类增多、风险成因复杂、风险危害增大、防控任务加重。必须进行全面风险管理、全行风险管理、全员风险管理、全流程风险管理。

会议还通报了近期在全国发生的××银行特大票据欺诈案件和××银行重大票据欺诈案件。要求各行要从两起案件中吸取经验教训,实施全程监控,强化风险防范。特别是在办理票据贴现业务中,要始终坚持"四个不动摇",即坚持双人上门照票不动摇,拒办非商业交易和无贸易背景的票据贴现不动摇,拒办无效益的票据贴现不动摇,慎办高风险地区、高风险承兑银行的票据贴现不动摇。严把"三关",即严把票据真实贸易关,严把票据真实、合法、有效关,严把票据贴现手续规范关,切实规范业务操作,确保不出现任何风险。

三、会议研究了今后三年全行公司客户贷后尽职管理工作采取的举措

会议决定,今后三年将公司客户贷后尽职管理工作作为全行信贷全流程风险管理的重中之重,采取四大举措:

（一）深化思想认识

贷后尽职管理既是信贷全流程风险管理的重要环节，又是维护客户、创造价值的重要手段。一是防范风险的需要。无论是从信贷资金的运动规律来看，还是从信贷风险的成因及我行的历史经验教训来看，贷后管理都是衍生风险的重要部位，是信贷风险管理的重要内容。防范风险包括事前预防风险、事中发现风险和事后化解风险。二是创造价值的需要。既可化解不良贷款，创造盘活资金价值，又可通过对客户交叉营销，创造银行、客户与客户经理共赢的价值。三是保护干部的需要。要求客户经理必须做到合规、尽职与控险。四是银行生存发展的需要。从国际金融发展的经验教训来看，信贷风险是一家银行破产的最直接、最重要的诱因。会议要求，各级行领导和客户经理要像爱护生命一样爱惜信贷资产，以高度的责任感和使命感，重视和加强贷后尽职管理工作。

（二）做好规定动作

会议决定对公司客户贷后尽职管理采取十大规定动作。一是制订贷后管理方案。包括客户基本情况、贷后管理组织架构及责任人、客户的风险点及风险防范措施、贷后管理各项工作时间安排、突发风险事件应急措施、贷后管理工作的反馈机制及路径。二是贷后非现场监测管理。包括加强行业状况动态监测、加强组织架构动态监测、加强资信状况动态监测、加强资金流向动态监测、加强财务状况动态监测、加强对客户管理能力动态监测。三是贷后批量监管。包括客户信息监管、用途合规监管、押品管理监管、担保机构监管、资产质量监管。四是贷后现场检查与评价。包括延伸检查、定期检查、尽职监督检查和专项检查。五是建立贷后核保核押制度。六是信贷风险预警和处理。处理流程包括信号导入→分级→发布→处置反馈→跟踪督办→信号解除，闭环运行。七是信用收回与债权管理。到期前30天内，必须电话催收或信函催收；逾期30天内，必须电话催收或信函催收；逾期30～60天内，必须上门催收；逾期60天以上，必须诉前财产保全或诉讼催收。八是潜在风险客户退出。潜在风险客户是指不符合银行信贷发展战略要求、经济资本占用较大、存在潜在风险因素、可能影响贷款正常收回，需对其采取主动性措施压降贷款额度或收回全部贷款的客户。各行要对潜在风险客户实行名单制管理,并进行监测与考核。九是提交贷后管理报告。十是信贷档案管理。

(三)明确管理责任

总行公司业务部要对全行公司客户贷后尽职管理工作负总责。担负指导、协调、监督和管理责任。分行公司部要对全辖区公司客户贷后管理工作负责,并协助经营行做好贷后管理工作。经营行行长作为公司客户贷后管理工作的经营主责任人,要求按户配备管户客户经理。客户经理是贷后管理工作的经办人,必须强制性地做好贷后管理工作。会议要求,各级行、各层次、各部门、各岗位及相关客户经理都必须签订《公司客户贷后尽职管理责任书》,并逐条落实到位,切实履行贷后尽职管理职责。

(四)严格考核管理

一是健全贷后尽职管理考核体系。包括上级行对下级行的考核、本级行对公司业务部门的考核、网点或部门对客户经理的考核。二是完善贷后尽职管理考核指标。既要考核结果指标,又要考核过程指标。三是运用好考核结果。考核结果与客户经理工资奖金、综合评价与提拔任用挂钩。

规章制度

文种特征

1. 概念

规章制度是商业银行对特定范围内的工作和业务经营管理活动制定的带有约束性措施的应用文体。它规范有关人员的行为,具有强制性。同时,比较具体,并有处理、奖惩条件。

规章制度是商业银行为了明确自身的性质、组织结构和管理体制而制定的章程,为了维护银行经营管理活动的正常秩序,根据国家金融法规,从银行自身实际出发而制定的必须共同遵守的行为规范、业务规程和活动准则。

2. 作用

完善规章制度，是加强商业银行现代化、科学化与规范化管理的重要手段，对保证业务经营循规照章顺利进行，对调动和巩固广大员工的积极性和自觉性，对落实党和国家的各项金融政策都具有非常重要的意义。

3. 特点

（1）规章制度属于规范类公文，在不同范围内具有强制性或约束力。规章制度一经公布，有关人员都必须遵照执行。违反者轻者受到批评和处分，重者则要受到法律制裁。

（2）具有严格的制定程序。规章制度的制定程序一般要经过起草、报送或初审、审定和公布等几个阶段才能生效。

（3）具有相对稳定性。规章制度是以国家金融法规和本银行有关政策规定为依据制定的，其内容不得与国家金融法规和上级行颁布的法规、制度相矛盾或相抵触。作为准则和规范，其内容要求相对稳定，便于人们遵守执行，决不可动辄修改，使人无所适从。但当规章制度已不能适应社会发展需要时，应及时予以修改或撤销。

结构模式

1. 种类

规章制度，按层次和内容来划分，大体可分为三类：一类是规章性的，凡是涉及银行性质、组织结构、管理体制和业务经营管理大政方针的章程、规定等，统属此类；二是制度性的，为加强银行管理而制定的各种制度，如劳动人事制度、工资分配制度，财务会计制度、项目管理制度、客户经理管理制度、岗位责任制度等；三是规程性的，为严格业务操作和经营管理程序而制定的各种规程，如各种业务操作规程、工作流程等。

规章制度的主要文种包括："规定""办法""细则""制度""规程""责任制"等，但不得使用"条例"这个名称，因为"条例"适用于国家行政法规，企业规章制度不得称为"条例"。

2. 结构

规章制度，通常包括三个部分，即标题、正文、落款。

（1）标题。标题的写法一般由三个要素组成，即"单位名称""事由"与"文种"。例如《××支行客户经理管理办法》《××分行项目贷款申报流程》等。也有的标题只有两个要素，章程、责任制等即如此，例如《客户经理岗位责任制》。一些经过专门会议讨论通过的规章制度，有的在标题下面加括号注明"××年××月××日××会议讨论通过"字样，称作题注。

（2）正文。规章制度的正文结构，要根据内容的繁简不同采取不同的结构形式。

① "总—分—附"式。这是"章程"及内容复杂的"规定""办法""规则""细则"所采用的结构形式。它是把全文分作"总则""分则"与"附则"三部分，章下有条，条下设款，章、条统一顺序编号。第一章为"总则"，通常由两三个条款组成，用来讲明制定本规章制度的目的、依据、适用范围；最后一章为"附则"，用来交代规章制度的时效、解释权及未尽事宜；中间包括若干章，统称"分则"，但不标"分则"字样，属规章制度所规定的具体事项。

② "提要分条"式。主要是责任制、各种管理制度及一般性规定、办法所采用的结构写法。所谓"提要"，即在全文开头处用三言两语的简短文字，讲明制发本规章制度的依据、目的，它类似前述结构形式的"总则"。然后使用"为此"做过渡，转入主体部分，即规定具体事项的部分。主体部分的内容通常由若干条款并列组成，其中最末的一两条，要用来交代实施要求与生效时间，类似前述结构形式的"附则"，其余各条款当然就类似前述结构的"分则"部分。由于全文由一个独立的"开头段"来统率，然后分列若干条款，所以称作"提要分条"。

③ "条项贯通式"。这是内容并不十分复杂的各种业务经营管理制度、管理规则通常采用的结构形式。这种结构形式与前两种形式不同的是全文既无单独的开头，亦无独立的结尾，而由并列的若干条款组成，特点是简短明

了、一目了然。也有的为了醒目起见，给开头的第一条及末尾的一条分别标以"总则""附则"的字样。

（3）落款。规章制度的正文之后，要署制发银行单位名称。各种规章制度原则上都以银行的名义发布，也就是说只有法人（授权法人）才具有发布规章制度的资格。银行下属的职能部门，一般只是各种规章制度的起草者，而不是制定发布者，只有在银行授权的情况下，才有资格发布相关制度。

写作指要

在写作规章制度时，应注意如下事项：

1. 形式多样，不离其宗

规章制度的正文结构虽然多种多样，但其内在结构万变不离其宗。这个"宗"就是"总—分—附"，这是撰写规章制度应把握的一条内在规律。所谓"总"，即开端要讲明制定规章制度的目的、依据与适用范围，它可以是一个"总则"，也可以是一个独立的开头语，还可以是并列的一两条。所谓"分"，即规章制度所规定的具体事项内容，它可以是一个由若干章组成的"分则"，也可以是并列的若干条款。所谓"附"，即用来明确时效、解释权及未尽事宜的部分，它可是一个"附则"，也可以是单独的结尾段落，还可以是几个条款。所以，我们在撰写规章制度时，不论采用什么结构形式，这个"宗"是万万不能违背的。

2. 体系完整，相互配套

银行业务经营管理是一个系统工程，是由各个要素、各个环节相互作用组成的。从银行的组织机构、管理体制、岗位责任到业务操作，各项具体工作管理无不需要各种规定、流程。因此，作为银行，不仅要有"章程"，而且从领导者到具体业务经营岗位都应建立齐全完备的责任制。同时，还应有成龙配套的各种管理制度。

3. 体现特点、讲求实际

制定规章制度,要结合本银行、本部门的特点,从自身实际出发。从内容、形式到语言都要体现各自的特点,参照别人的规章制度体例是必要的,而照抄是不可取的。

4. 内容严密,字斟句酌

在规章制度的撰写上,应力求:条款周全不漏项;前后一致不矛盾;分条列项要保持相对的独立性,不要你中有我、我中有你;列条要讲究逻辑,或按主从,或按时间,或按习惯,切不可出现重叠或跳跃。制定规章制度的目的在于维护银行业务经营管理活动的正常有序地进行,以不断提高工作效率和经营效益,对银行相关员工都具有一定的约束力。因此,在撰写规章制度的用语上,要比撰写其他文书更加严谨缜密,必须字斟句酌,不可有半点疏漏,一旦留有回旋余地,势必后患无穷。

5. 严守法制,保持一致

任何一家银行,都必须把自己置于国家法律、法规的约束之下,所制定的各种规章制度,应与党和国家的路线、方针、政策保持一致,严守国家法律、法规。同时,要坚持一律平等的原则,银行的领导者都要带头遵守,如有违犯应与普通员工一视同仁。

范文解读

[范例22. 制度办法]

××商业银行对公客户经理管理办法

第一章 总　　则

第一条　为进一步加强对公客户经理管理,结合《××商业银行客户经理制实施细则》,制定本办法。

第二条　对公客户经理(以下简称客户经理)是指行内能够面向市场、

为对公客户提供全方位商业服务的营销代表。主要包括：各分支机构公司业务分管行长、公司条线营销部门经理、副经理、负责人和从事公司金融营销的员工。

第二章 客户经理岗位职责

第三条 基本岗位职责。完成银行下达的负债计划、信贷计划、客户新增计划、对公条线辅助指标计划等各项经营任务；做好本机构存量客户的维护提升工作；为银行创造经济利润；在市场中塑造和提升本行对公业务的品牌形象。

第四条 客户服务职责。通过主动寻找客户和为客户提供服务来稳定并提高客户在我行的存款量、结算业务量、信贷资产质量、各项对公业务指标的落实，以及创造相应的拨备前FTP利润。

（一）把客户需求与银行的产品有机结合起来。在研究市场、客户和竞争对手的基础上，选择、确定现有客户营销服务方案和潜在客户拓展工作计划；定期拜访客户，维护与客户的良好关系，根据客户现有业务量、未来的发展和可能带来的综合收益，定期对客户价值做出判断。

（二）主动寻找客户，通过各种渠道与客户建立业务联系，及时了解客户需求，积极向其推销本行产品和服务，设计合作方案并组织实施，对需求较复杂或特大型客户，可通过成立客户服务小组的方式，为其提供综合服务。

（三）拥有客户调查权和业务建议权，需对提交的各种信息、客户资料、业务建议和工作报告的真实性、有效性负责。对借款人提供的财务信息、经营状况及担保情况负真实性调查责任，对自己提出的报告、授信意见负责。对有授信业务需求的客户，应负责对客户的资信调查及具体授信的处理工作，授信业务一经批准，要负责贷后管理工作，主动防范和化解可能产生的各类信用风险。同时对与本行有业务往来的客户信息有告知和风险提示义务。

（四）收集客户的各种信息，包括财务信息、生产信息、销售信息、管理资源信息、行业和产品市场信息等，保证信息的真实性、完整性和连续性。

（五）处理或协助相关部门处理与客户有关的业务纠纷。

第五条 市场拓展职责。客户经理要充分运用本行的对公业务产品，承担市场拓展职责。

（一）做好市场调研工作，了解市场状况，掌握市场动向。

（二）做好市场信息的总结、归类、分析，结合客户实际情况，提出服务方案。

（三）保持对市场变化、同业竞争变化的敏锐性，为银行决策部门提供准确及时的有效信息。

（四）对市场发展的趋势具有前瞻性，并对管理部门提出应对的措施和建议。

第三章　客户经理管理

第六条　银行公司银行部负责全行对公客户经理的业务指导、培训；下达负债业务、信贷业务计划，参与评定客户经理的等级；审核客户经理工作业绩、协助计算考核薪酬。银行对客户经理实行"双线管理"原则，客户经理除按时完成或超额完成分、支行（部）下达的各项经营指标任务外，须接受银行公司银行部统一组织的专项营销活动安排，同时客户经理必须定期参加总、分行组织的相关业务培训，并接受相关业务考核。

第七条　公司银行部主要职责。

（一）制定全行对公客户经理管理方面的规章制度。

（二）根据全行经营计划的特点及业务发展的不同阶段，调整不同业务品种的绩效收入系数。

（三）根据客户经理工作业绩评定客户经理等级。

（四）下达公司业务的各项指标任务及客户经理的营销计划。

（五）负责组织全行客户经理的各类产品培训和业务交流，提高专业素质。

第八条　分支机构主要职责。

（一）按照银行要求，对客户经理日常工作管理和业绩考核。

（二）对客户经理负债业务计划、信贷业务计划、新增百万客户计划、新增客户计划、其他对公条线辅助指标计划的完成情况每季度考核督导，为客户经理完成计划提供条件。

（三）按照银行下达的客户维护方案、客户新增方案，将维护工作、新增指标细化分解到客户经理，并在日常工作中督导考核。

（四）根据总分行客户发展战略，进行科学市场细分，合理定位目标市场和目标客户，谋求与目标客户建立业务关系和拓展新的业务领域。

（五）根据客户经理的日常考核情况，为银行考评委员会提供等级考核所需数据和资料。

（六）搜集、反馈客户经理工作动态，并向管理部门反馈，提出强化客户经理管理的相关建议。

（七）银行交办的客户经理日常培训等其他相关工作。

第九条 人力资源部主要职责。

（一）组织客户经理一级培训，提高客户经理的基本素质。

（二）确定客户经理的等级工资标准。

（三）每年定期组织客户经理等级评定及相关考试。

（四）组织相关部门测算客户经理绩效薪酬。

第十条 计划财务部主要职责。

（一）协助相关部门确定客户经理负债绩效薪酬配置比例。

（二）提供客户经理测算绩效薪酬的相关工具。

（三）协助管理部门提供客户经理业绩情况和绩效薪酬发放情况，为管理部门提供基础的数据。

（四）结合客户经理业绩情况，协助管理部门评价分析客户经理薪酬结构及发放模式的合理性。

（五）客户经理薪酬测算。

第四章 客户经理等级设置

第十一条 对公客户经理的等级设置。客户经理的等级分为5级34档，即首席客户经理8档、资深客户经理9档、高级客户经理7档、中级客户经理6档、助理客户经理4档。

第十二条 等级升降管理。

（一）客户经理等级晋级必须达到对应的存款等级值和模拟利润值，同时还要完成当年的重点营销计划。

（二）资深客户经理在有效期内个人业绩不低于晋升前标准。若连续3个月达不到原标准，银行则直接撤销晋升，3个月内达到业绩标准，恢复等级。

（三）出现下列情况之一的，对客户经理级别给予降档、降级等相应处分，问题严重的直接取消客户经理资格。

1. 由于个人原因，发生重大业务差错，造成本行资金和信誉损失的。

2. 因个人主要原因形成风险或造成不良影响，视情节性质和资金损失大小，银行将给予降级、取消资格等处理。

3. 工作中出现违法和重大违纪行为的。

第十三条 客户经理的评级标准及负债业务计划

评级原则：设置各等级准入对应的对公日均存款标准及拨备前FTP利润（含非对公业务产生的利润）标准，综合考量，具体标准另单独下达。

负债业务计划：每年下达对公负债业务计划，按照客户经理评级标准下达不同的增量计划，计划完成率与年末绩效薪酬挂钩。

（一）助理客户经理评级标准：对应届高校毕业生、行内其他岗位转入从事客户经理工作的人员，在保护期内，拨备前FTP利润达到××万元，对公日均存款达到××万元，可聘为助理客户经理。

（二）中级客户经理评级标准：具有大专（含）以上学历；年拨备前FTP利润达到××万元；对公日均存款达到××万元；从事本专业工作1年以上的客户经理。

（三）高级客户经理评级标准：具有大专（含）以上学历；年拨备前FTP达到××万元；对公日均存款达到××万元；从事本专业工作两年以上的客户经理。

（四）资深客户经理评级标准：具有大学本科（含）以上学历，能够指导下级客户经理开展工作；具有较高的金融理论水平与宏观思维能力；具有营销战略规划和组织协调能力；具有较强的市场营销、产品组合和创新能力；年拨备前FTP利润达到××万元，对公日均存款达到××亿元；从事本专业工作两年以上的客户经理。

（五）首席客户经理评级标准：除要具有资深客户经理的标准外，要从事资深客户经理3年以上；个人业绩达到客户经理平均业绩标准15倍，从第4年起经总行考核（评定）可聘为首席客户经理。

（六）各等级划分不同档次，确定等级岗位工资，对应的年拨备前FTP利润和对公日均存款值也相应递增。

（七）针对不同的客户经理等级，银行将逐年下发对公日均存款的增量计划。计划完成率与客户经理年末绩效薪酬的×××%挂钩。

第十四条 不同等级档次的客户经理之间不存在上下级关系，仅表明其综合素质、工作业绩及处理相关工作的重要程度与数量。

第十五条 业务和能力的等级考试。

（一）凡业绩达到相应标准即取得该级别客户经理考试资格，参加相应等级考试，并经综合素质考核合格后聘用。

（二）等级考试以专业知识为主。助理级客户经理、中级客户经理、高级客户经理达标成绩分别为60分、70分、80分。

（三）客户经理等级考试每年由分行人力资源部统一组织；资深客户经理、首席客户经理资格考试每年由总行统一组织。

（四）资深客户经理、首席客户经理资格考试成绩有效期为两年。业绩暂未达到资深客户经理标准的高级各档客户经理也可参加资深客户经理资格考试，在成绩有效期内，业绩达到相应标准即可申请晋升资深客户经理。

（五）未通过相关考试或综合考核不合格者，按业绩标准对应的等级降级聘用。

第十六条 评级管理。

（一）成立由银行主管行长、人力资源部、公司银行部、计划财务部组成的客户经理考评委员会，负责客户经理等级评定工作的组织、管理和协调、综合考核的组织与实施、权限内客户经理等级的评定，常设机构在银行公司银行部。

（二）客户经理考评委员会每年初按照上年业绩情况对客户经理进行预评级并组织评级考试。根据评级考试成绩、预评级结果和客户经理日常培训工作等情况，经综合考核后确定客户经理等级并予以聘用。客户经理对考评结果、等级评定有异议的，可向客户经理考评委员会反映情况，提出复议申请，考评委员会据实予以核查，并将有关情况和结果及时反馈给相关人员。

第五章 客户经理准入、聘用及退出

第十七条 对公客户经理的准入、聘用及退出工作由银行人力资源部统一组织实施。

第十八条 客户经理的基本任职资格。

（一）具有良好的思想素质，严守职业道德，遵纪守法，作风正派，勤勉敬业，有较强的服务意识、风险防范意识。

（二）具有客户经理所需的专业知识，了解掌握金融政策、法规；熟悉本单位的经营战略、经营计划；掌握银行会计、企业财会等相关业务知识。

（三）熟悉本专业，有较强的公关协调能力，能适应本岗位工作要求，具有相关工作经验。

（四）原则上具有大专（含）以上学历。能够达到各等级客户经理业绩考核标准。

（五）各等级的客户经理需要经过总行组织的客户经理资格考试，考核合格后聘用。

（六）无不符合金融从业人员标准的劣迹行为。

第十九条 客户经理准入管理。

凡符合客户经理条件的行内其他岗位员工可随时通过所在机构提出准入申请，报银行公司银行部和人力资源部审批。

第二十条 客户经理聘用。

（一）客户经理的考核聘用以业绩为主，兼顾其他。

（二）准入业绩标准。

1. 行内同城机构员工年对公日均存款不低于××万元，异地机构员工年对公日均存款不低于××万元。

2. 同城机构引进营销人员年对公日均存款不低于××万元，异地机构引进营销人员年对公日均存款不低于××万元。

3. 聘任经营机构公司银行部经理、副经理的对公年日均存款不低于××万元。

（三）保护期。

1. 行内非客户经理岗位员工自愿申请担任客户经理的，保护期1年，宽限期1年。

2. 从行内其他主线（零售、国际）客户经理序列转入的，过渡期3个月。保护期起止日期，由银行公司银行部与人力资源部共同认定。

第二十一条 客户经理的退出管理。

（一）根据客户经理的从业年限，分行制定了负债指标达标线，如在规定年限未达到相应标准，分行将给予刚性退出。年限达标线见下表。

从业年限	日均存款达标线	时点存款达标线
满 1 年达标线	×× 万元	×× 万元
满 2 年达标线	×× 万元	×× 万元
满 3 年达标线	×× 万元	×× 万元
满 4 年达标线	×× 万元	×× 万元
满 5 年达标线	×× 万元	×× 万元

（二）对于退出的客户经理，实行退到柜员、退到人事代理、再到解除劳动合同的逐级退出机制。退到柜员的，须年龄低于35周岁，在规定时限内达到岗位要求，通过会计上岗考试。

（三）客户经理因工作需要转岗的，原则上应在年初执行。转岗后停止原客户经理薪酬待遇，执行新职位薪酬标准。

（四）对退出客户经理所经办的业务，特别是未了业务，银行将进行合规性、档案完整性及资产质量等方面的检查。工作或资产质量存在严重问题的客户经理不得调动或转岗。

第二十二条 进入或退出客户经理序列，需填写《×× 银行客户经理准入/退出审批表》，经所在机构、银行直属条线部门、人力资源部审批后方可转岗。

第六章 客户经理的业绩考核标准

第二十三条 对公客户经理业绩考核指标分为对公负债业务规模，资产、中间业务产生的"模拟经济利润"两项指标。

第二十四条 以银行的总体对公存款计划和客户经理的整体水平来确定当年存款业务计划的总量，根据客户经理等级评定的级别来确定负债业务计划和"模拟经济利润"的标准。

第二十五条 银行公司银行部将根据全行的业务发展增速和机构的经营

指标将任务分解,具体落实到每个客户经理,并指派专人做好日常的统计工作,按月公布业绩,并将考核结果作为下年度客户经理等级评定的依据。

第二十六条 银行公司银行部每月公布客户经理对公存款日均、时点计划完成情况排名,年终进行加权汇总,评出年度明星客户经理,给予一次性奖励(对公业务明星客户经理评选办法单独下达)。

第二十七条 客户经理在计算各业务品种(产品)的考核效益时,对于工作划分、分工协作或参与维护的客户所产生的考核效益,根据责、权、利相结合的原则,由机构在相关客户经理之间进行切分。

(一)由客户经理多人共同开发的业务,主办人员与协办人员的分配比例由支行负责人根据营销实际情况提出分配意见,报银行公司银行部审批确认。

(二)支行行领导移交管理和维护的资产业务客户,个人关联度不超过×××%;负债业务和中间业务客户的个人关联度不超过×××%(在规定范围内,支行行长可根据个人工作量和维护的情况来划分)。

(三)客户经理在不同机构调动时,业绩不得随意带走,经调出行和调入行双方友好协商达成协议的,在公司银行部备案,可以按照协议处理。

(四)客户分配关系的变更需经支行长、银行条线部门确认,分支机构不得在评级期间随意调整、变更。

(五)对总、分支行联动营销的大型客户(净资产5亿元以上或收入10亿元以上),主办客户经理个人业绩关联度不超过×××%,特大型的集团客户不超过×××%。对确定由客户经理独立开发的大型客户,经由支行负责人、银行公司银行部、分管行长确认后,可提高计入业绩的比例。

第二十八条 业绩分配要遵循真实、公平的原则,客户经理的新开发客户,各机构负责人应按照客户类型、协作开发情况等相关要求确定业绩分配比例,突破银行现有规定的要逐笔报分行公司银行部。对存量业绩原则上不允许重新分配比例,如有特殊原因,需逐笔向银行公司银行部书面申请,待审批确认后,由银行统一分配。严禁将公共资源转移到客户经理名下,凡发现转移的要按转移后客户经理所得收入的双倍对支行行长和转移者进行罚款。对在业绩分配中弄虚作假的机构相关人员,一经查出,银行将严肃处理。

第二十九条 对客户开发采取先入为主的原则,以客户账户的开立先后为识别标准，已开户的其他客户经理原则上不再重复营销，但如属同一客户，在其他银行有业务，原开发客户经理又无力营销，其他客户经理可营销他行业务，成功后业绩计入营销人名下。

第三十条 由客户经理提供信息，银行直接开发营销的客户，根据客户经理提供的信息价值，分配一定的比例计入该客户经理名下。

第三十一条 对公客户经理与个人客户经理通过公私联动产生的个人金融业绩，按照贡献比例进行业绩分成，分配一定的比例计入该对公客户经理名下。

第七章 客户经理的薪酬体系

第三十二条 客户经理的薪酬收入包括等级工资、绩效工资和各类补贴。

（一）等级工资每年调整一次，按照其评定后对应的客户经理等级工资标准执行。

（二）绩效工资按照个人业绩计提，具体测算说明及计算方式单独下达。月度绩效工资按照当月绩效的×××%核发，其余部分年末统一进行发放，多退少补。

（三）五险一金、企业年金按其上年收入核定，住房补贴按行员等级对应标准确定，车补按当年对应的客户经理等级发放。

第三十三条 外猎客户经理在未参加客户经理等级评定前，等级工资按照助理客户经理四档标准执行。

第三十四条 保护期内客户经理的薪酬包括固定薪酬和浮动薪酬。固定薪酬包括等级工资和工龄工资，其中等级工资按照对应行员序列执行。浮动薪酬包括月奖、季度奖和年终奖。

（一）应届毕业生从事客户经理工作，保护期内等级工资按照《××银行基本工资制度实施细则》执行。

（二）行内其他岗位人员从事客户经理工作，保护期内等级工资按转岗前标准执行。保护期内年度薪酬收入如果低于原岗位同级人员年薪收入的，年终进行一次性核算，予以补齐。

（三）条线间客户经理转岗，等级工资不变。

（四）客户经理保护期内业绩达到准入标准的，可申请提前结束保护期，填写《客户经理自愿提前结束保护期审批表》，经批准后执行助理四档客户经理薪酬标准。从业满一年后,其业绩达到某级客户经理标准的,经等级考试和综合考核合格后即可认定为相应等级的客户经理,按新的客户经理等级计发等级工资和车补。

第三十五条 各分支机构公司银行部经理、副经理、负责人(银行指定的),根据所在机构公司存款规模和对公客户经理管理的幅度每月给予一定的岗位补贴。以上岗位人员职务确认以银行文件为准。岗位津贴与所属机构本年对公负债指标的完成情况与本机构的条线考评结果挂钩,年末核发。

第八章 客户经理的培训和例会制度

第三十六条 建立客户经理定期培训制度,共分为银行组织的一级培训、公司银行部组织的二级培训、支行组织的三级培训三个层面。原则上二级培训每月两次,三级培训每月四次。每次培训都将组织考试,培训情况和考试的成绩将与年末绩效薪酬挂钩。客户经理每月至少召开两次例会,会议的内容(包括但不限于)银行公司条线部署近期的工作、机构及客户经理对公业务的通报、总分行的相关政策解读、重点产品培训等。

第九章 附则

第三十七条 各年度根据工作重点确定客户经理业绩标准与营销计划,每年初修订一次。

第三十八条 本办法由银行客户经理考评委员会负责制定、修改和解释。

第三十九条 本办法自××年起执行。

范文解读

[范例23. 制度办法]

××商业银行产品经理管理办法

第一章 总则

第一条 为适应商业银行业务经营和产品创新的需要,建设高素质、专业化的产品经理队伍,全面提升××商业银行产品竞争力与产品营销能力,根据《××商业银行岗位管理办法》及人事管理的有关规定,特制定本办法。

第二条　本办法所称"产品经理"是指取得产品经理岗位专业资格,并在产品经理岗位上从事市场分析研究、金融产品研发、产品流程设计、产品营销支持,以及产品管理相关工作,为××银行设计、研发、推广、改良或维护金融产品的专业人员。

第三条　产品经理设置于各级行产品研发部和公司业务部、小企业金融部、机构业务部、大客户部、结算与现金管理部、个人金融部、住房金融与个人信贷部、房地产信贷部、信用卡中心、国际业务部、托管业务部、金融市场部、电子银行部等业务部门。

第四条　产品经理按产品业务条线,分为零售、对公两类专业产品经理。

第五条　人力资源部是产品经理序列建设的综合牵头部门,全面负责产品经理队伍的岗位管理工作。产品研发部负责组织各级行产品经理间的信息沟通、组织产品经理进行基本技能和新产品培训,协助人力资源部按现行相关规定进行产品经理的资格认定和聘任,并负责在产品创新方面给予产品经理业务指导。其他相关业务部门负责会同人力资源部和产品研发部进行产品经理题库建设及组织考试,并负责本部门产品经理的日常管理和培训工作。

第二章　产品经理岗位资格的考试与认定

第六条　产品经理岗位资格分为初级、中级、高级三个专业等级。

第七条　在助理产品经理岗位上工作即视同获得产品经理初级资格;产品经理中级资格和高级资格需通过相应等级的考试方可获得。

第八条　产品经理岗位资格考试分为中级资格考试和高级资格考试,每年分别组织一次,按零售、对公两个类别分别进行。考试由总行人力资源部组织,产品研发部与相关业务部门共同配合进行。

第九条　取得产品经理初级资格满两年者可参加产品经理中级资格考试,取得产品经理中级资格满两年可参加产品经理高级资格考试。总行人员报名参加考试由所在部门审核推荐,分行及以下人员报名参加考试由所在分行审核推荐。考试题目从总行相关题库中选取。考试通过者由总行颁发相应的资格证书,取得中级和高级资格者进入全行产品经理库。

第三章 产品经理的岗位序列

第十条 产品经理岗位序列共分六个层级。从高到低依次为：高级专家级产品经理、专家级产品经理、资深产品经理、高级产品经理、产品经理、助理产品经理。其中，高级专家级产品经理仅在总行设置，专家级产品经理在总行、分行设置，资深产品经理在总行、分行及规模较大的支行设置，高级产品经理、产品经理和助理产品经理在各级行设置。

第十一条 产品经理岗位聘任须取得相应产品经理专业资格。聘任的高级产品经理、资深产品经理、专家级产品经理和高级专家级产品经理须具备产品经理高级资格；聘任的产品经理须具备产品经理中级资格；在助理产品经理岗位上工作，即视同获得产品经理初级资格。

第十二条 产品经理岗位实行分级聘任制度。资深及以上等级产品经理由总行统一聘任，高级及以下产品经理按照人事管理权限由各级行聘任。产品经理序列的岗位聘任和管理按照《××银行岗位管理办法》及其他人事管理的有关规定施行。

第十三条 因工作需要从其他岗位序列转入产品经理岗位工作的，需在一年内通过相应的资格考试，获得与岗位对应的产品经理岗位资格。

第四章 岗位任职条件

第十四条 各层级产品经理均需具备以下基本条件：

（一）具备良好的个人品质和职业操守，较强的责任心和风险意识，爱岗敬业，遵纪守法，廉洁自律，无不良行为纪录。

（二）熟悉并掌握国家经济金融政策、法律法规、财务会计制度。

（三）符合《××银行岗位管理办法》中主要任职资格的基本规定及本办法附表中关于学历、从业年限、任职经验、职业资格等方面的具体规定。

第十五条 高级专家级和专家级产品经理还需具备以下专业条件：

（一）具有精深的金融专业知识；熟悉××银行产品创新与管理的制度规定和操作规程。

（二）熟悉并掌握各类金融产品特点和银行各类业务最新发展趋势，在相应产品条线中具有权威，并对全行性重要产品的研发工作做出过重大贡献。

（三）具有强烈的创新意识和敏锐的市场洞察力，具备较强的市场研究、产品研发、流程设计、产品核算、产品推介能力。

（四）具有较强的研究决策、分析判断、组织协调、语言表达以及文字综合能力。

第十六条 资深产品经理还需具备以下专业条件：

（一）具有精深的金融专业知识，熟悉××银行产品开发管理的制度规定和操作规程。

（二）熟悉并掌握各类金融产品特点和银行各类业务最新发展趋势，精通一至两个产品条线的研发和管理。

（三）具有强烈的创新意识和敏锐的市场洞察力，具备较强的市场研究、产品研发、流程设计、产品核算、产品推介能力。

（四）具有较强的分析判断、组织协调、语言表达及文字综合能力。

第十七条 高级产品经理还需具备以下专业条件：

（一）全面了解各类金融产品特点和银行各类业务最新发展趋势，精通某一产品条线的研发和管理。

（二）具有较强的创新意识和市场研究、产品研发、流程设计、产品核算、产品推介能力。

（三）具有较强的分析判断、组织协调、语言表达及文字综合能力。

第十八条 产品经理还需具备以下专业条件：

（一）了解主要金融产品特点和银行主要业务最新发展趋势，熟悉某一产品条线的研发和管理。

（二）具有较强的创新意识和市场研究、产品研发、流程设计、产品核算、产品推介能力。

（三）具有一定的分析判断、组织协调、语言表达及文字综合能力。

第十九条 助理产品经理还需具备以下专业条件：

（一）在产品研发与管理的相关岗位上工作。

（二）具有一定的创新意识和市场研究、产品研发、产品推介能力和潜质，沟通表达和文字综合能力较强。

第二十条 各级产品研发部的产品经理还应熟练掌握产品系统技术架

构、技术实现方式及系统间相互关系，高级及以上产品经理还需组织或参与过我行重大产品的研发。

第二十一条 在产品研发和管理工作中能力较强、业绩突出，或有其他专长的，可适当放宽任职条件。

第五章　岗位职责

第二十二条 各级行产品经理岗位职责各有侧重。总行产品经理侧重于产品研发和产品管理，同时发挥全行产品营销的总支持作用；分行产品经理总体上产品研发管理与产品营销支持并重，但可根据各行行情适当调整；支行作为直接经营行，其产品经理主要承担支持一线客户经理进行产品销售的职责。

第二十三条 总行产品经理岗位的主要职责：

（一）提出新产品研发创意和产品改进建议，参与制订总行新产品研发计划。

（二）组织或参与总行各类产品项目的具体研发工作，包括新产品的可行性论证、立项、需求编写、需求评审、技术开发、测试、验收、制度制定等工作。

（三）制定产品品牌宣传及营销推广方案。包括产品的冠名包装、宣传策划、品牌塑造、营销活动方案等。

（四）面向系统内部进行各类产品的推广及培训工作。

（五）为总行前台部门客户经理或下级行提供产品方面的营销支持，包括产品业务流程设计、产品组合设计、个性化产品应用解决方案制定、协助客户经理制定营销方案，协助客户经理上门营销客户等。

（六）组织开展产品维护管理工作，包括产品体系管理、整合改进、风险管理、品牌管理、价格管理等。

（七）收集汇总产品的使用信息，组织开展产品后评价工作，提出产品改进或退出意见。

（八）为下级行各条线产品经理提供业务指导与帮助。

第二十四条 分行产品经理岗位的主要职责：

（一）参与或协助总行进行产品研发、宣传推广、产品后评价等工作。

（二）提出新产品研发创意和产品改进建议，参与制订分行新产品研发计划。

（三）组织或参与分行辖内各类产品项目的具体研发工作，包括新产品的可行性论证、立项、需求编写、需求评审、技术开发、测试、验收、制度制定等工作。

（四）为分行前台部门客户经理或下级行提供产品方面的营销支持，包括产品业务流程设计、产品组合设计、个性化产品应用解决方案制定、协助客户经理制定营销方案，协助客户经理上门营销客户等。

（五）制定分行辖内产品品牌宣传及营销推广方案，包括产品的冠名包装、宣传策划、品牌塑造、营销活动方案等。

（六）接受总行的产品培训，并在分行辖内进行各类产品的推广及培训工作。

（七）组织开展产品维护管理工作，包括产品体系管理、整合改进、风险管理、品牌管理、价格管理等。

（八）收集整理辖内产品创新和使用信息，并及时上报总行，组织开展产品后评价工作，提出产品改进或退出意见。

（九）为下级行各条线产品经理提供业务指导与帮助。

第二十五条 支行产品经理岗位的主要职责：

（一）为前台部门客户经理或下级行提供产品方面的营销支持，包括产品业务流程设计、产品组合设计、个性化产品应用解决方案制定、协助客户经理制定营销方案，协助客户经理上门营销客户等。

（二）参与制定所在行辖内产品宣传营销推广方案，包括产品宣传策划、营销活动方案、组织产品宣传推介活动等。

（三）接受上级行组织的各类产品培训，并在所在行辖内进行各类产品的推广及培训工作。

（四）负责产品日常维护工作，如产品档案管理、各类产品报表及分析统计汇总等。

（五）收集整理辖内产品相关信息并及时上报上级行。

第六章　工作制度和培训管理

第二十六条　例会制度。各级行产品研发部或承接产品创新管理职能的部门，应定期召开工作例会，召集本级行的产品经理研究产品研发进程、营销支持情况、产品运行情况、产品管理情况等事项，总结经验，分析问题，提出措施，向上级行产品研发部或产品创新管理职能承接部门反馈情况。

第二十七条　产品项目管理制度。产品研发实行项目管理制，产品经理需牵头或参与所负责业务条线的产品研发项目实施。工作重点是对产品架构进行设计与把关，或直接以项目经理的形式对产品研发全流程负责。产品经理须定期将产品项目研发进展情况报本级产品研发部或产品创新管理职能承接部门。

第二十八条　产品档案管理制度。产品经理必须及时收集整理所负责产品条线的相关产品研发和管理资料，并上交同级产品研发部或产品创新管理职能承接部门编号归档，形成产品档案。

产品档案包括：产品可行性研究报告、产品立项审批表、产品需求书、产品需求评审表、技术可行性分析报告、开发任务书、测试报告、验收报告、试点报告、后评价报告及报批报备文件等。

第二十九条　产品内部培训制度。产品项目开发完成后，由牵头或参与项目研发的相关产品经理以培训或沟通等方式将产品的功能、特点、推广注意事项向客户经理等相关人员进行详细培训讲解。产品内部培训由产品研发部门组织，或由业务主管部门组织、产品研发部门配合。

第三十条　产品联合营销制度。产品经理可根据业务需要与客户经理组成联合营销小组向客户进行营销，提供产品方面的专业支持。如下级行需上级行产品经理支持联合营销，可由本级行产品研发部门或业务主管部门上报申请。

第三十一条　各级产品经理每年须参加不少于15天的岗位资格培训或专业培训。

第七章　工作考核与奖励惩罚

第三十二条　产品经理所在业务部门负责对本部门产品经理的工作绩效进行定期考核。

第三十三条 产品经理考核是绩效管理的重要环节,考核结果也是对产品经理进行薪酬分配、潜能诊断、职务晋升、培训发展等管理工作的重要依据。

第三十四条 产品经理的考核评价结果应作为薪酬分配、岗位调整、续聘和解聘的重要依据。

(一)产品经理的工资等级与岗位等级相对应,根据其工资等级和绩效考核结果确定其薪酬水平。

(二)产品经理要获得岗位晋升,至少要满足近三年绩效考核为称职及以上且其中两年绩效考核为良好及以上的条件。

第三十五条 对产品研发管理和营销支持工作中做出突出贡献的产品经理,所在行应给予专门奖励或表彰。

第三十六条 对因违法、违规、违纪、渎职、失职给银行造成经济损失或声誉损失的产品经理,一律解除岗位专业职务,并依据《××银行员工违反规章制度处理办法》进行处理。

第八章 附 则

第三十七条 本《办法》由××商业银行总行负责制定、解释和修订。

第三十八条 本《办法》自下发之日起实施。

范文解读

[范例24. 制度办法]

××商业银行理财经理管理办法

第一章 总 则

第一条 为加强理财经理的管理,造就一支适应市场竞争与客户需求的高素质的理财经理队伍,促进财富管理中心、理财中心(以下简称理财中心)规范运作,提升银行理财品牌形象,全面推动个人理财业务健康发展,特制定本管理办法。

第二条 本办法所称理财经理是指取得中国银行业协会颁发的个人理财从业人员资格证书和国际、国内金融理财师资格证书，熟悉理财业务与投资理财产品，热爱理财工作，从事财务分析、财务规划、投资顾问、资产管理等专业化服务的人员。

第二章 理财经理的任职条件与资格认定

第三条 理财经理的任职条件。

（一）取得《中国银行业从业人员资格认证个人理财证书》。

（二）取得注册财务策划师（RFP）、金融理财师（AFP）、国际金融理财师（CFP）、金融理财管理师（EFP）资格证书之一；取得基金、证券或保险从业资格之一。

（三）掌握经济、金融专业知识，熟悉个人理财业务相关法律法规、行政规章和监管要求。

（四）具备较强的沟通协调能力和营销能力，能够胜任客户识别和引导、理财产品的销售和推荐、理财业务咨询服务、理财顾问服务、财务分析与规划、贵宾客户维护与拓展等工作。

（五）熟悉个人金融业务产品，掌握各类金融理财产品与工具的特性。

（六）能为客户提供较全面的涵盖个人负债业务、资产业务和中间业务的金融产品组合理财方案。

第四条 理财经理的资格认定由各分行负责。资格认定须填报《理财经理任职资格审批表》，资格审批表须归档备查。

第三章 理财经理的配备与职责

第五条 各行根据区域经济环境、地理位置、业务量、贵宾客户资源、未来发展潜力等因素确定理财中心建设类型（包括财富管理中心、独立理财中心、综合业务理财中心的理财区、一般网点的理财区）。

第六条 理财经理的配备标准：250～300名贵宾客户必须配备1名理财经理。财富管理中心应配备4名以上理财经理，独立理财中心应配备3名以上理财经理，综合业务理财中心的理财区应配备2名以上理财经理，一般网点的理财区必须配备1名以上理财经理。

第七条 理财经理应安排在理财中心工作，其服务对象为个人贵宾客户。理财经理的主要岗位职责为：

（一）识别、引导客户。理财经理在执业初期要充当大堂经理的职能，在大堂内起到识别、引导客户的作用。

（二）理财产品的销售和推荐。结合客户需求和产品特性，有针对性地向贵宾客户进行相关产品和服务的营销，向客户提供或者推荐组合型的负债、资产、中间业务产品，提高交叉销售比率。

（三）理财业务咨询服务。解答客户咨询，了解客户需求，根据客户需求主动提供理财顾问服务。

（四）贵宾客户的维护拓展。遵守理财经理日常工作规范，通过个人优质客户管理系统筛选，柜员、大堂经理现场识别推荐，已有客户介绍引荐，与客户经理配合参与社会营销活动等多种渠道开发贵宾客户资源，发掘贵宾客户，及时巩固拓展，跟进维护。

（五）财务分析与规划。根据客户需求，收集客户信息，分析客户财务状况，测试风险属性，向其提供专业投资理财建议和财务规划，跟踪管理，动态调整，帮助客户达成理财目标。

（六）财富管理和私人银行服务。为顶级贵宾客户提供专业化、个性化、全方位的综合财富管理和私人银行服务。

第四章 理财经理的服务流程

第八条 理财经理在为贵宾客户服务时，应尽可能出门迎接客户，服务完毕后送客户出门。服务流程如下：

（一）整理仪容，佩戴工号牌，预备所需办公用品（如名片、产品介绍、表格等）。

（二）查看当日上级行下发的理财信息库和当日财经要闻，如有可能严重影响客户的理财投资收益的突发消息，则应在班前开会，提出并商讨应对措施，及时为客户提供风险预警服务。

（三）查看当日预约情况和预约客户的相关信息，准备相应的材料和文件。

（四）与客户会面之前花 10～15 分钟重新查看客户的相关信息，准备相应的材料和文件，明确会谈的内容。

（五）接待客户，了解客户理财需求和财务状况，帮助客户确定理财目标，拟定理财策略，进行财务分析，提供理财建议，对理财规划的执行情况进行评估和修订，开展有效的业务营销，引导客户办理相关业务。

（六）送客户离开后，要完整记录客户需求及相关的资料信息。确认桌面整理完毕，电脑页面没有停留在前一位客户的记录上，方可迎接下一位客户。

（七）随时查看、记录工作日志，追踪客户委托事项，以免遗漏工作内容。按照时间安排，对客户的理财规划执行情况进行评估。

（八）总结当天工作情况与营销成果，就客户情况及时与客户经理交流，检讨工作中存在的问题，填写《理财经理工作日志》。

第九条 理财经理在没有接待贵宾客户时，要在网点营业大厅协助大堂经理作业。

（一）负责分流、疏导客户。客户进入营业网点后，接待客户并询问客户需求，依据客户需求和客户级别，将其引导到相应的现金服务区、非现金服务区、自助服务区、理财服务中心办理业务。

（二）进行贵宾客户的识别。发现并识别潜在贵宾客户，向其推介我行贵宾服务。对来行办理业务的贵宾客户，引导其到理财中心优先办理业务。

（三）向客户提供咨询。解答客户咨询，了解客户需求，根据客户需求主动宣传、推介我行的相关业务产品和特色服务。

第五章 理财经理的工作制度

第十条 理财经理要遵循以下工作制度：

（一）客户服务记录和日常工作记录管理制度。

理财经理必须每天填写客户服务和日常工作记录，将工作重点、与客户沟通、挖掘潜在客户、接受客户投诉、发现的新问题等情况记录在工作日志上。理财中心按年将汇总的理财经理的服务记录和日常工作记录妥善保存，专人管理。

个人理财业务客户服务记录相关内容至少包括：

1．客户服务日志和交易记录。

2．客户评估报告（包括财务状况、投资经验、投资目的，以及对相关风险的认知和承受能力）。

3．客户提供的各类原始资料及其复印件；

4．客户主动要求了解或购买较大市场风险产品（特别是衍生交易有关的产品）的声明书。

5．向客户提供的各类理财规划建议书。

6．和客户签署的相关合同、授权文件及每年的补充确认文件等。

7．按客户指令操作的证明文件。

8．如某项理财计划确定由理财中心向客户提供账单，应对每次提供账单的情况进行记录。

9．如某项理财计划终止时，或理财计划投资收益分配时，向客户提供理财计划投资、收益的详细情况报告，应该对每次提供报告的情况进行记录。

（二）客户联系制度。

理财经理要对贵宾客户建立定期联系机制，每月联系金卡客户两次，白金卡、钻石卡客户三次以上。适时向贵宾客户介绍新产品，听取贵宾客户的意见与建议，了解贵宾客户的金融服务需求，关注、跟踪、拓展潜在贵宾客户，充分挖掘贵宾客户潜力，及时将客户变动、需求变化等新情况反馈给理财中心负责人。

（三）客户关系系统、金融理财系统日常运用制度。

理财经理必须使用客户关系系统维护更新客户信息，进行客户管理，使用金融理财系统记录客户服务和日常工作情况。

（四）信息分析报告制度。

理财经理要根据营销过程中贵宾客户的需求偏好、投资倾向、对我行金融工具和服务使用的频率、意见、建议及周边同业的动态等，每月向其主管汇报一次客户维护情况，内容包括：客户贡献度评估、客户风险度评估、客户忠诚度评估、客户需求分析、客户结构分析等；每季撰写一篇客户分析报告交理财中心负责人，理财中心负责人进行分析汇总后提交上级行主管部门，作为改善服务和改进产品的参考。

（五）保密工作制度。

理财经理要绝对保守客户基本信息和交易信息等各类信息，严禁通过任何形式或渠道违规向他人或外界透露。对违规泄露客户信息、造成不良影响的，将按照有关规章制度处理。

第六章　理财经理的管理

第十一条　签订延期服务协议。各分行个人金融部门应会同人事部门，对公费学习的理财经理统一签订延期服务协议：参加学习 RPF、AFP、EFP 的理财经理延期服务期限为三年，参加学习 CFP 的理财经理延期服务期限为五年。理财经理在服务期内辞职的，必须向银行赔偿培训、考试及其他按规定应赔偿的费用。

第十二条　所有理财经理由银行统一纳入专业人才库管理。理财经理岗位要保持相对稳定，除非提拔或受到处分的，必须在理财岗位工作。理财经理调离理财岗位工作的，要向银行人事和个人金融部门报备。

各分行个人金融部门要采取跟踪培养、定期培训的方式及时掌握理财经理情况，按年填报《理财经理专业人才库统计表》，上报总行人力资源部和个人金融部。

第十三条　理财经理岗位序列共分六个层级。从高到低依次为：高级专家级理财经理、专家级理财经理、资深理财经理、高级理财经理、理财经理、助理理财经理。其中，高级专家级理财经理仅在总行设置；专家级理财经理在总行、分行设置；资深理财经理在总行、分行及规模较大的支行设置；高级理财经理、理财经理和助理理财经理在各级行设置。

第十四条　理财经理的岗位工资标准按理财经理序列标准执行，绩效工资收入分配应与工作考核挂钩。

第十五条　各行应为理财经理提供必要的电脑等工作设施、设备，报销开展业务必需的营销费用。

第十六条　理财经理的年度考核包括工作业绩情况、履行岗位职责和遵守职业规范。考核指标由分行确定并每年根据理财业务发展情况动态调整，各支行负责考核。理财中心要建立理财经理工作和业绩台账，便于对理财经理的管理和工作业绩的评价。

（一）工作业绩情况。

1．管理资产总业绩。考核维护拓展贵宾客户所带来的管理资产总量，包括个人存款、个人贷款、理财产品销售、理财顾问服务、保险、基金、信托、私募、贵金属、中间业务收入等等。

2．贵宾客户AUM值增长率。考核贵宾客户AUM值比基期的增长情况。

3．管辖贵宾客户产品交叉率。考核对贵宾客户的交叉销售情况。

4．维护拓展贵宾客户数量。考核贵宾客户存量、净增量、流失量。

（二）履行岗位职责。

1．贵宾客户信息管理质量。分行要采取定期检查和抽查的方式检查理财经理对被指派的贵宾客户信息的管理情况：包括贵宾客户的数量和客户信息的完整性、真实性。未按要求建立档案的，未在个人优质客户管理系统中及时对客户信息进行维护的，实行计量扣分。

2．贵宾客户维护质量。分行要采取定期检查和抽查的方式检查理财经理日常对管辖的贵宾客户的营销维护情况，重点检查《理财经理工作日志》。

3．理财规划方案的数量、质量及效果、专业性、及时性。

4．客户满意度。各分行要在营业网点或理财中心设立意见箱，由分行个人金融部或委托支行个人金融部定期开箱调查贵宾客户和接受理财服务的客户满意度。理财经理被其管辖的贵宾客户投诉，按次扣分。

（三）遵守职业规范。

1．参与例会、培训时间。

2．理财资讯信息，客户需求的分析、总结。

第十七条 理财经理的奖励措施包括表扬、奖励。对于客户反映良好、经营业绩突出、年度考核优秀的理财经理，应给予必要的物质奖励。

第十八条 理财经理的处罚措施包括问责、扣发奖金、限期调离理财经理岗位、解除劳动合同。理财经理被投诉且确属其工作失误的，不为其他网点贵宾客户提供理财服务的，或要求贵宾客户更改主办行的，视情节轻重还应给予相应的经济处罚，直至调离理财经理岗位。

理财经理违反业务规章制度的，按《××银行员工违反规章制度处理办法》进行处理。

第十九条 理财经理每年的培训时间不得少于20学时,学习形式可采取行内统一培训和自学形式,培训内容应包括专业知识、法律法规、营销技巧等。各分行要根据本行实际情况统筹安排培训。

第二十条 对自费学习并通过理财师资格认证考试的员工,各分行应为其报销一定的培训、考试费用,并按本规定第十一条与其签订服务协议。

第七章　附　　则

第二十一条 本办法由××银行负责解释、修订。

第二十二条 本办法自印发之日起实施。

简报

文种特征

1. 概念

简报又称简讯,是情况的简要报道。它是以简要的文字、灵活的形式,快速反映有关工作或情况的一种应用文体。实践中所见的《工作简报》《营销动态》《营销交流》《情况反映》等等,均属简报文体。

2. 作用

在各种事务文书当中,简报的数量很多,应用最为广泛,它在单位内部汇报工作、反映问题、沟通情况、交流经验、传递信息等方面都具有十分重要的作用。

3. 特点

简报具有短小、快速、灵活、广泛等特点。

结构模式

1. 种类

简报种类,按其内容性质可分为工作简报、情况简报和会议简报三大类。

工作简报:是指用于反映单位各方面工作情况的简报。这类简报又具体分为反映日常工作的简报和反映中心工作的简报,其中前者是长期编发的定期或不定期的简报,后者则是随当前中心工作而编发的,与中心工作相始终。

情况简报:是指用于反映有关情况的简报。在各类简报中,情况简报占据绝大部分比例。

会议简报:会议简报是在会议进行过程中或会后对会议情况所做的简要报道,它一般随会议进程而编发。作为动态的追踪报道,有些小型的或短期的会议,一般在会议结束之后再行编发简报。

2. 结构

简报文体的内容结构一般由报头、报腹和报尾三大部分组成。

(1)报头。包括刊名、顺序号、密级、编发单位名称、编发日期等诸项要素。其具体分布位置是:刊名位于简报首页上端(约占1/3)正中,刊名正下方是编发顺序号(期数),右上角为密级,左下侧为编发单位名称,右下侧为编发日期。

(2)报腹。报腹是简报的核心,包括标题和主文两部分内容。

标题:标题是简报的"眉目",它要准确简要地反映出简报内容的精髓。在具体写法上,可以运用比喻、设问、比拟、对仗等多种修辞手法,以使标题趋于明确、醒目,富有吸引力。从形式上看,简报的标题通常以单标题为主,但有时为了突出简报所反映的内容,则可采用双题(正副题)的结构形式。例如《以全新的体制和机制出击市场——全行认真贯彻市场营销工作会议精神》等。

主文:主文是简报的重心,它要准确、具体地将所报道和反映的内容表达清楚,其结构形式大体有以下四种:

一是"引言—正文—结尾"式。亦即整个主文部分包括三大块，引言部分交代所提问题的缘起，或交代所叙内容的客观情况和有关背景，或阐述行文意图说明主旨等等，它相当于新闻报道中的导语。正文部分则做具体展开，它要用充分有力的典型材料，将标题或引言所述内容加以具体化。如果简报所反映的事件、问题较为单一，则一般按事物发展的过程顺序将其陈述清楚即可；如果内容比较复杂，如综合性简报、会议简报等，则可采用分条列项或分列小标题方式进行表述。要注意，各个条项或小标题的设立须考虑主次、轻重和逻辑顺序，不能杂乱无章；还要注意用事例来说明问题，印证结论，即对某一工作范围内的情况进行总体叙述时，还要注意用典型事例加以证实。这种写法，通常称之为"点面结合，虚实相应"。经验介绍类的简报，则往往采用因果倒置的结构方式，即先将有关的成绩和经验加以排列，然后再叙述取得成绩和经验的具体做法。结尾部分则是全文内容的总括，它可能是对正文所述事实进行扼要评价，或者是揭示事件的性质，指明其发展方向，还可能是提出应予注意的问题，或者对正文内容进行某些补充。不论属于哪种情况，都要注意与正文部分保持和谐一致，切忌胡乱"穿靴"，画蛇添足。

二是"正文—结尾"式。此种结构形式将"引言"部分省略，只保留正文和结尾。其写法与上述要求相同，但应注意这两部分在文字表达上要尽量做到匀称，以免给人头重脚轻之感。

三是"引言—正文"式。此种结构形式即先用简短明快之语道出全篇内容的核心，然后对其进行具体阐述。阐述完结，行文即告收束，不再另加结尾。其内容要求与上文相同。

四是"正文"式。此种结构形式是将"引言"和"结尾"均予省略，只保留主干。一般的情况反映及动态简报多采用此法。

（3）报尾。报尾也是简报结构的重要组成部分，它位于简报末页的下端，以两条横线相夹。左侧注明简报的发送对象和范围，即写明：报：××；送：××；发：××，上下顺次排列。右侧注明印刷份数，即"共印××份"。

写作指要

1. 要真实准确

真实是简报的生命所在。简报所反映的事实不仅是千真万确的客观存在，而且主要情节以至每一个细节，包括具体的时间、地点、人物、数字和引语，都要做到准确无误。绝不能凭自己工作上的经验和主观的良好愿望进行所谓的"加工"和粉饰。比如，把不同时期的活动集中到一个时间里，把几个部门合办的事拼凑到一个部门身上，把事后想的写在事前或事中，把点滴、花絮般的体会修饰成独立、系统完整的做法，把已经办成的和打算、展望、想法等用"已经和即将"一句包含两个意思的话罩在一起，形成"两头堵"，这都是不应该的。

2. 要短小精悍

短小是简报的力量表现。简报是简明扼要、精悍短小的文字材料，它是营销文书中的"轻骑兵"，能够起到快速传递信息、交流经验的作用，如果写得比较长，那就成了"通报"或"报告"，失去简报本身的意义。在客户经理和商业银行经营管理者工作非常繁忙的情况下，只有短才受欢迎。怎样才能写得短呢？首先，选材要典型，内容要集中，一份简报一个主题。其次，事情摸得透，揭示本质，抓住关键，写起简报来就不会拖泥带水，做到以一当十。最后，开门见山，直截了当，不说空话、套话，不穿靴戴帽，不写意思相重的句子，尽量让事实说话。总之，俗话说"简报简报，点点到到，要想写好，简明扼要"，意思是说把一件事情的基本情况反映出来即可，只求一侧，不求全貌。

3. 要快写快发

快是简报的质量体现。简报也是一种"报"，因此它还具有一定的新闻性，在这方面有点类似新闻报道中的"消息"。简报不求全，但求快。只有快，才能真正发挥简报对工作应起的指导性作用；否则，走在工作后面，即使内容再好，也很难起到应有的指导作用，那就不是"轻骑兵"

而成了"马后炮"。何况简报又是交流传递信息的一种手段,信息讲究"快",否则就不能及时为上级行提供制定政策的根据,对下级行也不能起到关键时刻扩大"外脑",及时了解上级意图的作用。从这个特定的意义来讲,我们用"时间是金钱,效率是生命"这句名言来形容简报是很贴切的。

4. 要生动活泼

生动活泼,阅者爱看,才能产生深刻印象。要做到生动活泼,应当尽可能吸收一些群众语言,像"门难进,脸难看,话难听,事难办"这类群众语言,既精炼、富于概括性,又深刻、生动形象。必要时还可采用写通讯的手法,做一些具体形象的描述,以情动人。那种认为"公文就是板起脸讲官话",排斥形象化描述的看法,是不尽全面的。

范文解读

[范例25. 营销工作类简报]

九大绝招勇夺同业第一
——××分行对公存款创新营销成效显著

今年以来,××分行根据客户需求变化,主动适应金融市场新常态,不断创新营销方式,全面提高营销水平,大力拓展对公存款市场,取得了显著成效。至今年××月末,全行对公存款余额××亿元,比年初净增××亿元,分别完成全年计划××%和×××%,提前××个月完成全年计划,在五大行市场份额分别达到×××%和××%,比年初分别提升××个百分点和××个百分点。而且于今年××月末对公存款余额一举突破××亿元,超过当地××银行,成为同业对公存款市场的"霸主"。该行主要采用了"九大绝招":

一、抓账户，账户留存

从××年××月起至××年××月底止，××分行全面开展了政府机关和财政账户营销攻坚活动，集中时间、集中资源、集中精力，分层级大力营销政府机关和财政五类账户（零余额账户、基本账户、专用账户、财政专户、非税收入收缴归集账户），做到散户全面攻、专户重点攻、系统户下大力气攻。今年以来，新增各级政府机关和财政账户××个以上，新增对公存款××亿元。

二、抓支付，结算汇存

根据客户需求与市场竞争需要，该行面向优质对公客户群体推出了结算套餐服务，即将我行各单项结算产品进行组合，以整体的形式向客户提供结算业务解决方案的一种服务。结算套餐根据其特点和服务群体，分为经典版、尊享版和卓越版。经典版套餐以账户基础服务为核心进行多样化组合，主要面向账户管理精细化程度高、结算业务便捷性要求强的优质对公客户群体；尊享版套餐以银企通平台为亮点，为客户提供现金管理服务产品组合，主要面向有现金管理需求的优质对公客户群体；卓越版套餐主要满足客户精细化现金管理需求，提供个性化的定制服务。今年以来，该行共向××个优质对公客户群体提供了结算套餐服务，××月时间内，结算业务总量达到××亿元，增加对公存款××亿元。

三、抓渠道，平台锁存

该行通过电子商务、现金管理、企业网银、移动终端、商务设备渠道等多渠道、全渠道营销，锁定对公客户××户，增加对公存款××亿元。今年以来，该行共上线电子商务平台对公客户××万户，累计线上交易量已达到××亿元，同时绑定下游经销商××户，有效带动了下游经销商、终端消费者到我行开户，带动个人网银、企业网银、手机银行、借记卡、贷记卡等产品的注册开通，重要的是这些客户都是有效的，经常需要订货，频率较高，能切实把柜台业务分流到线上，提高电子渠道分流量。

四、抓源头，源头垄存

该行始终抓住开户资金、归集资金、代理资金、贷款资金、投行资金等资金源头，垄断了××个对公客户存款。与工商行政管理部门合作，全力做好新注册企业开户营销工作，使××个对公客户成功落户我行，增加对公存款××亿元。

五、抓投行，投行来存

今年以来，该行主承销了××城投××亿元中票、××集团××亿元中票，增加对公存款××亿元，并实现高端投行业务创收××亿元。委托债权融资、融资租赁、黄金租赁等一批创新型中间业务项目已经开始启动。

六、抓融资，资金管存

该行通过严格执行托受支付方式，抓好对公客户的结算资金归行率、自有资金到位率、交易对手开户率等"三率"归行营销工作，既有效落实了银监会信贷"三个办法一个指引"的要求，又通过加强贷款资金监管，增加了对公存款。今年以来，该行对公贷款客户的结算资金归行率达到××%，贷款交易对手在本行的开户率达到××%。

七、抓产品，组合稳存

该行充分运用产品组合，提出创新计划，瞄准条线存款细分市场，重点围绕对公有贷户、新兴市场和新兴业态客户、国际业务客户、专项资金客户、银证和银保合作业务、上市公司、资金监管业务、财政类客户、企业年金、同业存款和小企业对公存款业务，研究设计产品和综合解决方案，在摸清客户需求、分析客户账户之间关系的基础上，从基本服务、增值服务和系统开发三个层次设计方案，挖掘价值链，增强从情感服务到财务层面服务再到包括感情、服务水平、渠道、产品和方案、财务优惠等五个方面的结构性联系，实现客户联系层次的提升。围绕存款安全、资金收益、结算服务、代发工资、公务卡等客户需求的焦点，提供柜面服务、自助服务、网上银行、电话银行、手机银行等多维服务模式，大力推广本外币一体化产品、结算与现金管理类产品、电子银行类产品及协议存款、对公理财等具有市场竞争力的产品组合。今年以来，该行共为××个对公客户提供了金融产品服务解决方案，稳定增加对公存款××亿元。

八、抓代理，以代牵存

该行全面开展了代理收付款、代理证券、代理信托、代理保险等四大代理业务，实施跨界融合，代理牵存。为××个企业提供代理收付款业务，批量获得个人客户××万户，并增加对公存款××亿元。与××信托等信托机构合作发行信托计划××亿元，既较好满足了优质客户融资需求，又满足了高端客户理财需求。新签约第三方存管客户××户，融资融券存管客户××户、银期转账客户××户，比去年同期多增××户。新增托管业务收入××万元，完成年度计划的×××%。通过代理保险业务，新增同业存款××亿元。

九、抓结盟，合作赢存

通过与客户资源互换、客户互联、产品互用、利益共享，实施结盟营销，合作赢存。为××个中小企业提供新三板上市金融辅导服务，吸引资金××亿元；新增企业年金存款××亿元，完成全年计划的×××%；新增养老金规模××亿元，完成全年计划的×××%；

新闻报道（消息）

文种特征

1. 概念

新闻报道是指通过报纸、广播、电视、网络等工具或手段及时报道或评述新近发生的重要社会事件和生活现象以影响舆论的各类文章。新闻报道的概念有广义和狭义两种。广义的新闻报道，是包括消息、通讯、新闻特写等各种新闻性文体的总称；狭义的新闻报道，则是专指消息这种文体。由于客户经理的工作性质决定了他不可能做一个专职的新闻记者，而主要是围绕营销工作进行新闻报道，充分发挥新闻报道对营销工作的促进作用，因此本书的新闻报道专门介绍消息这种文体的写作。

2. 作用

消息作为色彩缤纷、日新月异的社会现实的最新反映，其意义和作用是广泛和多方面的。主要是能够宣传党和国家的方针政策，弘扬先进，兴利除弊，沟通情况，传播信息，对商业银行市场营销工作起到宣传鼓劲、树立形象的作用。

3. 特点

消息的特点是新、快、短、实。

（1）新。消息所报道的内容应是人们首次看到或听到的新鲜而重要的事实，是现实社会生活中出现的新情况、新问题、新事物、新经验，具有强烈的时代感和一定的社会意义。

（2）快。在所有新闻报道中，消息的时效性最强，最能迅速及时地报道人们欲知而未知的新鲜事实。消息报道时间与事实发生和发现的时间比较接近，往往是现场采访，现场写作，现场发稿。

（3）短。简短是消息的重要特点，因为消息主要是告诉人们发生了什么事，因而一般只需对事实做概括叙述，而不必去细致地交代前因后果、来龙去脉，也不必对事物做具体形象的描述。消息虽短，但仍然可以表现丰富的内容和深刻的意义。

（4）实。真实是消息的生命。

结构模式

1. 种类

消息一般分为以下几种：

（1）动态消息。是对国内外新近、正在、即将发生的一些重要事实的及时报道。

（2）综合消息。是对带有全局性的情况、动向、成绩或问题的综合报道。它报道面广，声势大，具有一地多事或一事多地的报道特点。

（3）经验消息。又叫典型报道，是对典型经验、成功做法的集中报道。它既有概括事实的观点，又有具体的做法，比较完整系统，具有较强的针对性和指导性。

（4）述评消息。又称新闻述评。是介于消息与评论之间的一种夹叙夹议的新闻报道。

（5）新闻特写。又称新闻素描或新闻速写。是采用文学笔法再现某些新闻人物或事件富有特征的片断或侧面的一种消息。

2. 结构

一条消息的完整结构应该包括以下几个方面：

（1）标题。消息的标题一般由"正题"（亦称主题），标在题目的中间，作用在于揭示消息的主要事实或主要意义，标在"正题"之上的题目称"引题"（亦称眉题），其作用在于引出"正题"之意，主要在于渲染消息的精神实质、现实意义，提示消息的内容要点、新闻来源、行为主体，或该消息之所以能产生的原因、条件和背景等。排印在"正题"之下的标题叫"辅题"（或称副题），是对"正题"的说明和补充。这三种标题的不同组合，可以产生多种标题：单行标题、双行标题、三行标题。拟写新闻标题还可以充分运用文字修辞手法，诸如对偶、排比等，使标题增加色彩，增强吸引力。

（2）导语。为了使导语精彩醒目，发挥引人入胜的作用，可以而且必须根据稿件内容的不同采取多种多样的写法。主要有叙述式（用摘要或概括的方法提纲挈领地概述报道的主要内容）、议论式（在导语中做些画龙点睛般的议论，以突出新闻事实的意义，升华消息的主题思想，以唤起读者的注意）、描写式（通过对现场情景的描写，引出报道的主题思想，使读者产生身临其境的现场感）、结论式（先写所报道事实的结论，再用主要的、具体的事实进行阐述）、评论式（在导语中对所报道的事实进行评论）、答问式（先提出问题，再做简要回答，以引起读者的注意和思考）等。

（3）主体。主体部分是消息的中心部分。它在导语之后，用足够的、典型的、有说服力的材料，进一步阐发全篇的主题思想，展开导语中的事实。主体部分常见的结构形式有三种：

第一种是按重要程度先后有序地组织材料。这就是通常所说的倒金字塔结构。金字塔下大而重、上小而轻，倒则反之，意即按照新闻事件内容的重要程度或读者的关心程度先主后次地安排材料，叙述次序不受事件发生、发展顺序的束缚，是消息写作中最常见的手法。

第二种是按事件发展的时间顺序组织材料。按事件发展的先后顺序组织材料，排列层次，也是消息主体部分常用的结构形式。在时间跨度小的消息中常被采用。

第三种是按逻辑顺序组织材料。经验性消息较多根据事物的内在联系或问题的逻辑关系来组织材料，安排段落结构。

（4）背景。消息是报道新鲜事物的，而新的事物对人们往往是陌生的，这就需要有必要的说明和解释。背景是消息的从属部分，它一般穿插在消息的主体中，而不是作为一个独立的部分存在。背景材料按其性质分，主要有对比性材料、说明性材料和注释性材料三种。当然，并非每则消息都有背景介绍，只有当背景材料有利于突出消息的主要事实、深化消息的主题时，才有运用的必要。

（5）结尾。消息不必都有结尾，也并非不能有结尾。常见的结尾方式有小结式、启发式、号召式、展望式、分析式等。要紧扣事实不空泛，增添信息不重复，启发诱导不说教。

写作指要

写作消息，要注意解决好以下几个问题：

1. 深入实际，留心观察，及时捕捉

新闻报道涉及的领域是极为广阔的。报道者必须深入市场营销实际，留

心观察周围的事物，扩大知识面，才能把握住报道机会。另外，一定要具备"新闻眼""新闻鼻"，一旦发现了具有新闻价值的消息，立即捕捉，予以报道。

2. 尊重事实，忠于事实

进行新闻写作，最基本、最高层的原则是真实。一切尊重事实，确认事实的权威。只有忠于事实，才能忠于真理。消息不是文学作品，不允许有丝毫虚构。不但整篇消息，就是细节，也不能"合理想象"。尊重事实并不是选择所有的事实，消息要选择那些典型的事实或事例加以报道，才能有较强的说服力。

3. 语言要简洁、准确，在平实中求生动

新闻贵实，包括内容充实和语言朴实这两层含义。在此基础上，追求语言的活泼、新鲜、生动，才能更有意义。

4. 结构紧凑，言简意赅

消息一定要短小精悍，读者一般不喜欢阅读长新闻。

范文解读

[范例26. 经验消息]

精心整合产品　量身定做服务
——湖北："黄金"方案"斩获"超级客户

《中国城乡金融报》2003年1月23日头版头条

本报讯　（记者蔡瑰）在金融竞争日趋同质化的今天，如何把自身的多种优势产品整合为营销中的"强大火力"，吸引住优质客户，尤其是高层次的系统性客户的目光？市场营销中以客户为中心的原则又该怎样真正体现？××分行以大客户"整体金融服务解决方案"出击市场，不仅使自己的营销工作提升到一个新的层次，更赢得了诸如××公司等超级客户的青睐和

选择。

在近年的营销工作中,一些大型公司客户对综合化、多元化、实时化、跨界化及个性化金融服务的需求引起了××分行决策层和客户部门的注意。有些客户对负债、资产、代理、企业银行、网上银行及投资银行业务等业务品种提出了综合化、系列化的需求。如××公司除要求合作银行提供优质、高效的资金结算等服务外,重点提出在规范的前提下,及时为该公司提供贷款、承兑汇票、贴现、保函、信贷证明等系列化的资产业务品种;而另一些客户则对个性化服务需求强烈,要求一对一制定金融服务解决方案。如××公司就"收支两条线"管理改革向××行提出了业务需求:要求××行制定并提供包括业务系统建立、维护、拓展及业务宣传、协调、推介在内的完整的金融服务解决方案。

为此,两年来,××分行在了解辖内大型优良公司客户服务需求的基础上,按照"一户一案"的原则,对自身的资产、负债、中间业务、本外币及批零业务等金融产品进行精心的组合包装,逐一为客户制定综合金融服务解决方案。这些方案的内容包括××行的网点、网络、资金、科技等优势及成功经验;针对客户的个性化需求而设计的金融服务解决方案、量身定做的金融产品;营销团队、客户维护等保障措施,得到了"超级"客户们的青睐。如为××公司提供的综合金融服务解决方案,其中不仅详细介绍了××业银行金融服务优势,提供××行根据该公司个性化需求,综合考虑成本、效益等因素基础上的理财及融资方案建议,而且针对该公司面临的外汇风险,对浮动利率及固定利率外债的风险管理提供了多种管理方案,供对方参考。据了解,××公司对××行设计的这一整套金融服务解决方案非常满意,成功接受了××行营销的贷款30亿元,为双方深层次合作打下了基础。2002年,××分行公司业务处还为省电力公司、××天然气公司、省烟草公司等13家大客户提供了包括资金结算、代收代付、网上银行等业务的整体金融服务解决方案,使这些超级客户最终落户农行,达成营销贷款协议270亿元。

××分行公司业务部总经理××表示,××分行的营销目标是通过整体系统的金融服务方案,每拓展一个优良公司客户,就要带动包括机构、外汇、个人、电子、银行卡在内的一批金融业务,从而实现客户价值的最大化。××总行公司业务部有关负责人也对××分行的此项营销创新给予很高评价,表示"这是提升营销层次的一个明确方向,而××分行在这方面做得很早,而且真正见到了效果"。

短评:像IBM那样开拓"解决之道"

孙明

当我们从电视上听到"IBM——四海一家的解决之道"时,恐怕很难想到这种解决之道包含着怎样的营销智慧和工作辛劳在里面。而我有幸看到的IBM针对一家公司做的"解决方案"中,所有客户能够用得上的产品都通过个性化的修饰在方案中列出,供客户或者说是吸引客户做出选择。就如世界顶级广告公司"奥美"在对IBM的调查中所阐述的:"以提供满足客户的各项服务与支援为目标的整合产品营销是IBM每年实现近百亿美元利润的理念基础。"

××分行就是在实践这条理念,用自己对于市场的深刻了解和对客户的全心服务,为"超级客户"们打造出属于他们的"解决之道"——"整体金融服务方案",不仅使客户享受到了更便利、更广泛的金融服务,同时也实现了银行自身产品价值的最大化,最终赢得了客户的青睐和选择。怎样提升营销层次?怎样整合产品营销?这应该是一个成功的例子。据了解,即将召开的2003年××行工作会议将对各级行市场营销工作中产品和业务的创新做出强调,其中重要的一点就是对"为大型客户推出整体金融解决方案"的倡导,在这一点上,××分行无疑已经走在了前面。

第五章

客户经理自我管理类文书
——从不会到会，从怕写到爱写

竞聘（岗）演讲稿

文种特征

1. 概念

竞聘（岗）演讲稿是在我国现阶段干部任用制度改革过程中应运而生的一种新型公文文种。它是竞聘（岗）者竞聘某一领导职务或某一岗位时，在特定的会议上，面对特定的听众发表的用以阐述竞聘的优势及被聘用后的工作设想和打算的演说稿。

2. 作用

通过竞聘（岗）演讲稿这一特殊文书，能够比较全面地反映出竞聘者的基本情况和素质，向在场的听众"营销"自己，它既是竞聘者能否被聘用的重要文字依据，也是组织人事部门用以考核干部的重要档案资料。随着我国商业银行改革的不断深化，在银行领导干部和客户经理管理工作中大力引入竞争机制，这种文书将会得到更为广泛的应用，将会越来越受到人们的重视。公开竞争，择优选聘，是现阶段我国商业银行人事制度改革的一条重要原则和表现形式。在公开招聘干部的整个过程中，竞聘演讲是至关重要的一环，竞聘者要想"中标受聘"，演讲稿将起到关键作用。然而，在竞聘实践中，有很多客户经理的竞聘演讲稿写得不够规范，无论是内容阐述还是格式设置上都不同程度地存在这样或那样的问题,以至于严重影响了这种文书的质量,甚至直接影响了竞聘的效果。因此,如何写好竞聘(岗)演讲稿,是摆在每个竞聘者面前的一个重要课题。

3. 特点

竞聘(岗)演讲稿具有以下特点:一是述职性。竞聘者一定要将自己的工作成就和竞聘优势展现给听众,这一部分就带有很强的述职成分,一定要概述,而不是记流水账式地进行表述。二是规划性。竞聘者必须提出自己竞聘上岗后的工作打算,这就带有一定的规划性,但这种规划也一定要概述,不能展开,否则就可能变成长篇大论了。三是可行性。竞聘者提出的设想、建议或措施等内容必须是在今后的实际工作中可行的,而不是写学术研究文章。

结构模式

1. 种类

竞聘(岗)演讲稿一般分为两种:一种是为竞聘某个职务而撰写的演讲稿,另一种是为竞聘某个岗位而撰写的演讲稿。

2. 结构

一篇比较完整的竞聘(岗)演讲稿应当由如下五部分组成:

(1)标题。标题是竞聘(岗)演讲稿结构的有机组成部分,它一般由介词"关于"加所竞聘的职务名称及文种等要素组成,即可写为《关于竞聘客户部副总经理职位的演讲稿》,也可写为《我的竞聘演讲稿》或《竞聘演讲稿》等,以归简易。

(2)称谓。要根据演讲的场合确定合适的称谓。从实际情况来看,大多采用泛指性称谓,如"各位领导、各位同事"等。得体的称谓体现出竞聘者对听众的尊重之情,有利于比较自然地导入下文。称谓的位置在标题之下,靠左顶格。

(3) 开头。开头是竞聘（岗）演讲稿正文的前置部分，在全篇中起着牵引作用。应当注意其写法上的特殊性，亦即它不同于一般演讲稿的开头。一般演讲稿在这一部分往往注重创造一种艺术氛围，强调运用多种艺术手法来吸引听众的注意力，以便有效地启动演讲，而竞聘（岗）演讲稿的写作无此必要。它应单刀直入，开门见山，用极其扼要的语言表述出所要竞聘的职位（岗位）名称及竞聘者的基本情况，从而使听众对竞聘有初步的了解。这里，对于竞聘者基本情况的介绍，具体应包括哪些要素，可视实际情况灵活确定。有一点必须明确，即开头部分一定要写得简短，寥寥几句即切入正题，切忌刻意堆砌一些过分谦虚的客套话，否则会令人反感，影响演讲效果。

(4) 主体。这部分是竞聘（岗）演讲稿的重点和核心，也是写作的难点所在。它要充分有力地阐述出竞聘者竞聘该职务（岗位）的优势（理由）及设定被聘用以后对工作的主要设想、目标和打算，从而有效地"征服"听众，达到演讲的目的。在写法上的一般要求是做到主旨突出、层次清晰、上承开头、下联结尾、不枝不蔓。具体应载明两层内容：

① 竞聘者的主要优势：这层内容是要阐明竞聘者凭借什么理由和资格竞聘该职务，有什么超出他人的优势。要写得恰切适度、坚实有力，紧紧围绕竞聘者的思想品德、业务素质、主要特长和工作业绩，归纳为几个方面，集中进行阐述。重点是要写清竞聘者的主要特长和工作业绩，它最能反映出竞聘者的工作能力和基本素质，也是使听众确信其能够胜任所竞聘职务（岗位）的前提条件。

② 工作目标、主要设想和打算：这层内容是竞聘（岗）演讲稿写作的重中之重，因为听众所关注的不只是竞聘者的过去和现在情况如何，更主要的是了解其担任这一职务（或从事这一岗位）之后的所作所为。因此，必须着力写好。要在上述内容的基础上，根据所竞聘职务（岗位）和个人的具体情况，将就任以后的工作目标、主要设想、打算，包括拟采取的办法、措施及要达到什么样的效果等集中阐述。就实质而言，这部分等于立下"军令状"，阐明"中标"以后所要实现的工作目标、效益指标和公众受益指标。要写得切实可行、恰切适度，有实实在在之意，无泛泛空谈之词，要在竞聘者与听众之间架起一座沟通的桥梁，从而赢得听众的理解、信任与支持。这

里应特别注意在表述实现工作目标的措施时，要根据本银行、本部门及本单位的实际，详述自己的认识和措施，做到既要有胜任该职务、做好工作的宏才胆略，又要能使听众看得见、摸得着，确凿可信。

写作这部分内容，关键是要具有求实性和可行性，要令人信服。那种为达到某种目的而盲目吹嘘、不负责任的"许愿"，要绝对禁止。

（5）结尾。结尾也是竞聘（岗）演讲稿的重要组成部分。它是主体内容的自然延伸，一般用以表明竞聘者的态度及向听众致谢等，以示尊重。

由于这部分内容是通篇演讲稿的收束，故一定要写得简明扼要、自然贴切、意尽言止。

写作指要

1. 要根据演讲的时间要求确定行文的篇幅

竞聘演讲有时间的限制，一般 5～15 分钟左右。因此，撰写竞聘（岗）演讲稿应把握好字数，以最多不超过 2000 字为宜。字数太少，不足以说明问题；字数过多，又往往达不到预期的效果，甚至使听众产生厌倦情绪。因为听众的注意力和情感兴奋及持续期有其最佳时间限度，超过这一限度，就会大大削弱演讲的效果。

2. 要注意把握竞聘（岗）演讲稿内容表述的"度"

既然是竞聘（岗）演讲稿，竞聘者就必须要将自己胜任该职务的主要优势作为重点内容之一，但又不能说得过头，以免令听众反感。这个"尺度"较难把握，在写作过程中需要费一番心思，仔细揣摩取舍。一般而言，对于个人的主要特长及工作实绩一定要讲，但不可过多粉饰，不宜写得过于具体，而应力求只要能够说明问题并使听众了解即可。对于同一类工作业绩成果（如营销成果项目），如果不止一项，一般也只选择其中一两个加以介绍，而不必面面俱到。这样既突出了重点，又不致给人啰唆之感。

3. 要讲求针对性，内容要实在

由于竞聘（岗）演讲稿是针对"竞聘"一事而写，因此在内容上必须紧紧围绕"竞聘"主旨展开论述。针对"竞聘"的职务或岗位，说明竞聘的目的和理由，竞聘成功后所要达到的工作目标及保证目标实现拟采取的各种措施等。对于这些内容，必须写得实实在在，富有可行性。唯有如此，才能有效地提高竞聘的成功率。事实证明，在竞聘（岗）演讲稿的写作中融入虚言浮词和故作卖弄之语，绝对不会引起听众的任何好感。相反，只能令人嗤之以鼻。

4. 要注意把握竞聘（岗）演讲稿的语体特点和风格

在语言表达上，竞聘（岗）演讲稿的写作必须适合演讲的场合，必须符合竞聘者的身份，并能显示出其个性特色。要多用符合口语表达习惯和听觉习惯的句子，避免书面语过多的倾向；还要注意其与一般演讲稿的区别，不宜刻意追求气氛的烘托和渲染，一般不使用带有文学色彩的语句，不采用抒情的表述方式，等等。此外，还要注意虽然讲求多用口语，但须力避"啊""是吧""这个那个"等不良的语言习惯。

范文解读

[范例 27. 竞聘演讲稿]

竞聘支行客户部经理的报告

×× 银行 ×× 支行 ××

×× 年 ×× 月 ×× 日

尊敬的各位领导、各位评委、各位同事：

大家好！

干部竞聘上岗，是银行商业化改革的重要内容之一，是充分发挥干部潜能和优势，提高干部队伍整体素质、增强商业银行活力的一个重大举措。它既为干部的锻炼成长提供了机遇,又给干部的生存发展提出了挑战。

参加竞聘之前,我一直在想,我是一个参加银行工作时间才三年多的大学毕业生,应不应该参加这次竞聘?我靠什么来参加这次竞聘?思索再三,我想,我愿意把这次竞聘当成争取多尽一份责任的机遇,更愿意把这次竞聘过程当作我向各位领导、各位同事学习,接受各位评判的一个难得的机会。因此,我是鼓着十二分的勇气来参加这次竞聘的。

我叫××,现年27岁,大学本科毕业,××年参加银行工作,先后从事过储蓄、会计、客户经理等岗位的工作,现任支行客户部客户经理。

我知道,要成为一名合格的支行部门经理不容易,要想成为一名开拓市场、营销客户、为我行创造更多利润的客户部经理就更不容易。我之所以鼓起勇气参加客户部经理的竞聘,最主要是源于我对商业银行营销事业的热爱和执着。我相信。一个人,只要执着地热爱自己的事业,就一定能把他的事业做好。当然,也如各位所知,我也有过两年半时间的客户经理工作经历,积累了一些营销工作经验。独立成功开发了××个优良客户,组织存款××万元,营销贷款××万元,没有一笔形成不良贷款,创造中间业务收入××万元。连续两年被支行评为"先进工作者",××年被总行评为"优秀客户经理"。我的综合营销经验被总行在营销工作会议上进行了推广。同时,我还在全行客户经理培训班上主讲过客户经理营销技巧、公司客户风险管理等课程,受到学员好评。有人说,经历是一笔财富,而我更愿意把自己的经历当作一种资源,一种在我今后的营销工作中可以利用、可以共享、可以整合的资源。

当然,我更清楚,成绩也好,经验也罢,只能说明过去,并不能证明未来。

假如我能竞聘成功,我将带领我的团队在两年内完成以下营销目标:新开发优良客户(项目)××个、营销贷款××亿元、新增存款××亿元、新增中间业务收入××万元。

假如我能竞聘成功,我将努力扮演好以下角色:

一是以身作则,当好市场营销的"排头兵"。客户部是商业银行客户立行、营销兴行、管理强行的前沿阵地。如果我当客户部经理,我一定以身作则，从我做起，做学习新知识的表率，做市场营销的表率，做完成任务的表率，做执行制度的表率，做改革创新的表率，带头闯市场、争客户、抢项目，把全市的客户都当作我行的资源，全面实施主动营销、源头营销、连锁营销、联合营销策略，在金融同业的市场份额力争第一，确保第二。

二是立足本职，当好领导决策的"参谋者"。客户部也是行领导进行经营管理，特别是市场营销决策的信息库。如果我能竞聘成功，我将积极主动地做好以客户需求、新项目等为主要内容的市场信息收集、整理与发布工作，为行领导进行市场营销决策出谋划策。在营销思路上坚持"四大创新"，即市场定位创新、营销体系创新、营销方法创新、内控手段创新。在营销对象上找准"四大重点"，即全球500强企业、全国知名企业、全省重点企业、全市优势项目。在营销渠道上建好"四大链条"，即信息链、产品（服务）链、客户链、产业链。在营销策略上实施"五大调整"，即由被动营销调整为主动营销，由单项产品营销调整为组合产品营销，由简单降价营销调整为综合定价营销，由人情营销调整为服务方案和科技手段营销，由客户经理独立营销调整为分支行团队营销。在营销管理上推行六大制度，即招标制、承包制、责任制、限时制、奖惩制、事业部制。在营销措施上采取"六大行动"，即项目拉动、产品牵动、政策驱动、部门联动、上下互动、行政推动。

三是脚踏实地，当好客户经理营销工作的"服务员"。为客户经理的营销工作服务，是客户部经理的基本职责。如果我能竞聘成功，我将始终坚持以人为本，照顾好老年人，发挥好中年人，培养好年轻人，带出超过自己的人，做客户经理的贴心人，做客户的诚信人。我一定会积极了解和关心客户经理的营销与管理需求，从实实在在的事情做起，为客户经理排忧解难，当好客户经理营销工作的"服务员"。一方面，通过创新营销机制、建立以业绩论英雄、凭贡献得报酬、按表现定职级的业绩考评机制，调动广大客户经理的营销积极性外；另一方面，我还将通过争取领导重视、部门支持，在人、财、物方面为客户经理营销工作提供一定的物质保障条件，特别是将利用自己在营销培训方面的经验，抓好客户经理的培训工作，为客户经理的成长提供条件。

以上只是初步设想，如果能正式聘任我担任客户部经理，我将提出更切合实际和更具操作性的工作设想,并努力把设想化为行动,变成效果。

各位领导、各位评委、各位同事,说到这里,我想起了阿基米德的一句名言:"给我一个支点,我可以撬起整个地球。"在这里,我不敢高喊这类豪言壮语,我只想表达一个愿望,那就是:"给我一个舞台,我为××银行的发展尽一份责任!"

我的竞聘演讲结束了,希望大家在评议之后给我投上赞成的一票!谢谢大家!

述职报告

文种特征

1. 概念

述职报告是商业银行客户经理向主管领导、部门、员工陈述自己在一定任职期内的工作实绩、问题和设想的自我评述性总结的应用文体。

述职报告是总结的一种特殊形式,它既不是个人总结,更不是工作总结,而是职务总结。它与个人总结、工作总结有以下几个不同点:

(1)回答的问题不同。个人总结是对一项工作或一段时间里的工作予以归结。它要回答的是做了哪些工作、有哪些成绩、存在哪些不足、取得了什么经验、需要吸取什么教训等问题,供上级或本级领导决策时参考。述职报告要回答的是什么职责、履行职责如何、是怎样履行职责的、称职与否等问题。

(2)写作的重点不同。个人总结一般以归纳工作事实、汇总工作成果为主,重点在于体现个人的主要工作成绩。述职报告必须重点报告履行现行职责的情况,以报告成绩为主,重点在于展示履行职责的思路、过程和履行职责的能力。

(3)表述成果的范围不同。个人总结不受职责范围的限制,凡是自己做过的事情、取得的成果,都可以归纳于个人工作总结之中。干的事情越多,取得的成果越大，说明工作成绩就大。述职报告则必须局限于职责的范围之内，围绕职责这个基点安排结构和精选材料。一名干部离开职责干的事情越多、成果越大，并不能证明履行职责就越好，有时反而会证明其不务正业。

（4）表述方式不同。总结一般采用叙述的方式，运用叙述语言，言词概括，不要求展示工作过程，只需归纳工作结果。述职报告应采取夹叙夹议的方式，运用叙述和议论语言，既要表述履行职责的结果，展示履行职责的过程，又要介绍履行职责的出发点和思路，还要申述处理问题的依据和理由。

2. 作用

述职报告的主要作用是使上级行、本级行领导或人事部门全面细致地了解和评定某个集体或客户经理的业绩，预测员工发展潜力，促使员工忠于职守，更好地完成工作任务。

3. 特点

述职报告的特点表现在四个方面：

（1）责任的确定性或角度的限制性。述职报告的要求在于"述职"。"述职"，就是说出自己在一定时间内履行职责的情况。它用第一人称手法站在自我的角度，所用的材料要限定在述职人的职责范围内。

（2）评价的标准性。写述职报告对自己在一定时间内所做工作进行评述，必须有个标准。这个标准就是自己所在岗位的职责和目标，它由单位统一制定。

（3）业绩的呈现性。业绩如何是评价客户经理优劣的重要标志。所谓业绩，指客户经理在一定时间内，按岗位规范要求，为银行做了什么事情，完成了什么指标，取得了什么效益，有些什么成就和贡献，工作责任心如何，效率怎样。当然，"业绩"不仅包括成绩和经验，也包括失误和教训。这些都应实事求是地写出，既不夸大，也不缩小。

（4）行文的庄重性。写述职报告的主要目的是述职人为了让组织、员工了解自己，因而是一件严肃的、庄重的事，行文上要庄重而严肃。

结构模式

1. 种类

根据不同标准,述职报告分为不同种类:

从内容上划分,有综合述职报告、专题述职报告和单一性述职报告。

从时间上划分,有任期述职报告、年度述职报告和临时述职报告。

从表述形式上划分,有书面述职报告和口头述职报告。

2. 结构

述职报告的写法较为灵活,没有十分固定的写作模式。它的内容结构,大体包括标题、署名、正文、结尾几部分。

(1)标题。述职报告的标题,常见的有下面三种:一是文称式的标题法,即只写上"述职报告"字样。二是公文标题法,由任职时限、所任职务和文种组成。如《2015年至2016年任××行公司业务部总经理述职报告》。三是新闻标题法,即分正、副标题,正标题写述职报告的主旨或基本观点、主要经验、教训和态度,副标题写何人何职务的述职报告。如《公司业务工作必须实现营销与管理并重——××行公司业务部总经理××的述职报告》。

(2)署名。签署述职人所在单位的全称和本人姓名。署名在标题下面中间部分最恰当,因为它使人一拿起报告,便一目了然。当然,姓名也可以写在落款处,姓名之前也通常冠以职务名称。

(3)正文。正文一般分为四个部分。

第一部分:交代清楚自己的职责。这是述职的基点。要写清任职的自然情况(于何时至何时,由什么单位聘任何职)、岗位职责、工作目标及个人认识,对个人尽职尽责总体评价。如果连职责都不明确,那么也就谈不上称职。这部分要简明扼要、提纲挈领地交代清楚。

第二部分:阐述如何履行职责。这是全文的重点。一般选择任职期间或一段任职时间里的几项主要工作,细致地将其过程、效果或失误、认识程度表达出来。因为一个人的职责是相对固定的,在不同的时期里有不同的工作任务和工作重点。在同一时间里要履行的只是部分职责,这决定了述职报告不可能完全按照职责逐条予以表述，面面俱到，要抓住主要矛盾，突出主要工作，表述主要成果和失误。这一部分要详细具体，对一些重大问题的决策过程，对一些棘手事情的处理思路，以及领导和员工关注的问题的认识和处理，要交代清楚。这部分常见的写法有：

分类式。即把述职人的工作成绩按性质不同分类叙述的一种结构方式。

条款式。根据领导下达的工作目标，逐条对照汇报成绩的一种结构方式。

重点式。它以述职者在工作中最突出的一两件事为重点详细汇报，其他的工作简单带过的一种结构方式。

第三部分：剖析在履行职责过程中成功的经验和失误的教训。这是全文又一重点。它要求在对履行职责情况和履行职责实绩进行深入思考、细致分析的基础上，得出理性认识。这是最能体现述职者知识水平和综合思辨能力的一部分，要精心构思，不落俗套，具有鲜明的特色。

第四部分：回答称不称职的问题。这既是述职的出发点，又是述职的归宿点，也是前三部分的归结。要从思想道德素养、政治理论素质、开拓进取精神、政策法律水平、处事决断水平、综合分析能力、文字表达能力和工作方法诸方面，给自己勾勒出一幅"肖像"，最终回答称不称职。

（4）结尾。述职者要向领导或员工表明自己的愿望和态度。如愿不愿意继续任职或对今后工作的设想，并请求与会人员（如书面报告则请领导和有关部门）严格审查评议、批评、帮助。态度要真诚，语言要中肯，以真情求得考核者与员工的了解、理解和帮助。

写作指要

撰写述职报告应注意以下问题：

1. 端正态度

要端正述职态度，"不虚美，不隐恶"，总结成绩要客观，分析问题要辩证，报告中涉及的时间、地点、数字、事例都必须完全真实。

2. 突出能力

让员工述职的目的,不是要评功摆好,而是促使员工对自己职责清不清、责任明不明、方法灵不灵、能力强不强进行一番反思和剖析,得出称不称职的结论,从而激发开拓进取、积极向上的精神。所以述职重点在于证明履行职责能力的强弱,其他都应围绕这个重点来进行。

3. 把握分寸

首先要防止干得不够、话来凑;其次要掂量自己在某项成绩中的分量,正确估计自己的作用,不能把别人或部门、系统的成绩都说成自己的成绩;再次是措辞要有分寸。不把握分寸,就会使员工听了反感,领导看了不满。

4. 文笔简洁

该详则详,该略则略,突出重点,主次分明。不要单纯叙述工作过程,不要做过多解释,要用最简洁的语言讲清事实,做到言简意丰、干净利落。

范例解读

[范例28. 述职报告]

××年度述职报告
××银行个人金融部总经理

各位领导、各位同事:

现将本人××年度工作述职如下,请予审议。

一、基本情况

述职人,男,××岁,高级经济师,现任××银行××分行个人金融部总经理。

二、××年度主要工作业绩

××年,××银行××分行个人金融业务取得同业第一、系统第一的优异成绩,全面提升了个人金融价值创造力、核心竞争力、综合营销服务水平和对全行业务发展的贡献度。

——主体业务同业第一,优势扩大,系统第一,进位明显。个人存款余额、个人存款增量、个人贷款增量、个人贵宾客户管理资产、中间业务收入、借记卡发卡量稳居同业第一,且份额上升,优势进一步扩大。××银行××分行个人金融工作在总行前四季度综合考评中排名第一,较上年提升××位,进位明显。××个人存款余额××亿元,系统排名第××位,较上年上升××位,市场份额为××%,比上年提升了××个百分点;个人存款增量××亿元,完成总行年度计划的××%,系统排名第××位,较上年上升××位,市场份额为××%,比上年提升了××个百分点;日均个人存款增量××亿元,市场份额××%,同业第一。实现中间业务收入××亿元,市场份额××%,居同业第一;新发借记卡××万张,居同业第一。

——个人贵宾客户总量壮大,价值提升。个人贵宾客户总量××万户,比上年增加××万户;个人贵宾客户管理资产××亿元,比上年增加××亿元,户均金融资产××万元,比上年增加××万元;个人贵宾客户管理资产占比××%,比上年提高××个百分点,超计划××个百分点;签约私人银行客户××户,计划完成率××%,排全国第一。

——个人管理资产销售量实现倍增,贡献放大。全年完成新增个人管理资产××亿元,完成年度计划的××%。销售自主理财产品××亿元,比去年增加××倍,销售实物黄金××公斤,比去年增加××倍,销售股票类基金××亿元、国债××亿元,销量均同比大幅增长。销售个人管理资产实现中间业务收入××亿元,比上年增加××亿元。个人管理资产销售中间业务收入占个人中间业务收入的××%,比去年提升××个百分点。

——网点硬转第一轮任务完成,软转取得重大突破。实现功能分区和已立项建设的网点达到××个,占比××%,离行式自助银行总量达到××

家。当年，新设、迁址网点××个，装修网点××个，总行下达固定资产指标××亿元，新立项网点建设项目××个，总行下达立项额度××亿元，进账指标和立项金额均创历史之最，居全国第一。网点营销人员占比达到××%，比上年提高××个百分点；营销技能提升导入网点××个，占比××%；文明标准服务进一步固化，营销服务职责流程清晰，协同营销模式确立，大堂营销成效明显；开办低柜业务网点××个；贵宾室作用进一步发挥。网点产能持续全面提升，高产、中产网点分别比年初增加××个、××个，低产网点减少××个。

——个人金融工作外树形象，内获嘉奖。对外，我行获得××省首届公用服务行业"履行社会责任十佳优秀企业"，为金融系统唯一一家；××支行等××个网点入围省银协"百佳示范网点"；××支行等××个网点入围中银协"千佳示范网点"；××支行营业室荣获××省"十佳优质文明服务金融机构"；××支行营业室××荣获中银协"明星大堂经理"之专家评审"财富之星"；××支行××等××名员工入围省银协"服务明星"，我行网点形象和服务得到了社会各界的认可和肯定。同时，在省政府组织的××金融博览会上，我行理财团队荣获"十佳理财团队"；在××第二届银行卡博览会上，我行金卡荣获"网民最爱十佳借记卡"。对内，在总行零售业务评比中，我行荣获零售业务营销十佳示范分行、个人存款贡献奖、营销创意奖等六项大奖；在总行第四次理财师年会暨基金业务表彰会上，我行荣获××年度基金业务卓越贡献奖；在总行举行的零售业务转型评比中，我行荣获"××年度零售业务转型十佳先进分行"。同时，总行简报刊发、推广我行经验介绍××次，还多次发来贺信，肯定我行零售业工作为全行系统做出的杰出贡献。

三、××年度履行职责情况

一年来，我带领个人金融系统紧扣个人金融品质经营主题，强力推进网点产能提升、个人贵宾客户建设、个人金融营销改进等三大工程，狠抓队伍、机制、系统、内控等四大建设，主要履行了以下工作职责：

(一)强力实施营销改进,提升个人金融经营品质

1. 深入推进营销转型

一是搞好批发营销,提高营销效率。通过公私联动、联盟合作、客户联谊、"三进三扫"(进单位,扫户;进社区,扫楼;进市场,扫街)等途径,实施客户和产品的群体批发营销,如××支行走进城市拆迁市场,一次性营销拆迁户××户,引进资金××万元。二是搞好协同营销,提高营销合力。通过营销技能提升导入,重塑网点大堂营销模式,充分发挥岗位联动配合作用,变单兵作战为协同作战,如××支行营业室通过营销技能提升导入,组织协同营销,导入后三个月产品销售量较导入前三个月增长×××%。三是搞好直接营销,提高营销层次。省市两级行组建直销团队,为基层行提供专业支持,强化对私人银行客户和系统性、集团性客户的营销与维护,全年,私人银行部直接营销新客户××户。四是搞好专业营销,提高营销规范。对营销技能和风险防范要求较高的理财、黄金、外汇等产品,实行机构"资质评审、准入授权、一点开办、多点营销"和员工"全员推荐、专业营销"的营销模式,规范营销行为,防范经营风险。

2. 持续开展活动营销

以四大综合营销活动贯穿全年工作。一是一季度高规格开展"开门红"营销活动。切块××万元战略费用、××万元奖励工资,与主体业务拓展挂钩,掀起立体化、多层次的营销高潮,实现了"攻战春季保全年、领先同业当第一"的营销目标,赢得了个人存款净增××亿元的良好开局,全面确保了以个人存款为重点的零售业务开门红。二是强势开展夏季营销活动。围绕"销产品、增收入、提份额"的工作目标,实行产品大普及、客户大建设、队伍大演练、全员大营销,全面打响零售中间业务市场攻坚战。到三季度末,实现个人存款比年初净增××亿元,个人中间业务收入××亿元,拿下全年个人中间业务收入的大半江山,个人贵宾客户管理资产占比比年初提升××个百分点,个人理财产品销售达到××亿元,比上年增加××倍,均提前超额完成全年计划。三是成功开展金秋营销活动。紧盯同业动态,瞄准缺口指标,重点营销、针对营销、储备营销,成功确保了全年各项业务指标全面完成。四是创新开展"下年度项目储备"营销活动。敢于打破常态，提前四个月开展了下年度项目储备营销活动，从9月开始，在全行开展了个人贵宾客户管理资产项目、代发工资项目、第三方存管项目、上市公司限售股解禁股东项目、拆迁补偿资金归集项目、务工群体资金归集项目、商惠通卡项目、贵金属项目、个人理财、金融IC卡项目、个人贷款共11大项目储备营销攻坚活动，共储备项目××个，其中储备了货币型基金和债券型基金××亿元、个人贷款××亿元。与此同时，全年持续深化了"三进三扫"营销、"六优"客户群体批发营销、"1+N"组合营销等常规活动，做到了活动制式化、常态化，确保了全年活动不断。

3. 大力推行精细营销

一是实行精准营销。××个网点全部完成网点金融生态地图、客户分布图、营销作战图等图谱绘制工作，进一步明确了目标市场与目标客户；对私人银行客户、个人贵宾客户、代发工资户等实行名单制管理、目录式营销；持续抓好个人理财产品核心客户群建设，实行重点基金分片包干营销等。二是实行模板营销。制定下发了个人项目营销策划方案、个人项目金融综合服务方案、个人金融产品组合营销综合服务方案和个人外汇、黄金业务营销方案等五个营销模板，并编发《理财专刊》××期，指导基层行开展营销。三是实行规范营销。下发了《关于规范中间业务发展规定动作的通知》和《关于加强个人金融产品售后服务工作的通知》，明确了四级行产品销售售前、售中、售后三个环节的规定动作，以及售后服务内容、方式和责任，较好地规范了个人金融产品销售与服务，全行个人金融产品销售未出现客户投诉。四是实行指导营销。全面推进个人金融精细化营销管理，制定下发了《零售业务营销工作指引》，汇编成册了《个人金融精细化营销管理指引》，有效指导基层行营销精细化。

（二）强力突破个人贵宾客户发展，实现客户结构优化和价值升级

1. 抓个人贵宾客户服务体系建设

一是打造个人贵宾客户服务平台。私人银行分部年初已建成开业，二级分行财富管理中心已启动建设，首批××家支行品牌理财工作室已授牌运

营，初步搭建起了以私人银行分部为龙头、二级分行财富管理中心为骨干、支行品牌理财工作室为主体、网点为基础的四级个人贵宾客户服务体系。二是健全个人贵宾客户服务模式。"主办网点负责、协办网点配合、分支行支持"三位一体的全行性个人贵宾客户服务模式成效凸显，特别是针对私人银行客户，充分利用私人银行优势服务平台，调动全市场资源和全行资源，提供专属产品和专享服务，全面提升了私人银行客户服务水平。三是丰富个人贵宾客户服务渠道。拓展战略联盟商户××家，涵盖宾馆、酒店、餐饮、旅游、广告、车务、娱乐休闲、商业等众多门类，全面启动了医疗、保险、道路救援三项增值服务，向私人银行客户提供了移民、税务、法律、教育、健康等方面的个性化服务。

2. 抓个人贵宾客户拓展

一是专项研究，找准路径。将个人贵宾客户发展作为重大课题，组织开展全面市场分析和专题调查调研，提出了做实基础、做大分子、做优分母、做多产品、做高占比的五大发展路径。二是签约联系，做实顶端。组织召开了私人银行客户签约动员会，并在××、××分行举办了私人银行业务培训，讲授私人银行客户拓展技巧和方法。全年新增私人银行客户××户，增加金额资产××亿元。三是存量升级，提升档次。专门针对金融资产3~10万元的××万户潜在客户，通过深度挖掘、重复营销、组合营销等多种方式，提高个人金融资产总量，提升客户档次，全年共有××万多户潜在客户升级成为贵宾客户。

3. 抓个人贵宾客户维护

一是指派专人服务，重视客户需求。为每一名个人贵宾客户配备专门客户经理提供服务，客户经理每天拜访或电话邀约个人贵宾客户50户以上，服务贵宾客户的时间占正常工作时间的70%以上，并适时开展服务需求调查，记录在案，及时满足。二是落实维护职责，实行四包责任制。全面增强客户经理维护责任，签订"四包"协议，严格落实包客户联系到位、包产品交叉营销到位、包优先优惠专属专享服务到位、包客户档案建立到位等"四包"责任。三是发挥系统作用。全面推广应用客户关系系统、金融理财系统与员工业绩考核系统三大个人贵宾客户服务系统。××年末,客户关系系统有效用户达到××户,占应使用用户数的××%,系统客户指派率、签约率、资料维护率分别达到了××%、××%、××%,精品以上网点全部上线金融理财系统,所有网点使用员工业绩考核系统。

(三)强力推进网点转型,全面提高网点产能

1. 持续抓好网点硬转

一是科学规划网点布局。按照网点布局规划原理和方法,完成了××个二级分行城区网点布局规划方案。同时,根据网点布局规划制订了《××年—××年度网点建设规划》。二是全力加快网点建设。完善了《网点装修流程与职责》和《网点建设预算管理办法》,制订了《网点建设项目审批流程》等制度,提高了网点建设效率。××年,新设网点××个,迁址网点××个,购置网点××个,装修网点××个,新增建设立项网点××个。三是全面统一网点形象。对网点招牌、家具、广告、标识、电子设备、行服等实行集中管理,招牌更换进度达到××%,行服全部更换完毕。

2. 重点推进网点软转

一是组织召开网点软转强势推进会,战略调整网点转型重心。在网点硬转第一轮完成、软转不够的情况下,适时召开网点软转强势推进会,把网点转型重心调整到软转上来,明确了软转的重点内容、工作举措和保障措施,下达了网点软转任务书和工作督办单。二是以网点转型巡诊为抓手,强力固化网点营销服务。在继续实施网点营销技能提升导入的同时,制定下发了《网点转型巡诊方案》《网点转型巡诊现场检查工作指引》《关于进一步加强和改进晨会的通知》《强力固化提升网点文明标准服务和营销技能的战略举措》。××年,省分行直接组织巡诊××次,检查网点××个,二级分行、支行层面对网点的巡诊率达到了××%。同时,二级分行、支行通过神秘人检查、内训师帮辅等方式,固化网点营销服务。三是以营销技能大赛和转型知识考试为手段,提高全员转型技能,营造转型氛围。分网点支行、二级分行、省分行三个层次,历时5个月成功举办"赢在大堂"青年营销技能大赛,全行参赛员工达到××万多人,分行决赛还首次采用了视频系统全程现场直播。

组织开展网点转型知识考试,一级支行班子成员、部门负责人、业务部门员工及所有网点负责人和网点员工共××万余人参加了考试。通过比赛和考试,不仅对管理层和员工进行了转型培训,而且较好地营造了"人人学转型、人人知转型、人人会转型、人人参与转型"的良好氛围。

3. 着力提高网点产能

为提高网点经营能力,检验网点转型成果,全行开展了网点产能提升活动,分行制定下发了《关于××年全面提高网点产能的意见》,分区域对网点按存款余额、贷款余额、中间业务收入、个人金融产品保有量、个人贵宾客户数量与管理资产、电子渠道分流率等指标进行综合打分排名,按标准值划分出高产网点、中产网点、一般产能网点和低产网点四类,并提出了提高网点产能的路径和方法,出台了奖励、处罚政策,鼓励网点做大做强。年底,实现了高产网点、中产网点和一般产能网点分别增加××个和低产网点减少××个的目标。

(四)狠抓个人金融基础建设,增强系统条线战斗力

1. 加强营销队伍建设

一是抓配备。通过增机减柜、压机关增网点、压后台增前台、网点间合理调配、新分配员工直达网点和大堂引导员外包等手段,充实网点营销人员。年底,网点营销人员达到××人,比年初增加××人。二是抓培训。以零售产品宣讲活动为契机开展了产品普及培训,受训超过××人;以网点转型知识大普及和软转强到位为主要内容开展了二级分行主管行长、个金部负责人、支行行长、网点负责人等重点管理层人员培训,受训达到××人;以理财师队伍为重点开展业务骨干专业培训,新增理财师持证人员××人;开展了科技系统运用、文明标准服务、营销技能提升、个人贵宾客户、理财业务等专项培训××余次,受训××万多人次。同时,成立了个人金融学院,银校合作,专业培训。三是抓管理。按照转型规范,明确了员工岗位职责,通过业绩考核、行为考核和服务精神打造,强化了员工履职责任和能力。出台了《个人客户经理价值创造考核评价办法》《零售业务内训师管理办法》,打通了个人客户经理和零售业务内训师的成长通道。

2. 着力经营机制建设

一是保持资费安排的制度化和延续性。对全年零售业务发展的战略费用、挂钩工资、专项费用等在年初一次性需求、一次性统筹安排，形成了制度化的资源安排机制。××年，分行分别专项配备零售业务战略费用和工资××万元、××万元，继续保持了强势配置。二是完善个人金融业务考评办法。加大了主体业务考核权重，突出了市场份额考核指标，新增了个人贵宾客户AUM值（管理资产）指标，设置了计划完成率最低门槛，对网点转型和重大工作落实情况实行扣分处罚。三是落实好产品计价政策。实行了零售业务产品计价的全覆盖，合理确定了不同时段、不同产品的计价标准；根据网点协同营销流程，建立了产品计价分成制度，探索了"一次推荐、终身受益"机制，对协同销售产生的计价收入按一定比例在不同岗位间进行分配，对推荐客户产生的长期计价收入，按年限始终保留一定比例分配给推荐人。

3. 强化系统条线指导

一是抓调研。针对个人贵宾客户金融管理资产低于全国先进水平的问题，及时组织开展个人贵宾客户发展调研，研究出台了五大发展路径；针对借记卡市场竞争加剧、收入面临调整的情况，开展了借记卡业务收入专题调研，研究制订了六大巩固措施；针对网点转型规定动作在网点落地情况不理想，开展了网点转型调研，研究确立了七大战略举措；一季度末，针对个人存款增长竞争加剧，及时组织调研，提出了二季度个人存款增存七大路径。二是抓智力支撑。组建了私人银行服务团队、理财专家团队、个人金融业务直销团队、网点转型帮辅团队，制作了多期《理财专刊》、多项营销服务方案、套餐模板和工作指引，全方位指导个人金融业务营销，为经营行提供了智力支持。三是抓绩效辅导。对个人存款增长、个人金融重点产品销售、个人贵宾客户发展进度较慢的分行和网点进行了绩效辅导。对低产网点和产能指标提升较慢的网点，利用网点转型培训班的机会，点名通报，分析原因，研究提升措施，并与网点签订网点产能提升承诺书。四是抓非现场督导。建立各项业务定期通报制度，对个人存款、重点产品销售等重点数据每日通过邮件通报，按月通报个人存款、个人贵宾客户、个人重点产品、个人中间业务、网点转型进度情况，按季对网点个人金融业务进行穿透式排名，对营销类文件直接下发到支行，缩短管理流程，提高指导效率。

4. 加强部室团队建设

一手抓部门学习，坚持处室例会制，每月集中学习，学习内容包括行领导讲话、重要文件；部门领导组织了"如何提高职商""职业习惯"等专题讲座，部门员工认真学习，受益匪浅，认真开展了"做好员工"学习活动。一手抓执行力建设，出台了《关于明确个人金融部职能及内设部室与岗位职责的通知》等内部管理制度，将岗位职责落实到员工个人；建立了基层行及网点业务联系制度，定期汇报业务工作，掌握经营进度，协助解决营销中的难题、大事，辅导完成交办的工作任务。

5. 防范业务经营风险

按照"提升合规定力"和"三个全覆盖"要求，将业务发展与风险控制同部署、同安排、同落实。通过制定下发系列管理办法、规章制度和实施细则等文件，规范业务流程，健全经营机制，确保存款、理财、借记卡、客户信息等各项业务风险管理制度、政策和流程实现无缝衔接。通过现场监管和非现场监管相结合，开展了尽职监督现场检查、网点管理与建设专项检查、借记卡和理财业务风险排查，切实防控个人金融业务风险。同时，按季报送了《个人金融部业务经营分析报告》。

四、自身素质提高和廉政建设情况

我始终是政治与业务、发展与管理两手抓紧，坚持持续学习，廉洁自律，创新工作。一是加强自身学习。积极参加机关组织的"做好员工"读书活动，带头撰写了体会文章。同时博览群书，广收信息，一年来阅读各类书籍128本，同时收集各类资料、资讯近千万字，并与系统内同事分享，还参加了总行高级内训师培训，进一步提高了业务素质。二是加强部室建设，团结班子和同事，坚持部门学习制度，加强员工教育，关心下属，营造了良好的工作氛围。三是坚持廉洁自律，严格执行中央八项规定，在网点建设、客户营销、产品销售过程中严格遵纪守法。

五、存在的不足和改进措施

××年,我尽职尽责地带领团队做了一些工作,取得了一些成绩,但也存在一些问题,有待进一步改进。一是个人贵宾客户金融管理资产还低于全国先进水平;二是网点软转成效固化还不够;三是低产网点还占有较大比重。下一步,我将带领团队对这些重点问题进行专题调研,通过深化改革、强化转型、硬化考核、活化机制等举措来攻坚克难,继续保持我行个人金融在同业与系统的领先地位,为把我行建设成为国际一流商业银行做出新的贡献。

讲话稿

文种特征

1. 概念

讲话稿亦称发言稿,就是在各种会议、集会上或利用不同宣传工具发表的讲话文稿,它是人们工作和社会生活中经常使用的一种文体。在商业银行市场营销活动中应用得也比较广泛。

2. 作用

(1)交流预备作用。营销工作离不开交流,讲话稿正是保证各种交流顺利进行的一种得力工具。有了讲话稿,不至于走题或把话讲错,既可以节省时间,又能比较集中、有条理地把话讲好,收到好的交流效果。

(2)联系监督作用。讲话或讲演是面对面进行的,它能使讲话人与听众在时间、空间上紧密地结合在一起,成为一个交流整体。好的讲话能使人感到亲近,尤其是领导干部的讲话,更是直接联系群众、体察下情的好机会,因此,讲话稿有加强联系的作用。当然,听众不仅"听其言",更要"观其行",如果讲话只打雷不下雨,下次听众就不爱听了。因此,讲话稿还暗含着监督作用。写作时要注意具体实在，成绩不夸大，缺点不缩小，实事求是。

（3）宣传教育作用。好的讲话能使人"奋"，促人"发"，讲话稿正是组织员工、动员员工向着一个共同目标奋斗的一种有效的宣传教育形式。通过它，不仅能快捷地上情下达，而且能把听众的愿望、需求、知识、经验、信息等及时扩散出去，成为鼓舞员工、教育员工、提高员工素质的有力杠杆。因此，它既是有组织、有计划进行宣传教育的有力工具，也是员工进行自我教育的一种好形式。

3. 特点

（1）实用性。讲话稿是一种借助口头表达的书面材料，它广泛应用于大小会议和不同场合，如果需要，还可以登报、广播、上电视。随着经济交流和现代化科学技术的发展，它的用途越来越广泛。

（2）政策性。讲话稿一般由本人写或授意他人（个人或专门写作班子）代写，无论谁写或用于什么场合，都必须符合政策要求，否则，就会"言不及义"。因此，讲话稿又有政策性强的一面。

（3）针对性。一篇讲话稿，其讲话主体是谁，需要在什么场合，针对哪些人发表讲话，一般而言都是比较确定的。也就是说，讲话稿的写作要受主体、客体和讲话场合等多种特定因素的制约。

（4）时间性。各种会议、集会都必须在一定时间、地点等条件下进行，因此，讲话稿一般都具有较强的时间性。否则，该在事发之前讲清的问题却在事后讲，就变成"马后炮"；应立即做的总结报告或表彰会等，却要拖上一段时间，就失去应有的效力，"时过境迁"，就不会产生什么积极效果。

（5）条理性。讲话主要是用声音作为传播的媒介，声音在空中停留短暂，因而，要使讲话的内容被听众听清、听懂，就要条理清晰、层次分明。否则，所讲内容虽然丰富、深刻，但缺乏清晰严密的逻辑性，不能一环扣一环地叙事、说理，听众接受起来困难，势必会影响讲话的效果。

（6）通俗性。讲话稿与一般文章不同，要合乎口语，具有说话的特点。这就要求撰写讲话稿要深入浅出、通俗易懂，不宜使用过多的书面语，句子不要太长，修饰部分要少，以免造成听众的错觉，不得要领。同时，演讲者往往需要运用各种表达方式来调动听众的情绪,以引起主客体双方的共鸣,从而增强其鼓动性、号召力和感染力。因此还需要适当讲究文采,以便讲起来生动,达到雅俗共赏的效果。

结构模式

1. 种类

由于讲话稿内容丰富,应用范围广泛,表现形式灵活多样,所以很难进行严格的分类,只能从不同角度进行大体区分。从内容上可分为:政策讲话稿、礼仪讲话稿、学术讲话稿、工作讲话稿、宣传讲话稿等。从应用范围和表现形式上又可分为:集会演讲稿、会议讲话稿、广播电视电话讲话稿、课堂演讲稿等。以上只是大致分类,其中也有交叉,不能截然分开。以下简要介绍几种常见的讲话稿。

(1)政策讲话稿。指在研究和解决政策问题的会议上发表讲话,或在群众集会上发表政策宣传色彩浓厚的演讲所使用的稿子。政策讲话稿要求观点鲜明、论述充分、逻辑严密,具有强烈的论辩色彩。

(2)礼仪讲话稿。指在纪念会、开幕式、闭幕式、签订协议仪式会、欢迎会、宴会等场合发表答谢及应酬性的讲话所用的稿子。

(3)报告类讲话稿。以动员、布置工作和总结、交流工作经验为目的的讲话所用的稿子。这类讲话,通常又称为"做报告"。如"传达报告"——传达上级的指示精神;"动员报告"——为开展、推动某项营销活动而发表的讲话;"总结报告"——银行领导在工作总结会上的讲话;等等。

(4)学术讲话稿。指在有关理论研讨会议上就某些学术问题在会议上发表见解、阐明主张、公布研究成果所用的讲话稿。

2. 结构

讲话稿一般由标题、称谓、正文等部分构成。

(1)标题。有的标题标明讲话时间、地点、讲话人身份,如《××同志在全行营销工作会议上的讲话》,有的标明中心思想,有的提出问题等。

标题要醒目，忌晦涩；有新意，忌粗俗。这样的标题才有吸引力。

（2）称谓。即根据不同的听众对象首先发出的称呼，如"同志们、朋友们""女士们、先生们""学员们"等。称谓要贴切、富有礼仪，这样有利于彼此更好地沟通。

（3）正文。正文包括引言、主体、结尾三部分。

引言：亦称开场白，是讲话稿的开头部分。开场白不宜过长，但需精心设计。有一个好的开场白，讲话者从一开始就能主动而有效地控制听众情绪，为引入正题打下基础。

主体：亦称本论，是讲话稿的中心部分。这一部分要紧紧围绕中心议题展开论述，在材料编排上，要注意以下几点：一是要主题鲜明，论点突出，全篇围绕一个中心论点；二是要讲究条理，前后材料编排要符合表达中心论点的需要；三是要严谨，做到点线相连，不枝不蔓；四是观点与材料、论点与论据要统一。

结尾：亦称收尾，即总结全文，归纳主题。除此以外，还可以最后一次打动听众，把听众的情绪推向高潮。结尾一定要"结住"，不要狗尾续貂，"再"说上几句。同时要结得"漂亮"。结尾时的风格一般有两种：一种是以坚定有力的语言向听众发出号召、提出希望或要求，给听众以巨大的鼓舞；一种是以谦敬的语言向听众致谢或致谦，也可以意尽言止，自然结尾。

写作指要

撰写讲话稿要遵循以下写作要求：

1. 了解情况，有的放矢

怎样写好讲话稿？简单地回答：需要讲什么就写什么，因为讲话稿是为发表讲话准备的。要想真正弄清楚需要讲什么和需要怎么讲，就一定要了解情况。

首先要了解听众。发表讲话，是讲话人向听众传播信息或做宣传、教育、鼓动工作的过程，也就是与听众沟通的过程。不了解听众，怎么谈得上与之交流沟通呢？因此，写作讲话稿，无论是亲自执笔，还是让别人代笔，都要先做一番调查研究工作，弄清楚听众是些什么人，他们关心什么问题，想了解什么情况，要澄清哪些疑问，他们认为最重要的关键点在哪里，他们的思想状态、文化水平、理解和接受能力如何等。只有把这些问题调查清楚，对听众的心思和特点有数，才能有的放矢，写出听众想听、爱听，听了后又入耳、动心、动情的讲话稿。千万不可像毛泽东同志在《反对党八股》中所批评的那样，"射箭要看靶子，弹琴要看听众，写文章做演说倒可以不看读者不看听众吗？"在不了解讲话对象的情况下，主观地想讲什么就写什么，想怎么讲就怎么写。

写讲话稿还要了解讲话人和会场，要考虑讲话人的身份、特点和场合。亲自执笔写讲话稿，就要考虑自己是以什么身份和面貌出场讲话的；如果替别人代写讲话稿，还要弄清讲话人的文化素养、政策理论水平、演讲经验和能力、讲话习惯和风格等等。此外，还应摸清以下情况：这是什么内容性质的会议，要研究解决什么问题，还有什么人要发表别的内容的讲话，讨论的情况怎样，会场的气氛怎样，是什么样的会场。总之，只有弄清楚听众、讲话人和会场三方面的情况，才能通盘加以考虑，更准确地确定应当讲什么和怎么讲，使所写的讲话稿适应讲话的需要，符合讲话的要求。

2. 中心突出，观点鲜明，富有新意

中心突出、观点鲜明、富有新意，也是写好讲话稿的一条重要原则和基本要求。中心，既指讲话的主题、基本观点，也指全篇的中心内容。只有突出中心、观点鲜明，用观点统率内容，内容中又渗透着观点，听众才能对你表达的内容和观点留下深刻的印象。

中心突出，就是要注意"思维导向"。所谓"思维导向"，是指引导听众的思想，把他们的注意力引向某一方面和目标。这就是说，讲话稿自始至终都要围绕着"中心"写，所有内容的表达和组织安排，都要为讲清基本情况和基本观点服务，在讲清情况的同时阐明观点，不要有任何内容脱离或偏离"中心"。文章无论长短，都要用一根主线贯穿全篇，把各部分原来互不相关的内容联系起来，形成一篇结构完整的文章。这根主线就是文章的"中心"，

文章的主题。有的人写篇幅较长的讲话稿，内容面面俱到，不分主次，没有中心，缺少贯穿全篇的主线，显得"散""乱"，其原因，就在于尚未掌握这一法则的奥秘。

观点鲜明，是指要敢于亮明观点，敢于讲真话。讲话稿是用来面对听众的，这种面对面的交流方式要求讲话人把自己的思想直接暴露出来，公之于众。如果不表示赞成什么，也不表示反对什么，吞吞吐吐，含糊其词，听众就会不满足，甚至感到受了愚弄，认为你在耍滑头。

每次讲话一定要新意。所谓"新意"，即指要讲出新情况、新事实、新材料、新观点、新见解，也指能从一个崭新的角度谈一个老问题。总之，讲话稿内容要新鲜，要能讲出新意来，才能吸引听众，给人以新的启示、新的教益。那种人云亦云、充满尽人皆知的陈词滥调、没有一点新鲜内容的讲话稿，听众听了一定会打瞌睡。

3. 晓之以理，动之以情

写讲话稿要学会说理，要把道理讲明白，达到晓之以理、以理服人的目的。

在讲话稿中所讲的道理和说理的方法，要适应听众听讲的需要。越是面对基层普通员工，越要注意说理的生动、形象和通俗，要多用比喻、对比等方法说理，要多举群众熟悉、日常看得见摸得着、感受深刻的具体实例来说理。

讲话稿中的说理都要注入讲话人的真情实感，要"以心换心"，达到以情动人的目的。

4. 讲究语言，写出特色

写作讲话稿，在语言上首先要通俗易懂，不能过于艰深、生僻。例如，使用专业性很强的词汇要慎重，必须使用时，要加以通俗的解释；也不要使用易生歧义的词语，以免听众听不懂或产生误解。其次，要求语言上口入耳、生动形象。上口入耳就要讲究句式，要多用简洁的短句，不写修饰成分过多的长句，以免讲起来拗口，听起来费劲；还要注意音节匀称和词句的声调变化，使语言朗朗上口、入耳动听；要善于运用比喻、对比、排比、拟人、夸张、衬托等修辞手法，使语言生动形象。

讲话稿要能写出特色。所谓"特色",一是指能适应不同听众的特点。例如,对领导干部讲话要注意文雅,对青年员工讲话要富有朝气,等等。二是指能写出讲话人的特点。讲话稿要能体现出讲话者的风格,或直率,或含蓄,或幽默,或严肃,或放达,或温文尔雅,做到"文如其人"。总之,从内容到语言都有特色的讲话稿,才能吸引人,给人以深刻的印象。

范文解读

[范例29. 特定仪式讲话稿]

在中国××银行与中国××总公司
银企全面合作协议签字仪式上的讲话

中国××银行行长 ××

(××年××月××日)

尊敬的××总经理、尊敬的各位来宾、各位朋友:

今天,在这个万物复苏、春暖花开的阳春三月,中国××银行与中国××总公司银企全面合作协议在此隆重签署,我们感到非常高兴。借此机会,我对双方战略合作伙伴关系的建立表示最衷心的祝贺!

中国××总公司是我市知名企业之一,公司经营呈现强劲增长态势。截至××年,中国××总公司系统总资产达到了××亿元,总负债××亿元;当年主营业务收入达××亿元,实现主营业务利润××亿元,净利润达××亿元。按照国家××行业发展战略要求,××总公司完成了股份制改造,目前又开始在财务核算体制上进行重大改革,逐步取消各直属单位和各市、州、县分支机构的独立法人资格,实行资金收支两条线集中管理,收入全额上缴,费用全额下划,贷款实行由省公司统借统还。通过这些卓有成效的改革,贵公司将向现代企业管理迈出坚实的步伐,实现企业发展新的飞跃。

中国××银行是世界500强企业之一。经过多年的发展,中国××银行现拥有××多个营业网点,存款达××亿元,贷款规模超过××多亿元。我行与××公司有着多年良好的合作历史,合作范围由最初的结算、信贷扩大到多个业务领域。××年××月××日,我行与贵公司签订了资金结算合作协议,在××、××等地市州××公司的资金划转、代收和融资业务全部由我行办理。××年上半年,我行为贵公司办理电子结算××万笔,金额超过××亿元,××公司已成为我行十分重要的黄金客户。

此次中国××银行与中国××总公司签订银企全面合作协议,实现强强联手,将充分发挥双方的优势,有效促进贵公司资金财务管理体制的改革,促进双方业务的全面发展,是一种双赢的战略,构筑的将是一种可持续发展的战略联盟。

为促进双方合作的顺利发展,在此,我代表中国××银行向中国××总公司做出如下金融服务承诺:

一、严格履行合作协议,全力做好金融服务工作

我们将以服务为本,严格遵守协议条款,全面履行协议义务,以我行特有的机构网络、科技网络及业务功能优势,以科技手段为支撑,以业务规程为基础,以服务团队为保障,为中国××总公司提供全方位、全天候的服务。

二、创新服务手段,扩大服务领域

我们将根据中国××总公司的各种新的金融需求,全面创新经营机制,加快金融产品创新,量身定做金融产品,全面开展各项业务合作,将我行的金融服务延伸到中国××总公司的各个领域。

三、加强联系,相互支持

我行将加强与贵公司的联系,发挥我行整体功能优势,保证中国××总公司资金汇划畅通,准确及时到账,提高资金使用效率,为中国××总公司在新世纪的腾飞做出我行应有的贡献。

四、为中国××总公司提供首期公开统一授信额度人民币××亿元，授信额度将根据贵公司需要不断增加

同时，我们也希望，通过银企全面合作协议的落实，我行在贵公司的各项金融业务市场份额能得到明显提高和扩大。

最后，祝中国××总公司与中国××银行的全面合作圆满成功！祝各位来宾身体安康，万事如意！

读书笔记和学习心得（体会）

文种特征

1. 概念

读书笔记，就是读书时记录下来的重要观点、语句、故事或读书后产生的感悟、心得体会等多种记录文字。学习心得（体会）是人们在日常工作、学习中经常运用的一种文体，它是指通过参加某种活动或学习某篇文章（文件）、某本书后写下的思想感受。

2. 作用

写读书笔记或学习心得（体会）是从事学习、工作、写作的基本功，是培养人才的一个重要途径。它可以帮助人们记忆，有效地提高读书的效率；可以锻炼人们的思考力，有利于训练思维的逻辑性和条理性，提高分析、总结问题的能力；可以积累对工作、学习有用的材料，提高文字表达能力；可以使人们产生新的思考，有利于研究新问题。因此，客户经理要想在市场竞争中高人一筹，就得终生学习，终生成长，充分掌握、运用好读书笔记和学习心得（体会）这一高效的学习工具。

3. 特点

读书笔记和学习心得（体会）具有体裁多样、形式灵活、用途广泛、使用方便等特点。

结构模式

1. 种类

读书笔记和学习心得（体会）的种类很多，一般来说主要分为三类：

（1）摘录式。摘录式就是在读书时，把一些与自己学习、工作有关的语句、段落和观点摘录下来。

（2）评注式。评注式笔记不单是摘录，而且要把自己对这些要点的看法写出来，当然也包括表达出自己的感情。

（3）心得式。心得式笔记也叫读后感。读书后把自己的认识、感想、体会和得到的启发与收获写出来。

2. 结构

读书笔记和学习心得（体会）没有固定的格式。因人、因时、因事、因书而采用不同的结构。

（1）摘录式笔记的结构，可分为索引、抄录原文和摘要等写法。

（2）评注式笔记的结构，可采用书头评注、提纲评注、提要评注、文章评注等写法。

（3）心得式笔记的结构，可采用札记、心得文章、综合笔记等写法。

写作指要

写读书笔记和学习心得（体会），要把握好以下几个方面：

1. 读书好

"书是人类进步的阶梯""知识就是力量"，读书既能愉悦身心，陶冶情操，又能增长知识，开阔视野。学问为立命、立德、立功、立言之本。人之无德在于无知。学问可以充实人的知识，培养人的智慧，增进人的才能，陶冶人的情操，涵养人的心性，提高人的志气。重知识、学知识、用知识的程度如何，无疑是衡量一个人价值的重要标志之一。一个客户经理若想壮生命之异彩，放生命之光辉，在市场营销领域里干出一番业绩来，舍学问不能也！因此，读书是客户经理充实自己、武装自己、走向成功的必由之路。

2. 读好书

读好书，就是要读那些有益于身心健康、有益于开发才智、有益于市场营销、有益于经营管理的书籍。"蜜蜂酿蜜当取，苍蝇逐臭当弃"。一本好书就是一个老师。读书一定要有选择，决不能良莠不分，什么书都读。

3. 好读书

好读书，就是要充分利用闲暇时间读书。茶余饭后，时令节假，把适度休息与读书学习安排好，就能集腋成裘、聚沙成塔。自古以来，未有圣人不力学，未有英雄不读书。把业余时间读书当作爱好和追求的客户经理，常能拾遗补阙，增长本领，把市场营销工作干得更出色。

4. 活学活用

活学就是运用多种学习方法，多种做笔记的工具。如在电脑上建立学习文件夹，分类收集学习资料；准备专门的学习笔记本，并单独装订成册，用来抄原文，写提纲、提要，记心得，写综合式笔记；准备大量的活页本来记各种各样的笔记，并分类整理好；准备各式各样的卡片，分类做好学习笔记；充分运用剪报，分类整理，以便学习时查找使用。

活用就是充分运用所学知识来指导自己的市场营销实践，在实践中学习，在学习中实践，在学习中提高，在提高中学习，不断提高自己的读书效率。

范文解读

[范例30. 读书笔记]

读书不妨先读人
——读《商业银行市场开发运作流程与技巧》有感
宋连升

不知曾几何时,文明古国刮起了出书旋风,刮得读书人晕头转向。喝过墨水的人都想写书,有点路子(销路)的人都要出书,任凭人们为迎接知识经济的挑战,求知欲史无前例的膨胀,也满足不了卖方书场泡沫般的增长需求。每当被装帧抢眼的新书挑逗起强烈求知欲的读者遭遇低品位文字的伤害时,不由得同感世态浮躁、人心浮躁。为避免自我伤害,我的策略是读书先读人。无论书皮怎样惹人心跳,书名如何动人神经,著书人不是我敬重的,我一般是不会买也不会读的。

当我拿到巴伦一先生所著的《商业银行市场开发运作流程与技巧》时,繁忙中少有的求知欲膨胀着,我要读它,而且要用"五一"假期的全部时间去读它。

决定读《商业银行市场开发运作流程与技巧》一书,不仅因为作者曾是我的上司,我了解他的处世之道;不仅因为作者有过从信用社会计到商业银行处长的经历,我了解他丰富的实践经验;不仅因为作者当过多年省市两级农行办公室主任,我了解他深厚的文字功底;不仅因为作者现在是商业银行市场开发工作的部门负责人,我了解他对市场开发工作的研究程度和写作本书积累的知识底蕴;也不仅因为作者让我做他的第一读者,我尊重他对我的信任。更重要的是,我了解巴伦一先生有颗火一样热情炽烈的事业心。这一点,从他写这本书时平均每天利用业余时间"弹奏"五个小时键盘的背影中就可见一斑。据此,我有充足的理由认定,这本书对我来说有很强的可读性,相信读它是我"五一"劳动节最大的收获,同时也期待着读完它能促使我在商业银行知识的积累中又一次惊人地腾空一跃。

《商业银行市场开发运作流程与技巧》果真不负所望吗?

坦率地说,只读一遍就要我对这本书做出全面准确地把握与感叹无异于是一种苛求。但对于一本好书来说,一遍的直感也会使我吸取许多丰富的营养。全书共分3篇10章,长达35万字。上篇构建了市场开发的运作体系,阐明了商业银行推行客户经理制的意义、客户经理制的实施和客户经理的培训;中篇勾画了商业银行市场开发的运作流程,对市场分析、开发客户、开发产品和市场营销进行了具体研究;下篇介绍了市场开发的运作技巧,从公关技巧、写作经验和成功法则三个方面为读者提供了许多窍门。作者在深入调查研究、反复实践论证的基础上,运用经济、金融等多学科知识,从理论与实践相结合的角度,将自己从事市场开发工作的亲身经历、亲身操作、亲身体会进行了归纳整理,深入浅出地构造了一套商业银行市场开发工作的运作流程和技巧。正如该书写到的,对于未来社会知识含金量最高、报酬含金量最高的客户经理来讲,按照本书提供的思路和技巧去实战,虽不能一跃成为最好的客户经理,但一定可以成为更好的客户经理。读完这本书,我认识到了我国商业银行正处在一个最需要市场开发而又最缺乏市场开发的时期,白热化的市场竞争和日新月异的市场需求与我国商业银行贫穷的市场开发知识矛盾着;我懂得了市场开发工作绝不能等同组织存款工作,而是综合运用现代市场营销理论,以开发市场信息为先导,以开发客户为基础,全面开发和营销金融产品和服务,进而促进体制创新、机制创新、制度创新,达到提高商业银行市场份额、提高经营效益目的的一项系统工程;我看到了市场开发的巨大舞台,真刀实枪的竞争战场,创造客户的一流经理,坐"椅"等币(坐以待毙)的残兵败将。

对于我的感受和收获,仅用商业银行培训客户经理的好教材、客户经理的好工具、进一步研究市场开发工作的好资料是无法包容的。透过其体系独创性、操作实战性、观念前瞻性、技术辅导性和工作指导性等鲜明特点,我体会到的是全新的视野、全新的理念、全新的境界、全新的体验。尤其是书中的格言警句,溢出许多人生哲理的清香,引诱我欲罢不能。比如"幸福是一种感觉"的"幸福论","心理平衡,生理平衡"的"平衡论","知足不满足"的"两足论","有作为才有地位,有地位才有滋味,有滋味才更有作为"

的"三有论","不要输给困难,不要输给别人,不要输给自己"的"三不论","太好了,我能行,你有困难我帮忙"的"快乐论",等等,简直就是上天赐予我们这些处于阳春白雪和下里巴人两者之间的读者最易消化的精神食粮,让我为之感慨万千、精神百倍。

读《商业银行市场开发运作流程与技巧》,不仅是读巴伦一的书,也是在读巴伦一的思想,读巴伦一的生活。

也许正是如此,才会有许多业内人士不知疲倦地听他的市场营销知识讲座,才会有不少银行将他的讲课录制成光盘,才会有许多来信来电催促他尽快编著成书,也才会有不少刊物已经开始连载这本即将面世的书。

俗话说:文如其人。在五颜六色的新书里,在紧张繁忙的工作之余,要想不被刻意奢侈的装帧迷住了求学的眼睛,不被哗众取宠的书名俘虏了求知的欲望,不被高不可攀的理论淹没了现实的需求,不被无病呻吟的套话扼杀了宝贵的时间,就不妨试试我"读书先读人"的策略,也许最能保护你那颗火热的读书心。

参考文献

贾世晟,林行,王启明.《新编公司必备企业文案全书》.2002年.呼和浩特:内蒙古人民出版社

张保忠,岳海翔.《最新企业常用文书写作技法与范文赏析》.2004年.北京:中国言实出版社

Jane k. Cleland.《有效商务写作》.余莹,丛培成,译.2003年.北京:清华大学出版社

Jan Yager.《美国商务写作》.黄小燕,于洪钊,译.2004年.北京:中国长安出版社

王涛,游磊,权小宏.《如何进行商务文书写作》.2004年.北京:北京大学出版社